Helmut Ortner   Der Attentäter

Helmut Ortner

Der Attentäter
Georg Elser –
der Mann, der Hitler töten wollte

Überarbeitete und erweiterte Neuauflage

Klöpfer & Meyer

Die Deutsche Bibliothek – CIP-Einheitsaufnahme
Ortner, Helmut: Der Attentäter – Georg Elser – der Mann,
der Hitler töten wollte / Helmut Ortner. – Überarb.
und erw. Neuaufl. – Tübingen – Klöpfer und Meyer, 1999
Frühere Ausg. u.d.T.:
Ortner, Helmut: Der einsame Attentäter
ISBN 3-931402-50-9

Lektorat: Hubert Klöpfer, Tübingen
Umschlag: Nicole Hoehne, Heusenstamm
Herstellung: Ebner, Ulm

Inhalt

*Das Leben macht
alle Menschen gleich;
der Tod enthüllt
die Hervorragenden.*

GEORGE BERNARD SHAW

Erstes Kapitel

Die Verhaftung

Die Grenze lag in leichtem Nebel. Der Zollbeamte Xaver Reitlinger blickte über die Büsche hinweg zum Maschenzaun, der im Licht der Bogenlampe eigenartig bizarr wirkte. »Wir stellen die Stühle hierher, da können wir den Abschnitt im Aug' behalten und die Rede gut hören«, meinte Reitlinger und winkte Zapfer herbei, einen jungen Hilfszollangestellten, der ihm vor zwei Tagen zur Seite gestellt worden war. Zapfer rückte die beiden Stühle unter das Fenster. Wortlos setzten sie sich. Ihre Karabiner lehnten sie gegen die Hauswand. Von hier aus konnten sie den gesamten Kontrollabschnitt überblicken: den Garten des Wessenbergschen Kinderheims, zweihundertfünfzig Meter parallel zur Grenze und nicht breiter als fünfzig Meter. Hier gab es keinen Übergang. »Grüne Grenze« nannten die Zöllner den Grenzstreifen.

Seit vier Jahren tat Xaver Reitlinger seinen Dienst. Besondere Vorkommnisse hatte er in dieser Zeit nicht erlebt. Jetzt aber, nach Kriegsbeginn, zog es Deserteure in die Schweiz. Manchmal stellte er sich vor, einen dieser illegalen Grenzgänger festzunehmen. Dann überlegte er, ob dieser Wunsch der zähen Langeweile von stundenlangen Patrouillengängen entsprang oder seinem heimlichen Bedürfnis, es möge doch einmal etwas Unvorhergesehenes, etwas Aufregendes passieren. Vielleicht verbarg sich hinter ihm auch nur der tiefe Wunsch nach Anerkennung. Einmal ein Lob für die Arbeit, wer brauchte das nicht? Wie aber konnte er gelobt werden, wenn an der Grenze nichts passierte? Reitlinger ging immer wieder seinen Träumen nach, wenn er stundenlang am Grenzzaun entlangstreifte, auf die immer gleichen Häuser, Bäume und Hügel schaute. Dann schien es, als sei die Zeit stehengeblieben. Wenn ihm danach war, erzählte er seiner Frau von seinen Gedanken und Träumen. Vor Wochen hatte er ihr beim Frühstück von einem nächtlichen Traum berichtet, der Festnahme eines Mannes. »Mir scheint, du brauchst Abwechslung, sonst wirst du noch phantasieren«, hatte sie kopfschüttelnd zu ihm gesagt.

Nach dem Frühstück war er damals – trotz seines freien Tages – hinüber zum Zollhaus gegangen, um dem Postenführer seinen Traum zu erzählen. »Du solltest mal Nachtwache machen, da passiert mehr als am Tag – wenn was passiert«, riet ihm Trabmann. Danach berichtete der Postenführer, ein untersetzter Mann, dem man seine Fünfzig nicht ansah, wie er selbst vor Jahren mit einem Kollegen zwei illegale Grenzgänger unten am Kreuzlinger Tor gestellt habe. »Die wollten gerade über den Zaun, aber wir waren schneller«, erzählte er stolz. »Doch was haben wir dafür bekommen? Einen warmen Händedruck.« Trabmann lächelte spöttisch.

Gestern, er hatte die Angelegenheit längst vergessen, war Reitlinger in das Büro des Postenführers gerufen worden. Trabmann fragte ihn, ob er noch immer Nachtdienst machen wolle. Ein Kollege sei ausgefallen. Reitlinger hatte sofort zugesagt. In der Früh war er mit Zapfer zum Vormittagsdienst angetreten, von acht bis zwölf. Routinearbeit. Danach hatte er freigehabt bis abends um acht Uhr. Im »Löwen«, gleich neben dem Zollhaus, hatten sie sich eine halbe Stunde vor Dienstbeginn getroffen. Über Politik wurde geredet, darüber, daß die Deutschen Lebensraum brauchten. Der Wirt rief: »Freilich, wie soll sich denn sonst ein so großes Volk wie unseres ernähren?« Der junge Zapfer nickte zustimmend.

Nach dem Essen gingen sie ins Zollhaus und nahmen ihre Karabiner aus dem Regal. Reitlinger ließ sich vom Postenführer noch ein Nachtfernglas aushändigen. Dann brachen sie zu ihrem Postenbereich auf. »Heut abend werden wir keine Langeweile haben, wir werden uns die Bürgerbräu-Rede des Führers anhören«, sagte Reitlinger zu Zapfer, während sie langsam am Grenzzaun entlanggingen. »Ich habe schon mit der Leiterin gesprochen, sie hat es uns angeboten.«

Jetzt saßen sie auf den Stühlen vor dem geöffneten Fenster und schauten hinüber zur Grenzwiese. Dünne Nebelschwaden lagen in der Luft. Im Kinderheim verfolgte das Personal aufmerksam Hitlers Rede aus dem Volksempfänger. An der Wand des kargen Raumes hing ein Bild des Führers. Das Licht brannte. »Wieso darf hier eigentlich Licht brennen?« fragte Zapfer überrascht. Reitlinger, der seinen Kopf in regelmäßigem Intervall nach rechts und links bewegte, nahm sein Fernglas von den Augen: »Heut müssen sie auf der anderen Seite ihr Licht ausmachen. Das wird jeden Abend gewechselt. Des ist wegen dem Feind. Schließlich wollen wir denen des hier in Konstanz nicht zu leicht machen. Des ist Vorschrift. Heut die, morgen wir...« Zapfer war es peinlich, die Frage gestellt zu haben. Als angehender Zollbeamter sollte er darüber Bescheid wissen. Doch Reitlinger war nicht nachtragend, das beruhigte Zapfer.

Aus dem Volksempfänger dröhnte Hitlers markige Stimme: *Unser Wille ist genauso unbeugsam im Kampfe nach außen, wie er einst unbeugsam war im Kampfe um diese Macht im Innern. So wie ich Ihnen damals immer sagte: Alles ist denkbar, nur eines nicht, daß wir kapitulieren, so kann ich das als Nationalsozialist auch heute nur der Welt gegenüber wiederholen: Alles ist denkbar, eine deutsche Kapitulation niemals! Wenn man mir darauf erklärt: Dann wird der Krieg drei Jahre dauern, so antworte ich: Er kann dauern, so lange er will, kapitulieren wird Deutschland niemals. Jetzt nicht und in alle Zukunft nicht...*

»Niemals!« rief eine Stimme im Raum. Die Zuhörer klopften mit ihren Handflächen auf den Holztisch. Reitlinger und Zapfer machten eher nachdenkliche Gesichter. Keiner von beiden sprach ein Wort. Die Wanduhr zeigte halb neun. Mittlerweile war die Sicht besser geworden. Auf der Schweizer Seite sah man zwei Laternen brennen, deren Lichtkegel bis zum Grenzzaun fielen. Als Reitlinger für einen Moment nach links blickte, glaubte er schemenhaft die Gestalt eines Mannes wahrzunehmen, der sich in Richtung schweizerische Grenze bewegte. War da jemand? Er nahm sein Fernglas: Tatsächlich, der Mann war jetzt stehengeblieben und schaute vorsichtig um sich.

Reitlinger stieß Zapfer mit dem Arm an und reichte ihm das Fernglas: »Schau mal, siehst du den Mann?«

Zapfer hielt es vor seine Augen: »Da müssen wir hin, da ist was faul...«

Reitlinger reagierte unwirsch: »Ich geh' da hin. Du bleibst hier sitzen.« Das war seine Sache, er trug hier die Verantwortung. Er sprang auf und ging von der Terrasse hinunter in Richtung Birnbaum nahe dem Zaun. Der Mann stand noch immer regungslos, so als würde er Geräuschen lauschen.

Reitlinger schlich sich von hinten an ihn heran. »Hallo!« rief er ihn an. »Wo wollen Sie hin?«

Der Mann drehte sich ruckartig herum. Stotternd antwortete er: »Ich glaub', ich hab' mich verlaufen.«

Reitlinger sah ihm ins Gesicht: ein längliches, weiches Gesicht, bartlos, fast scheue Augen. Er trat einen Meter zurück und musterte den Mann. Dieser war von kleiner Gestalt, schmächtig und trug einen Mantel, aber keine Kopfbedeckung. Sein Haar war leicht gewellt und nach hinten gekämmt. Nein, aggressiv wirkte dieser Mann nicht...

Er schien sich rasch von seinem Schrecken zu erholen. Mit ruhiger Stimme betonte er noch einmal, sich verlaufen zu haben: »Ich suche einen Mann mit dem Namen Feuchtlhuber, aber ich weiß es nicht mehr genau.«

Reitlinger war für einen Augenblick verwirrt. Hierher konnte sich kein Mensch versehentlich verlaufen, das mußte schon absichtlich geschehen. Wer läuft im Dunkeln an der Grenze herum? »Ja, Sie können doch nicht hier suchen, hier ist doch niemand«, antwortete er knapp. »Haben Sie Ausweispapiere? Zeigen Sie mir mal Ihre Papiere.«

Der Mann reagierte sofort und griff in seine linke Rocktasche. Konzentriert blickte Reitlinger auf die Hände des Fremden. Wollte dieser etwa eine Waffe ziehen? Ihn überrumpeln? Er hielt den Atem an. Der Mann zog umständlich eine rote Grenzkarte hervor. Im Schein seiner Taschenlampe sah Reitlinger sofort, daß die Karte längst abgelaufen war – ausgestellt von der Paßstelle des Stadtrates in Konstanz für eine Dauer von zwei Jahren: 1933–1935, ausgestellt auf den Namen Georg Elser.

»Bist du das wirklich?« fragte Reitlinger skeptisch. Das Lichtbild auf der Karte zeigte einen jungen Burschen, der, in einen Trachtenanzug gekleidet, eine Ziehharmonika vor sich hielt.

»Ja, das bin ich«, antwortete der Mann und nickte heftig.

Reitlinger sah hinüber zu Zapfer, der noch immer vor dem Fenster saß und darauf wartete, von ihm ein Zeichen zu bekommen. Er fühlte sich gar nicht wohl in seiner Haut. Einerseits wirkte dieser Mann ganz und gar ungefährlich, ja geradezu schüchtern; andererseits konnte er sich nicht vorstellen, daß es sich bei ihm nur um einen harmlosen Grenzgänger handelte. Hatte er nicht vor Wochen dieses Traumbild gehabt? War es nicht fast identisch mit der jetzigen Situation gewesen? War es darin nicht auch um einen illegalen Grenzgänger gegangen? Handelte es sich hier um eine Vorsehung?

Er wandte sich wieder dem Mann zu: »Kannst du tatsächlich Ziehharmonika spielen?« fragte er mit gespieltem Interesse.

»Ja, das ist meine große Leidenschaft, das mach' ich sehr gerne«, antwortete der mit einem leichten Lachen.

Für Reitlinger war mittlerweile klar: Er mußte diesen Mann, der sich als Georg Elser ausgab, ohne viel Aufhebens zur Aufsichtsstelle bringen. Möglichst ohne Scherereien. Er klopfte ihm beruhigend auf die Schulter: »Das ist eine ganz harmlose Geschichte. Du gehst jetzt mit mir zur Aufsichtsstelle. Dort macht ein älterer Kollege Dienst, der kann dir sicher Auskunft geben über den, den du suchst.« Der schmächtige Mann nickte geistesabwesend. Reitlinger rief zu Zapfer hinüber: »Ich geh' mit dem zur Aufsichtsstelle vor, du bleibst hier sitzen. Ich komm' gleich wieder zurück.« Zapfer winkte bestätigend. Ihm war es recht, so konnte er die Rede des Führers weiter verfolgen.

Reitlinger forderte den Mann auf, rechts von ihm zu gehen, nicht ohne Überlegung. Zum Zollhaus in der Kreuzlinger Straße waren es gut hundertfünfzig Meter. Parallel zum schmalen Pfad verlief links – kaum dreißig Fuß entfernt – die Grenze; auf der rechten Seite reihten sich Gärten aneinander, die mit Holzzäunen eingegrenzt waren. Nach rechts gab es also kein Entkommen, und auch eine Flucht zurück war unmöglich. Nicht umsonst hatte er Zapfer angewiesen, auf seinem Posten zu bleiben. Der Mann würde Zapfer direkt in die Arme laufen. Trotzdem war Reitlinger erleichtert, als er am Zollhaus ankam. Grenzpolizist Mauer, ein drahtiger Gestapo-Mann, der in dieser Nacht Dienst tat, trat gerade aus dem Haus, um frische Luft zu schnappen.

»Du, Mauer, komm mal her!« rief Reitlinger ihn an. »Da ist ein Mann, der sucht einen mit Namen Feuchtlhuber. Er hat sich unten an der Grenze verlaufen. Kennst du einen Feuchtlhuber?«

Mißgelaunt wies Mauer zur Tür. »Das machen wir drinnen.«

Das Zollgebäude war ein zweistöckiger maroder Bau. Im ersten Stock wohnte Zollinspektor Strauber, den Reitlinger nicht mochte. Er fand ihn einfach unsympathisch, ein Angeber, ein Aufschneider; was ihn weiter nicht zu stören brauchte, denn dienstlich hatte er kaum mit ihm zu tun. Das

14

Haus hatte zwei Eingänge: einen für die Privatwohnung von Strauber im ersten Stock, einen weiteren für die Zolldurchsuchungsbüros, zwei karge, nüchterne Räume. Tisch, Telefon, Stühle, Regale. Das Bild des Führers an der Wand.

Reitlinger zeigte Mauer die rote Grenzkarte: »Den solltest du noch mal durchsuchen. Ich muß wieder vor zum Postenbereich.«

Mauer blickte ihn verärgert an. »Mach dir deinen Dreck selber fertig! Was interessiert mich dieser Mann und sein Feuchtlhuber oder wie der heißt...« Dabei gab er dem Mann mißgelaunt seine Grenzkarte zurück.

Reitlinger zuckte mit den Schultern. »Das ist doch nicht mein Bier. Ich hab' den Mann hierher gebracht, jetzt seid ihr dran...«

»Wir gehen hinüber ins Hauptzollamt, dort sind die Räume heller. Hier sieht man ja nichts«, brummte Mauer und zeigte auf die Deckenlampe, die den Raum nur spärlich erleuchtete. Zu dritt verließen sie das Haus. Reitlinger ging voraus, ihm folgte der im Vergleich zu seinen Bewachern recht klein wirkende Mann, der in den vergangenen Minuten kein Wort mehr gesagt hatte, dahinter lief Mauer.

Das Gebäude, in dem sich das Hauptzollamt befand, war das letzte Haus auf deutschem Boden. In die Schweiz waren es nicht einmal fünfzehn Meter. Es gab keinen Schlagbaum; oft standen die Schweizer Zöllner vor ihrem Zollhaus und schauten herüber. Früher war viel miteinander geredet worden, in kalten Winternächten bot man einander warmen Tee und Zigaretten an. Sie waren Kollegen. Doch in den letzten Jahren gab es kaum mehr Kontakte, und seit Ausbruch des Krieges wurde kein Wort mehr gewechselt. Stumm standen sich die Beamten gegenüber.

Auch jetzt, als Reitlinger und Mauer den Mann aufforderten, in das Zollamt zu gehen, wurden sie von den Schweizer Kollegen stumm beobachtet. »Geh da rein!« befahl Reitlinger. Der Mann stand wortlos vor den Stufen und blickte hinüber zur Schweizer Seite. Wollte er flüchten? Mit ein paar schnellen Sprüngen könnte er es schaffen. Reitlinger schob ihn einfach durch die Tür. Dann bat er Mauer, für einen Augenblick auf den Mann aufzupassen, und verständigte den Postenführer, der im Nebenraum sein Büro hatte und gerade die Hitler-Rede am Volksempfänger verfolgte.

»Trabmann, ich glaube, ich hab' einen guten Fang gemacht. Komm mal mit rüber, wir müssen da einen durchsuchen«, platzte Reitlinger mit einem Anflug von Stolz in das Büro. Beide mußten lachen. Sie erinnerten sich an ihr Gespräch, das Wochen zurücklag. An die Traumbilder...

»Na, dann wollen wir mal...«, antwortete Trabmann, erhob sich von seinem Stuhl und ging voraus zum Durchsuchungszimmer.

Da stand der Mann. Er blickte schüchtern in die Runde: Drei Uniformierte starrten ihn an – Mauer, Trabmann, Reitlinger.

Trabmann trat auf ihn zu. »So, jetzt zieh dich erst einmal bis aufs Hemd aus und leg raus, was in den Taschen ist.«

Zögernd leerte der Mann seine Taschen und legte die Gegenstände Stück für Stück auf den Tisch: ein Taschentuch, die Grenzkarte, eine Ansichtskarte vom Münchener Bürgerbräukeller mit NSDAP-Stempel, eine Geldbörse mit fünf Reichsmark sowie allerlei Messingteile: eine Uhrfeder, kleine Schrauben und ein Aluminiumröhrchen.

»Was ist das?« fragte Reitlinger und deutete auf die Utensilien.

»Mein Gott«, erklärte der Mann stockend, »ich bin ein Bastler. Ich mach' halt immer solche Sachen, da sammle ich allerlei...«

Wütend schrie Trabmann dazwischen: »Du, daß ich dir nicht gleich eine schmiere! Meinst du, ich kenne das nicht?«

Der Mann verstummte. Langsam begann er sich auszuziehen. Er trug einen hellen, leicht abgenutzten Anzug. Als er seine Jacke an den Türhaken hängen wollte, entdeckte Reitlinger unter dem Revers eine Anstecknadel – eine geballte Faust: das Zeichen des Rotfrontkämpfer-Bundes.

»Warum trägst du das Abzeichen?« fragte Trabmann.

»Nun ja, aus Blödsinn halt«, kam die Antwort kleinlaut.

»Und warum hast du eine Bürgerbräu-Karte mit dem Partei-Poststempel dabei?«

»Aus Sympathie!«

Reitlinger, Trabmann und Mauer sahen sich kopfschüttelnd an. Was war das für ein Bursche? Verläuft sich im Dunkeln an der Grenze, trägt eine abgelaufene Grenzkarte bei sich, hat auffällige Kleinteile in der Tasche, die sich als Bombenzünder eignen, heftet sich ein illegales kommunistisches Abzeichen an seine Jacke. Ein Verrückter? Ein Angeber? Oder tatsächlich ein harmloser Mann, der sich hier unten an der Grenze nur verlaufen hatte?

Trabmann ging zum Telefon hinüber und wählte die Nummer des Zollassistenten Obertz. »Rufen Sie die Gestapo an. Die sollen hier einen Mann abholen, das ist deren Angelegenheit. Und packen Sie die Gegenstände auf dem Tisch hier unten zusammen«, befahl er knapp. Dann verließ er mit Mauer das Durchsuchungszimmer.

Reitlinger ging in den angrenzenden Raum zurück, wo er kurz nach der Ankunft seinen Lodenumhang, den Karabiner und das Fernglas abgelegt hatte. Während er sich wieder dienstfähig machte, schaute er durch den Türspalt hinüber in das andere Zimmer. Da stand der Mann, den er eine knappe Stunde zuvor in den Grenzwiesen gestellt hatte. Da stand er, entkleidet bis auf die Unterwäsche, frierend, schüchtern. Er wirkte verloren. Für einen kurzen Augenblick trafen sich ihre Blicke.

Reitlinger verließ das Zollgebäude. Im Dunkeln ging er zurück zu seinem Postenbereich, wo Zapfer schon auf ihn wartete.

Wer, ging es ihm durch den Kopf, wer ist dieser Mann? Wer ist dieser Georg Elser?

Zweites Kapitel

Das Attentat

Im Münchener Bürgerbräukeller ertönt der Badenweiler Marsch. Jubel bricht aus, orkanartig stoßen dreitausend uniformierte Männer Heil-Rufe aus. Die Stimmung erreicht ihren Siedepunkt. Schon seit zwei Stunden sind Saal und Empore dicht gefüllt. Die Kellnerinnen haben alle Mühe, die gefüllten Maßkrüge zu den durstigen Kehlen zu bringen. Jetzt, um zwanzig Uhr, überschlägt sich der Lärm. Der Führer ist da.

München, 8. November 1939: In der »Hauptstadt der Bewegung« trifft sich Hitler, wie schon in den Jahren zuvor, mit seinen »alten Kämpfern«, um jener sechzehn »Märtyrer« zu gedenken, die am 9. November 1923 für seine verfrühte nationale Revolution starben. Seit der Machtergreifung der Nationalsozialisten gehört dieser »Gedenktag für die Gefallenen der Bewegung« zu den besonders wichtigen Daten des NS-Feierjahres.

Am 8. und 9. November 1933, zehn Jahre nach dem gescheiterten Putsch, feierte Hitler zum ersten Mal im Kreise seiner Getreuen die Erinnerung an die Toten von 1923. Damals hatte er seine Rede mit dem Hinweis begonnen, er habe zehn Jahre zuvor *im Auftrag höherer Gewalt* gehandelt, um die *Schande des November 1918* zu beseitigen. Den 9. November vom Odium der gescheiterten Revolution zu befreien

19

und ihm die Aura einer »nationalen Tat« zu verleihen, war seither zum Leitmotiv aller seiner November-Reden im Bürgerbräukeller geworden. Dazu paßten auch Hitlers propagandistische Absichten, die er in seiner Rede von 1936 preisgab: *Ich will aus diesen Toten die ersten Märtyrer der nationalsozialistischen Bewegung machen, sechzehn Menschen, die gefallen sind im Glauben an etwas ganz Neues, das zehn Jahre später erst Wirklichkeit wurde. Sechzehn Menschen, die unter einer ganz neuen Fahne marschierten, auf die sie den Eid leisteten und ihn mit ihrem Blut besiegelten. Diese sechzehn haben das größte Opfer gebracht und verdienen es, daß für alle Zeiten, über die Jahrhunderte und Jahrtausende hinweg, die nationalsozialistische Partei und damit ganz Deutschland an diesem Tag dieses Opfer immer feiern sollen und daß sie sich so immer wieder dieser Männer erinnern.*

Was aber geschah damals am 8. und 9. November 1923? An welche Ereignisse sollte sich ganz Deutschland erinnern? Welche Erinnerungen trieben diese »alten Kämpfer« zusammen, die jetzt, am Abend des 8. November 1939, in ihren Braunhemden dicht gedrängt im Saal darauf warten, daß ihr Führer das alljährliche Feier-Ritual mit seiner Rede eröffnet? Schließlich: Was hatte dieser Saal, der sich hinter der anspruchslosen Fassade des Bürgerbräukellers im Münchener Arbeiterbezirk Haidhausen verbarg, mit den Ereignissen von damals zu tun? Was machte ihn zur Kultstätte?

Januar 1923: Als französische und belgische Truppen in das Deutsche Reich einmarschierten und das Ruhrgebiet besetzten, empörten sich vor allem die nationalen Kräfte, deren politische Identität durch die Folgen des Versailler Vertrages ohnehin tief getroffen worden war. Immense Reparationsforderungen durch die Siegermächte des Ersten Weltkrieges hatten zu Inflation und Massenarbeitslosigkeit geführt. Davon war vor allem die Arbeiterschaft betroffen, deren soziale Lage sich von Tag zu Tag verschlechterte. In diesen Zeiten wirtschaftlicher, sozialer und politischer Instabilität formierten sich antirepublikanische Gruppen und Verbände: von der Weimarer Verfassung nicht begeistert, gegen die Sozialdemokraten eingestellt, vor allem aber von der Vorstellung getrieben, Deutschland müsse seine »Wehrhaftigkeit« wiedergewinnen, eine »ehrenhafte« Außenpolitik entwickeln und seine Staatsautorität durch eine starke Regierung, unterstützt durch die Reichswehr, wiederherstellen.

In Bayern hatte die Regierung am 26. September 1923 den Ausnahmezustand ausgerufen und den Regierungspräsidenten Gustav von Kahr in den Rang eines Generalstaatskommissars erhoben. Kahr, der sich als deutscher Patriot sah und dessen politische Ambitionen längst über die Grenzen Bayerns hinausgingen, wartete nur darauf, daß das fortschreitende Chaos auch die Mitwirkung der Reichswehr im fernen Berlin für seine Pläne sicherstellen würde. Kontakte und Geheimtreffen mit national-konservativen Kräften waren vorangegangen. Die drei starken Männer in Bayern – neben von Kahr der Reichswehrgeneral von Lossow und der Befehlshaber der Landespolizei, Hans Ritter von Seisser – waren sich einig, die »Freiheit Bayerns« verteidigen und das deutsche Vaterland von der verräterischen republikanischen Regierung befreien zu wollen.

Sie waren nicht allein. Ihnen standen bewaffnete Verbände zur Verfügung, die, wenn sich ihnen Teile der Reichswehr anschlössen, eine erfolgreiche, geordnete und, wie sie meinten, längst überfällige Revolution – von Bayern ausgehend – durchführen könnten.

So dachten auch die Kräfte um Hitler, Göring und Röhm, die sich im nationalsozialistischen Lager sowie im rechtsradikalen »Kampfbund« gesammelt hatten und die ebenfalls einen Umsturz planten. Um sich das Gesetz des Handelns nicht aus der Hand nehmen zu lassen, waren Hitler und seine Anhänger fest entschlossen, von Kahr und seinen Mitstreitern zuvorzukommen. Als günstiger Termin erschien ihnen der 8. November 1923. An diesem Tag wollte Kahr auf einer Großkundgebung der »nationalen« Verbände im Haidhauser Bürgerbräukeller die Ziele seiner Politik erläutern. Er hatte das Datum mit Bedacht gewählt: Fünf Jahre zuvor, am 8. November 1918, war der deutsche Kaiser zum Thronverzicht aufgerufen worden, einen Tag später hatte der Sozialdemokrat Scheidemann die Republik ausgerufen – aus Sicht der Nationalisten ein Punkt der tiefsten Schmach in der deutschen Geschichte.

Hitler und seine Gefolgsleute hatten den Putsch sorgsam vorbereitet. Aus geheimen Waffenlagern in der Umgebung von München waren Pistolen, Gewehre und Handgranaten herbeigeschafft worden, um die beteiligten Truppen zu bewaffnen. Zum Putsch entschlossen war keine kleine Truppe von Rechtsradikalen, sondern eine Vielzahl von Verbänden, Einheiten und Kompanien, die sich für die bevorstehenden Kampfhandlungen bereithielten: 1500 Mann des SA-Regiments München, dessen Führer Röhm unter dem Vorwand, er wolle mit seinen Leuten eine Nachtübung abhalten, sich zuvor die notwendigen Waffen ganz offiziell beschafft hatte; hinzu kamen 125 Mann des »Stoßtrupps Hitler«, die ebenfalls zur SA gehörten, 300 Mann aus südbayerischen SA-Einheiten und 2000 Kämpfer des »Bundes Oberland«, des ehemaligen Freikorps »Oberland«. Zwei Infanterieeinheiten stellte der Verband »Reichskriegsflagge«; weitere 200 Getreue des »Kampfbundes München« hielten sich ebenfalls bereit.

Um den Eindruck zu vermeiden, Generalstaatskommissar von Kahr fürchte sich vor Münchener Bürgern, hatten die Veranstalter zur Sicherung der Bürgerbräukeller-Veranstaltung nur die notwendigsten Sicherungsmaßnahmen getroffen. Die beiden nahe gelegenen Polizeireviere wurden zum Schutz der Versammlung um jeweils dreizehn Mann verstärkt. In einer nur 500 Meter vom Bürgerbräu entfernt gelegenen Kaserne wurden weitere 45 Polizisten bereitgehalten. Um für Ruhe und Ordnung vor dem Veranstaltungsort zu sorgen, waren dreißig Beamte der Münchener Hauptwache eingesetzt. Etwa 150 Mann wurden zum Versammlungsschutz innerhalb des Saales aufgeboten, unterstützt von zwölf Kriminalbeamten, die im Saal und auf der Galerie Stellung bezogen. Viele der zum Schutz aufgebotenen Polizisten waren selbst Nationalsozialisten.

Während Kahr gerade mit seiner Rede begann, in der er eine flammende Kritik an der Novemberrevolution von 1918 äußern wollte, näherte sich Hitler mit seinen Getreuen in einem roten Mercedes dem Bürgerbräukeller. Kurz vor zwanzig Uhr trafen sie dort ein, und Hitler gab den dienstleitenden Polizisten den Befehl, den Platz vor dem Bierkeller von nicht mehr eingelassenen Besuchern zu räumen. Obwohl Hitler über keinerlei Befehlsgewalt verfügte, begannen die Beamten tatsächlich damit, die Menge in die angrenzenden Seitenstraßen abzudrängen. Danach trafen die Verbände des »Stoßtrupps Adolf Hitler« auf mehreren Lastwagen ein. Der Bürgerbräukeller wurde von ihnen umstellt und abgeriegelt. Jetzt begann Hitlers großer Auftritt. Umgeben von einer Gruppe bewaffneter Kampfgenossen, darunter Rudolf Heß und Hermann Göring, betrat er, mit einem geladenen Revolver in der Hand, den überfüllten Saal. Unruhe brach aus, zahlreiche Besucher versuchten, durch Seiteneingänge den Saal noch schnell zu verlassen. Vergeblich: Die Putschisten hatten alle Eingänge gesperrt und davor Maschinengewehre in Stellung gebracht.

Um sich Ruhe zu verschaffen, gab der in einen schwarzen Bratenrock gekleidete Hitler einen Schuß aus dem Revolver in die Saaldecke ab. Dann stürmte er durch die Tischreihen zum Rednerpodium, stieß von Kahr zur Seite und schrie: *Soeben ist die nationale Revolution ausgebrochen! Der Saal ist von sechshundert Schwerbewaffneten besetzt. Niemand darf den Saal verlassen! ... Die Kasernen der Reichswehr und der Landespolizei sind besetzt, Reichswehr und Landespolizei rücken bereits unter Hakenkreuzfahnen heran.*

Davon konnte keine Rede sein. Weder waren die Kasernen der Reichswehr und Landespolizei besetzt, noch rückten Soldaten und Polizisten unter Hakenkreuzfahnen in Richtung Bürgerbräukeller heran. Es war die erste Rede Hitlers im Bürgerbräukeller an jenem Abend, und nachdem er sie gehalten hatte, forderte er Lossow, Kahr und Seisser auf, ihm in ein Nebenzimmer zu folgen. Da Hitler bewaffnet und offensichtlich auch zu schießen bereit war, hörten sie ihm wenig erbaut etwa eine Viertelstunde zu. Ultimativ erklärte Hitler: *Jeder hat den Platz einzunehmen, auf den er gestellt wird, tut er das nicht, so hat er keine Daseinsberechtigung. Sie müssen mit mir kämpfen, mit mir siegen oder mit mir sterben. Wenn die Sache schiefgeht, vier Schüsse habe ich in der Pistole, drei für meine Mitarbeiter, wenn sie mich verlassen, die letzte Kugel für mich!* Neben Hitler stand sein stämmiger Leibwächter Ulrich Graf, von Beruf Fleischer in der Münchener Freibank, mit einer Maschinenpistole im Anschlag. Vor dem Fenster des Nebenzimmers patrouillierten Verbände der SA.

Draußen im Saal war es inzwischen stiller geworden. Göring hatte die Menge beruhigt: *Ruhe, Ruhe, Sie haben ja Ihr Bier!* rief er immer wieder. Aufgeregt und eingeschüchtert zugleich warteten die Besucher darauf, was geschehen würde. Plötzlich erschien auf dem Podium wieder Hitler, der aufgrund der stockenden Verhandlungen mit Kahr, Lossow und Seisser das Nebenzimmer wieder verlassen hatte. *Wenn es jetzt keine Ruhe gibt, lasse ich ein Maschinengewehr auf der Galerie aufstellen!* schrie er in den Saal. Dann begann er mit einer weiteren Rede, um die gegen den Putsch eingestimmte Menge auf seine Seite zu ziehen. Ein Augenzeuge schilderte später diese Minuten: *Er begann völlig ruhig und ohne jedes Pathos. Was geschehe, richte sich in keiner Weise gegen Kahr. Dieser habe sein volles Vertrauen und solle Landesverweser Bayerns werden. Gleichzeitig aber müsse eine neue Regierung gebildet werden: Ludendorff, Lossow, Seisser und er. Ich kann mich nicht erinnern, je in meinem Leben einen solchen*

Umschwung der Massenstimmung in wenigen Minuten, fast Sekunden erlebt zu haben...

Hitler erklärte, die Regierung sei aufgelöst. Am selben Tag noch werde in München eine neue Reichsregierung ausgerufen, und bis zur Abrechnung mit den Verbrechern, die Deutschland in die Auflösung führten, wolle er die Führung der provisorischen Regierung übernehmen, in der Ludendorff Chef der Reichswehr, Lossow Reichswehrminister und Seisser Reichspolizeiminister sein sollten. Aufgabe der provisorischen Regierung sei es, alle Kräfte Bayerns und des übrigen Reichs zu sammeln, ins »Sündenbabel« Berlin zu marschieren und das deutsche Volk zu retten. Hitler gab zu, es sei ihm nicht leichtgefallen, Kahr, Lossow und Seisser zum Eintritt in die neue Regierung zu bewegen, aber sie hätten schließlich zugesagt, und er fragte die Leute im Saal, ob sie diese Lösung der deutschen Frage billigten. Die Menge brüllte ihm ihre Zustimmung zu.

Auch General Ludendorff applaudierte. Er, der zur Vermeidung unangenehmer Begegnungen mit Verspätung in den Bierkeller gekommen war und jetzt in voller Uniform und mit allen Orden geschmückt auftrat, hatte sicherlich nicht im Sinn, neben dem Gefreiten Adolf Hitler eine zweitrangige Rolle zu spielen. Trotzdem erklärte er, er stehe der nationalen Regierung zur Verfügung. Er wolle der schwarz-weiß-roten Kokarde die Ehre wiedergeben, die die Revolution ihr genommen habe. Dies sei ein Wendepunkt in der deutschen Geschichte, und er vertraue auf Gottes Segen für das Unternehmen. Danach erhob sich Kahr, der inzwischen mit Lossow und Seisser in den Saal hatte zurückkehren dürfen, und ging zum Rednerpult. In diesem Augenblick höchster Not sei er bereit, die Leitung der bayerischen Staatsgeschäfte als Statthalter der Monarchie zu übernehmen, die vor fünf Jahren so schmählich zerschlagen worden sei. Er tue das schweren Herzens und, *wie ich hoffe, zum Segen unserer bayerischen Heimat und unseres lieben deutschen Vaterlandes.*

Beifallsrufe, Applaus. Die Begeisterung ergriff die Menge. Alle stimmten in das abschließende Deutschlandlied ein.

Überzeugt davon, daß der Umsturz gelungen sei, wurde umgehend folgende Proklamation veröffentlicht: *An das deutsche Volk! Die Regierung der Novemberverbrecher in Berlin ist heute für abgesetzt erklärt worden. Eine provisorische deutsche Nationalregierung ist gebildet worden. Diese besteht aus General Ludendorff, Adolf Hitler, General von Lossow, Oberst von Seisser.*

Hitler verließ danach siegestrunken mit seinen Leuten den Saal. Das Kommando vor Ort übernahm fortan General Ludendorff, und er ließ zum späteren Ärger der Nazi-Putschisten die drei Erpreßten gegen ihr Ehrenwort auf freien Fuß.

Kaum hatte Kahr sich freimachen können, eilte er zusammen mit dem Chef der bayerischen Reichswehr, Lossow, in die Kaserne des Infanterie-Regiments 19. Hier widerriefen sie die erzwungene Teilnahme am Hitler-Putsch noch in derselben Nacht. Die Münchener Reichswehr-Garnison wurde gegen die Umstürzler mobilisiert, die NSDAP verboten. Der nächste Morgen würde die Entscheidung bringen: Kahr oder Hitler?

Kahr ließ in der Nacht Plakate drucken und in ganz München ankleben, auf denen er Hitler Wortbruch vorwarf und die Auflösung der Nationalsozialisten sowie der Bünde »Oberland« und »Reichskriegsflagge« erklärte.

Am Morgen des 9. November 1923 sammelten sich Kolonnen der SA und Mitglieder des Kampfbundes einschließlich des »Bundes Oberland«, stärkemäßig der Polizei weit überlegen, am Bürgerbräukeller. Gegen sie standen die Polizeieinheiten der Stadt, des Landes und notfalls der Reichswehr. Die Putschisten hatten mit einer darartig massiven Gegenwehr nicht gerechnet. Je deutlicher sich ihre Niederlage abzeichnete, desto verzweifelter wurden ihre Aktionen. So wurden auf Befehl Görings »Marxisten« unter den Münchener Stadträten als Geiseln genommen, ohne zu wissen, was mit ihnen eigentlich geschehen sollte. Als »strategische Maßnahmen« wurden an verschiedenen Standorten der Innenstadt Geschützstellungen errichtet. Gleichzeitig wurde versucht, die wichtigsten militärischen und politischen Einrichtungen der Stadt unter Kontrolle zu bringen. Außer beim Wehrkreiskommando scheiterten die Putschisten kläglich. Weder das Polizeipräsidium noch die Regierungsräume in der Maximilianstraße konnten besetzt werden.

Beispielhaft für die Konzeptionslosigkeit der Nationalsozialisten war die Zerstörung der sozialdemokratischen »Münchener Post«. Auf ausdrücklichen Befehl Görings waren die Verlagsräumlichkeiten besetzt, die Redaktionsbüros verwüstet, Maschinen und Material zerstört worden. Als alles in Scherben lag, kam der »Befehl« Hitlers, die Redaktionsräume zu erhalten. Er hatte vorgesehen, Druckerei und Verlag der nationalsozialistischen Zeitung »Heimatland« zu übereignen. Zu spät.

Die Lage wurde für die Putschisten immer aussichtsloser. Es mußte etwas geschehen. Noch einmal sollte versucht werden, das Ruder herumzureißen. Um die nationale Revolution doch noch zu erkämpfen, beschlossen sie einen Marsch durch die Innenstadt. Ziel: die Feldherrnhalle. In drei Kolonnen zu vier Reihen nahmen die Putschisten Aufstellung. Insgesamt füllte der zwölf Mann breite Zug die gesamte Straße – links der »Stoßtrupp Hitler«, in der Mitte das SA-Regiment München und rechts der »Bund Oberland«. An der Spitze marschierten der Führer und Ludendorff, vor ihnen eine Schützendivision und zwei Reihen von Fahnenträgern.

Zunächst gelang es den Nazis, die erste Kette der Landespolizei an der Ludwigsbrücke zu durchbrechen. An der Feldherrnhalle jedoch beendete eine Salve der Polizei den voreiligen »Marsch auf die Feldherrnhalle«. Ein Augenzeuge erinnerte sich: *Ein Geknatter von Dutzenden von Schüssen bricht los, schlägt in die Reihen, fetzt den Zug auseinander. Eine unbeschreibliche Panik folgt in den dicht gedrängten*

Massen, die nun auseinanderbersten, wie wenn eine Riesen-
hand dazwischengefahren wäre. Frauen kreischen auf, Män-
ner brüllen, Dutzende haben sich auf den Boden geworfen,
um den hereinfetzenden Geschossen auszuweichen, Dut-
zende, Hunderte drängen zurück aus dem Bereich des verhee-
renden Feuers.

Sechzehn Nationalsozialisten sollten ihren »Marsch«
schließlich mit dem Leben bezahlen. Die Putschisten-Führer
selbst kamen glimpflich davon: Hitler renkte sich die Schulter
aus, als er entweder hinfiel oder aufs Pflaster gerissen wurde.
Göring wurde verwundet, in ein Münchener Krankenhaus
gebracht und danach von Parteigängern über die Grenze nach
Österreich geschmuggelt.

Der Putsch war gescheitert. Was als Zündpunkt der nationalen Revolte propagiert worden war, hatte sich zu einem
kurzen Wahn verflüchtigt. Doch das Feuer sprühte noch
bedrohliche Funken. Als Polizeieinheiten am Abend des
9. November vor dem Bürgerbräukeller vorfuhren, um die
gefangengesetzten Geiseln zu befreien, wurden sie von der
aufgebrachten Bevölkerung beschimpft: »Pfui! Vaterlands-
verräter! Bluthunde! Heil Hitler!«

Zwei Tage später erschien die Polizei am Staffelsee im
Landhaus des Hitler-Spezis Ernst Hanfstaengl, um den ge-
flüchteten Führer zu verhaften. Kurz vor dem Eintreffen der
Polizisten griff Hitler zur Pistole und schrie: *Das ist das Ende.*
Mich von diesen Schweinen verhaften zu lassen, niemals!
Lieber tot! Hanfstaengls Frau schlug ihm die Waffe aus der
Hand. Hitlers Ende war verhindert worden, doch die Fun-
ken, die dieser Mann geschlagen hatte, waren nicht gelöscht.

Am 8. und 9. November 1933 gedachten die mittlerweile an
die Macht gekommenen Nationalsozialisten erstmals ihrer
gefallenen »Märtyrer« von 1923. Sie trafen sich an jenem
historischen Ort, wo sie einst die »nationale Revolution«
ausgerufen hatten, die nun, zehn Jahre später, Wirklichkeit

geworden war: im Münchener Bürgerbräukeller. Die Feier-
lichkeiten begannen am 8. November mit Propaganda-Ver-
anstaltungen in der Münchener Innenstadt, gipfelten in einer
zweistündigen Rede Hitlers vor den »alten Kämpfern« im
Bürgerbräukeller und wurden mit einem Erinnerungsmarsch
zur Feldherrnhalle und der Vereidigung von SS-Rekruten
gekrönt. Den »historischen Marsch« vom Haidhauser Bürgerbräu über die Ludwigsbrücke zur Feldherrnhalle schilderte ein Augenzeuge von 1933: *Es war zweifellos eine
eindrucksvolle Demonstration, die ernsten Männer im Braunhemd, die schweigende Menge und die brennenden Pylonen
an den Straßenfronten, dazu das trübe Novemberwetter. Das
Glockenspiel des Rathauses spielte, als der Zug den Marien-
platz erreichte, das Horst-Wessel-Lied. Salutschüsse kündigten das Eintreffen der Spitze an der Feldherrnhalle an. Eine
Minute des Schweigens folgte.*

An diesem Abend wurde an der seitlichen Bogenöffnung
der Feldherrnhalle feierlich ein Bronzedenkmal enthüllt. Hitler forderte von den Rekruten, ihr Leben ebenfalls der »nationalen Revolution« zu opfern, *so wie die sechzehn, die hier an
dieser Stelle gefallen sind. Für euch darf es nichts anderes
geben im Leben als die Treue... Diese Toten sind euer Vor-
bild...*

Seit dieser ersten Gedenkfeier waren die Rituale festgelegt.
Die NS-Führer und ihre »alten Kämpfer von 1923«, die sich
nun alljährlich im Bürgerbräukeller trafen, inszenierten eine
Jubelveranstaltung, die vor allem der Umdeutung des Fiaskos
von 1923 in einen patriotischen Akt diente. Der Ausgang des
Prozesses, der ihnen damals nach dem Putschversuch gemacht worden war, half ihnen bei dieser Geschichtsfäl-
schung. Die meisten kamen als »Mitläufer« und »Befehls-
empfänger« ungeschoren davon, die Anführer erhielten
milde Urteile. Hilfreich war dabei, daß die Richter ganz offen
mit den Putschisten sympathisierten. Hitler wurde zu fünf

Jahren Festungshaft verurteilt, die Untersuchungshaft angerechnet. Und auch die fünf Jahre mußte er nicht verbüßen. Nach nur einem knappen Jahr befand er sich wieder auf freiem Fuß. Sein Kampf konnte erneut beginnen. Das Feuer konnte wieder entfacht werden.

Hitler hatte seine Kampfgenossen von damals nicht vergessen, vor allem nicht die Toten. Sie wurden zu »Blutzeugen der Bewegung« stilisiert und zu »Märtyrern« erklärt. Den Weggefährten von einst blieb der »Blutsorden« vorbehalten, den ihnen der Führer 1934 an die rechte Brustseite knöpfte. Den trugen sie seither voller Stolz. Auch an diesem 8. November 1939.

Das blutrote Band, am Knopf der rechten Brusttasche befestigt, hebt sich unübersehbar von den braunen Hemden ab; daran eine mattsilberne Medaille, die das Profil eines auf einem Eichenkranz sitzenden Adlers zeigt. Darauf steht: *9. November – München 1923.* Auf der Rückseite ist die Feldherrnhalle eingraviert, darüber das Hakenkreuz auf Sonnenstrahlen und im Bogen die Worte: *Ihr habt doch gesiegt.*

Ja, wir haben gesiegt. Wir waren dabei, als die »nationale Erhebung« in diesem Saal begann; wir haben unsere patriotische Pflicht erfüllt. So denken sie, die Männer, die stolz ihre Orden an der Brust tragen. Wie in all den Jahren zuvor ist es »ihre« Feier, ihr Abend.

Als der Führer, gefolgt von der NS-Prominenz, zum Podium schreitet, wo vor einer großen Hakenkreuzfahne die Mikrophone aufgebaut sind, bricht enthusiastischer Jubel aus. »Heil, Heil!...« schallt es durch den Saal. In den Gesichtern spiegeln sich Begeisterung, Stolz, ja Ehrfurcht. Alle sind sie versammelt: dicht vor dem Führer die NS-Prominenz, dahinter die »alten Kämpfer« und die Hinterbliebenen der sechzehn »Gefallenen des 9. November«, die Reichs- und Gauleiter, die Obergruppenführer und Gruppenführer der

SA und SS, die Arbeitsgauführer und sonstige Parteimitglieder. Der Saal platzt aus allen Nähten.

Der Führer spricht – das Volk lauscht. Nicht nur das Parteivolk hier im Saal. Im gesamten Reich sitzen die Menschen vor den Volksempfängern und verfolgen die Rede. Bemerkenswert an diesem Abend ist, daß Hitler die übliche »Partei-Erzählung« auf wenige Passagen beschränkt und daß sich seine Rede statt dessen vor allem in einer einzigen Schimpf- und Hetzkanonade gegen England erschöpft. Unter frenetischem Beifall weist er England die Schuld am Kriegsausbruch zu:

Diejenigen Kräfte, die 1914 gegen uns standen, haben auch jetzt wieder den Krieg gegen Deutschland angezettelt – und mit den gleichen Phrasen und mit den gleichen Lügen...

Wenn Lord Halifax in seiner gestrigen Rede erklärte, daß er für die Künste und die Kultur eintritt ... so können wir nur sagen: Deutschland hat schon eine Kultur gehabt, als die Halifaxe davon noch gar keine Ahnung hatten. Und in den letzten sechs Jahren ist in Deutschland mehr für die Kultur getan worden als in den letzten einhundert Jahren in England...

Denn ich habe mich bemüht, nicht nur die kulturelle Seite unseres Lebens zu entwickeln, sondern auch die machtmäßige, und zwar gründlich. Wir haben eine Wehrmacht aufgebaut – das kann ich ja ruhig heute aussprechen –, wie es eine bessere in der Welt nicht gibt!...

England als Kulturschöpfer ist ein Kapitel für sich. Wir Deutschen brauchen uns jedenfalls nichts von den Engländern auf dem Gebiet der Kultur vormachen lassen.

Unsere Musik, unsere Dichtung, unsere Baukunst, unsere Malerei, unsere Bildhauerkunst kann sich mit den englischen Künsten schon absolut vergleichen. Ich glaube, daß ein einziger Deutscher, sagen wir: Beethoven, musikalisch mehr geleistet hat als sämtliche Engländer der Vergangenheit und Gegenwart zusammen!

Der Saal tobt.

Was sie hassen, ist das Deutschland, das ein gefährliches Beispiel für sie ist, das soziale Deutschland, das Deutschland unserer sozialen Arbeitsgesetzgebung... Das Deutschland der Fürsorge, des sozialen Ausgleichs, der Beseitigung der Klassenunterschiede – das hassen sie! ... Sie hassen das Deutschland der sozialen Gesetzgebung, das den 1. Mai als den Tag der ehrlichen Arbeit feiert! ...

Und sie hassen selbstverständlich damit auch das starke Deutschland, das Deutschland, das marschiert und das freiwillige Opfer auf sich nimmt.

Immer wieder werden seine Tiraden von begeistertem Applaus unterbrochen. Mit markiger, durchdringender Stimme fährt er fort:

Unser Wille ist genauso unbeugsam im Kampfe nach außen, wie er einst unbeugsam war im Kampfe um diese Macht im Innern. So wie ich Ihnen damals immer sagte: Alles ist denkbar, nur eines nicht, daß wir kapitulieren, so kann ich das als Nationalsozialist auch heute nur der Welt gegenüber wiederholen: Alles ist denkbar, eine deutsche Kapitulation niemals!

Wenn man mir darauf erklärt: Dann wird der Krieg drei Jahre dauern, so antworte ich: Er kann dauern, so lange er will – kapitulieren wird Deutschland niemals. Jetzt nicht und in alle Zukunft nicht...

Sie werden uns weder militärisch noch wirtschaftlich auch nur im geringsten niederzwingen können. Es kann hier nur einer siegen, das sind wir!

Minutenlanger Beifall folgt der Rede, die Menge ist wie berauscht. Was hier mit Heil-Rufen gefeiert wird, ist der Glaube an die eigene Unbesiegbarkeit.

Noch während die Nationalhymne erklingt, kämpfen Leibwächter Hitler und seiner Begleitung den Weg zum Ausgang frei. In ihrer Jubelorgie bemerken die meisten im Saal zunächst gar nicht, daß der Führer die Kultstätte schon verlassen hat.

Wegen »dringender Staatsgeschäfte« hatte Hitler zunächst auf seine alljährliche Rede im Bürgerbräukeller ganz verzichten wollen. Erst einen Tag zuvor hatte er sich doch noch zur Teilnahme an der Traditionsveranstaltung entschlossen. Den Hintergrund für sein langes Zögern bildete die Auseinandersetzung mit der Generalität in der Frage des Westfeldzuges.

Am 22. Oktober hatte Hitler den Angriff im Westen beschlossen und den Beginn der Offensive auf den 12. November festgelegt. Insbesondere die Generalität des Heeres war der Meinung, daß ein Angriff vor dem Frühjahr 1940 nicht möglich sei, und widersetzte sich seinen Vorstellungen. Dennoch scheiterten alle ihre Versuche, Hitler von seinem Vorhaben abzubringen. Wegen der ungünstigen Witterungsverhältnisse mußte der Termin dann aber doch verschoben, mußten die bereits anlaufenden Angriffsvorbereitungen gestoppt werden. Eine endgültige Entscheidung über den neuen Termin wollte Hitler nun am 9. November fällen.

Er wollte auch deshalb in Berlin bleiben, um in dieser Angelegenheit die Fäden in der Hand zu behalten. Darum war ursprünglich die Feier »nur mit eingeschränktem Programm geplant«. Hitler selbst wollte keine Rede halten. Statt dessen sollte sein Stellvertreter Rudolf Heß am 8. November abends um 19.30 Uhr über alle deutschen Sender sprechen. Doch dann wurde alles geändert. In einem für Hitler typischen Spontanentschluß flog er von Berlin nach München, um trotz seiner knappen Zeit die Rede zu halten. Die Veranstalter hatten Anweisung, das Abendprogramm zu straffen, damit Hitler noch am selben Abend den Nachtzug nach Berlin nehmen konnte. Am nächsten Tag wollte er wieder in der Reichskanzlei sein. Da ihm sein Privatpilot einen Rückflug nach Berlin am selben Abend angesichts der unsicheren Witterungsverhältnisse nicht hatte garantieren können, war für die Rückfahrt ein Sonderzug bereitgestellt und dessen Abfahrtzeit auf 21.31 Uhr festgelegt worden.

Von alldem wissen die meisten im Saal nichts. Sie haben nur mit Verwunderung zur Kenntnis genommen, daß der Führer kürzer als in den Jahren zuvor gesprochen hat und danach umgehend verschwand. Die meisten begeben sich jetzt zu den Ausgängen. Nur die »alten Kämpfer« bleiben noch beim Bier unter sich. Die Uhr zeigt 21.20.

Während Hitler mit seiner Begleitung auf dem Weg zum Hauptbahnhof ist, detoniert im Bürgerbräukeller unter ohrenbetäubendem Knall eine Bombe. Balken krachen, Mauerwerk bricht, Staub wirbelt auf. Schreie, Verzweiflung. Ein Teil der Decke stürzt ein. Sieben Menschen sind sofort tot. Ein weiterer wird auf dem Transport in das Krankenhaus sterben. Über sechzig Personen sind schwer verletzt. Der Bürgerbräukeller gleicht einem Trümmerhaufen.

Hitler, dem der Anschlag galt, besteigt gerade den Zug nach Berlin. In Nürnberg wird ihm die Nachricht vom Bombenattentat übermittelt. Seine erste Reaktion: *Es ist eine Falschmeldung.* Danach erklärt er: *Jetzt bin ich völlig ruhig. Daß ich den Bürgerbräu früher als sonst verlassen habe, ist mir eine Bestätigung, daß die Vorsehung mich mein Ziel erreichen lassen will.*

Am Abend dieses 8. November 1939 wird der Vorsehungsmythos Hitlers geboren. Die Redakteure des »Völkischen Beobachters« schreiben noch in der Nacht ihre Propaganda-Artikel. Am nächsten Morgen erscheinen sie unter der Schlagzeile DIE WUNDERBARE ERRETTUNG DES FÜHRERS im ganzen Land. Darunter heißt es:

Das Attentat, das in seinen Spuren auf ausländische Anstiftung hinweist, löste in München sofort eine fanatische Empörung aus. Zur Feststellung der Täter ist eine Belohnung von 500 000 Mark ausgesetzt worden, die durch einen freiwilligen Beitrag von privater Seite auf 600 000 Mark erhöht wurde. Die verheerende Explosion im Bürgerbräukeller ereignete sich etwa um 21.20 Uhr, zu einer Zeit, als der Führer schon den Saal verlassen hatte. Ihn hatten fast alle führenden Män-

ner der Bewegung, Reichsleiter und Gauleiter auf den Bahn-
hof begleitet, wo er wegen dringender Staatsgeschäfte sofort
nach dem Schluß seiner Rede den Zug der Rückkehr nach
Berlin bestieg. Man kann es nur als Wunder bezeichnen, daß
der Führer diesem Attentat auf sein Leben entging, das zu-
gleich ein Anschlag auf die Sicherheit des Reiches ist.

Wer aber waren die Attentäter? Wer die »ruchlosen Mörder«?

Drittes Kapitel

Die Verhöre

Der Anruf kam kurz nach 21.00 Uhr. Polizeiassistent Otto Graeter war gerade dabei, das Radio abzuschalten. Die Rede des Führers, die er mit seinen Kollegen Roderer und Jankow verfolgt hatte, war überraschend kurz gewesen. Jankow, der in dieser Nacht den Fernschreib- und Telefondienst versah, nahm den Hörer ab. »Graeter«, rief er, »da ist jemand am Zoll festgenommen worden, wir sollen rüberkommen!«

Graeter sah mißgelaunt zu Roderer hinüber. »Los, fahren wir raus.« Sie verließen den Raum und stiegen draußen in einen grauen Volkswagen. Der Weg von der ehemaligen »Villa Rocca« – einem gepflegten dreistöckigen Haus aus der Gründerzeit, das inmitten der Stadt lag und in dem das Grenzkommissariat Konstanz untergebracht war – bis zum Zollamt in der Kreuzlinger Straße dauerte zwanzig Autominuten. Graeter, 43 Jahre alt, kräftige Statur, war bei Kriegsbeginn von der Kriminalpolizei zur Grenzpolizei versetzt worden. Hier tat er in der Abteilung II, »Innerpolitische Angelegenheit« – einer Unterabteilung der Staatspolizeidienststelle Karlsruhe –, seinen Dienst. Der Zoll kümmerte sich um Ein- und Ausfuhren und bewachte die Grenze; gab es aber besondere Vorfälle, dann war das seine Angelegenheit.

»Was ist los?« fragte Graeter, nachdem er mit Roderer das Zollhaus betreten hatte.

37

Mauer, ein junger Gestapo-Mann, der zur Verstärkung zum Zoll abkommandiert war, trat auf Graeter zu. »Wir haben einen illegalen Grenzgänger«, sagte er knapp und zeigte hinüber in den angrenzenden Raum. Dort saß ein kleiner, unauffälliger Mann, hageres Gesicht, schüchterner Blick, nur mit Hose und Hemd bekleidet. Er trug ein einfaches Hemd ohne Krawatte. Graeter ging auf ihn zu. Der Mann war Handwerker, das sah er auf den ersten Blick. Seine Hände waren abgearbeitet und zerschunden.

Auf dem Tisch lag allerhand Kleinkram: Hülsen, Federn und Drähte, die wohl aus einer Uhr stammten; eine Grenzkarte, eine Geldbörse mit fünf Mark, ein Bündel Notizblätter, ein Kippmesser, eine Beißzange, ein kleines Stück Hartwurst. Eine Postkarte, die den Münchener Bürgerbräukeller zeigte, fand sich ebenfalls auf dem Tisch. Graeter konnte sich darauf keinen Reim machen. Er forderte Roderer auf, die Utensilien in einen kleinen Karton zu packen. Erst als ihn der Zollassistent Obertz, der inzwischen aus seinem Zimmer herübergekommen war, auf ein Abzeichen aufmerksam machte, das der Mann an seinem Revers trug, hellten sich Graeters Gesichtszüge auf. »Ah, ein Rotfrontkämpfer; da schau her...«

Dann warf er einen Blick auf die Grenzkarte. Sie war abgelaufen. Er betrachtete das Foto, las den Namen. »Elser heißt du?« fragte er streng.

»Ja, Georg Elser...« antwortete der Mann mit ruhiger Stimme.

»Dann wollen wir mal fahren. Auf geht's!« rief Graeter und winkte mit einer Handbewegung zum Aufbruch. Er verabschiedete sich von Obertz und Mauer und verließ mit dem Fahrer Roderer das Zollhaus. Elser nahmen sie in die Mitte.

Es war gegen 22 Uhr, als sie in die »Villa Rocca« zurückkamen. Elser war auf der ganzen Fahrt stumm geblieben. Einige Male hatte er sich geräuspert, einmal mit dem Taschentuch über seine Nase gewischt. Graeter ging mit ihm in sein Dienstzimmer im ersten Stock, schob ihm einen Stuhl hin, spannte ein Blatt Papier mit Durchschlagbögen in seine Schreibmaschine und blickte über den Tisch. »So, Freund«, sagte er barsch, »jetzt geht's los. Erzähl nur ja keine Märchen, sonst gibt's Ärger.«

Gefühlsmäßig hielt er es für richtig, den Mann zu duzen. »Was hast du an der Grenze gesucht?« begann er sein Verhör.

»Ich wollt' net über die Grenze. Ich wollt' den Herrn Feuchtlhuber besuchen, der ist Vorsitzender des Trachtenvereins. Dabei hab' ich mich verlaufen...« antwortete Elser in schwäbischem Dialekt.

Graeter wurde wütend: »Schwätz doch keinen Unsinn! Das glaubt dir doch niemand!« Er griff zum Telefon, um einen Kollegen zu bitten nachzuprüfen, ob es in Konstanz einen Herrn Feuchtlhuber gebe und ob es sich dabei um den Vorsitzenden des Trachtenvereins handele. Minuten später klingelte das Telefon: Ja, es gäbe einen Mann mit diesem Namen und er sei tatsächlich Vorsitzender des Trachtenvereins. Nur, er wohne am Petershausener Bahnhof, weit entfernt von der Stelle, an der man Elser gestellt habe.

Graeter hielt Elser diese Tatsache vor. Der zuckte nur mit den Schultern. »Ich kenn' mich net aus in Konstanz.«

Ein unzugänglicher, gerissener Bursche, dachte Graeter. Einer, dem nicht zu trauen war. Natürlich mußte er sich in Konstanz auskennen, denn schließlich hatte er beinahe sieben Jahre dort gewohnt, wie sich bei sofortiger Nachprüfung im Melderegister herausgestellt hatte. Doch dieser Kerl gab nichts zu. Seit bald einer halben Stunde saß er ihm nun gegenüber, stellte Frage auf Frage, doch bislang hatte er nur spärliche Angaben erhalten.

Name: Georg Elser; Herkunft: Königsbronn bei Heidenheim auf der Schwäbischen Alb; Beruf: Schreiner; Stand: ledig. Dazu ein paar Angaben über seine letzten Arbeitsstätten. Woher er komme? Von München, nein, von Ulm... Graeters Geduld war überstrapaziert. Er stand auf, ging um den Tisch und baute sich vor Elser auf: »Kerle, sag die Wahrheit! Was hast du an der Grenze gewollt? Warum hast du illegal in die Schweiz gehen wollen?« schrie er mit drohender Stimme.

»Ich hab' ein uneheliches Kind und hab' die Alimente nicht mehr zahlen können«, antwortete Elser eingeschüchtert.

Graeter war sich sicher, daß auch diese Antwort gelogen war. Nachprüfen konnte er sie jetzt ohnehin nicht. Er wußte nicht recht, wie er weiterkommen sollte. Mit diesem Mann konnte er nicht viel anfangen. Ein verstockter Bursche. Er wußte: Die Vernehmung war an einem toten Punkt angelangt.

Es war gegen elf Uhr, als im Parterre-Büro der Fernschreiber tickerte. *SPRENGSTOFFATTENTAT IN MÜNCHEN* lautete die Überschrift. Darunter folgte in fünfzehn Zeilen die Aufforderung, die Grenzüberwachung zu verschärfen. Jankow brachte Graeter die Meldung hinauf. »Allerhand«, empörte sich dieser, als er den Text gelesen hatte, »... wirklich, allerhand.«

Elser schaute zu den verdutzten Gesichtern der beiden Gestapo-Beamten hinüber. Er strich sich durchs Haar und wirkte ganz ruhig.

Kaum war Jankow in sein Dienstzimmer zurückgekehrt, kam ein zweites Fernschreiben: *ANSCHLAG AUF DEN FÜHRER* hieß es nun in der Überschrift, danach folgte ein Text, aus dem hervorging, daß alle Grenzstationen in Alarmbereitschaft zu versetzen und Tatverdächtige festzunehmen seien. Jankow überfiel ein sonderbares Gefühl: Hatte der Festgenommene im ersten Stock vielleicht etwas mit der Sache zu tun? Schließlich hatte man bei ihm eine Postkarte vom Münchener Bürgerbräukeller gefunden, dazu merkwürdige Kleinmaterialien, die aus einem Wecker stammen konnten. Brauchte man zur Zündung einer Bombe nicht einen Wecker? Gut, er wollte diesem unscheinbaren Kerl nichts unterstellen, Tatsache aber war, daß er beim Versuch, illegal über die Grenze zu gehen, erwischt worden war. Und schließlich:

Er war Kommunist; trug er nicht dieses verbotene Zeichen mit einer geballten Faust?

Jankow hastete die Stufen hinauf und präsentierte Graeter das neue Fernschreiben. Ohne eine besondere Reaktion zu zeigen, überflog Graeter den Text, dankte Jankow knapp und legte das Papier scheinbar achtlos zur Seite. Dann ging er hinüber zum Fenster. Draußen hatte sich der Nebel wieder verdichtet. Keine fünfzig Meter mochte die Sicht betragen. Ein Sauwetter, dachte Graeter. Das Wetter paßte zu diesem Abend. Der Polizeiassistent war schlecht gelaunt. Da saß ein Mann vor seinem Schreibtisch, der aussah, als könne er kein Wässerchen trüben, und doch sagte ihm sein kriminalistischer Instinkt, daß mit dem Burschen etwas nicht in Ordnung war. Dieses Fernschreiben... Der wird doch nicht etwa mit dem Attentat...?

Graeter drehte sich ruckartig um. »Auf den Führer ist ein Attentat verübt worden«, rief er scharf. Dabei blickte er in Elsers Gesicht, doch der zeigte keinerlei Reaktion. Scheinbar gelassen nahm er die Nachricht auf. Graeter verließ den Raum. Von dem Telefon im gegenüberliegenden Büro aus rief er seinen Chef, Inspektor Hinze, an. »Wir haben da einen illegalen Grenzgänger, der kommt von München«, berichtete er aufgeregt. »Ja, der hat angegeben, daß er mit dem Schiff von Friedrichshafen gekommen ist.« Der Mann sei unbedingt weiter zu verhören, und außerdem sei unverzüglich die Staatspolizeistelle in Karlsruhe zu informieren, lautete die Anweisung.

Wenige Minuten später rief Graeter die Gestapo in Karlsruhe an und schilderte die Festnahme eines Mannes, der Georg Elser heiße. »Dranbleiben, Verhör fortsetzen. Jedem Verdacht ist nachzugehen. Sofortige Meldung, sollte sich etwas in der Sache ergeben«, hieß der Befehl.

Graeter ging zurück in sein Büro. Elser saß noch immer ruhig auf seinem Stuhl. Der Mann muß Nerven haben, dachte Graeter. Er öffnete eine Schublade, um sich eine Scheibe Brot herauszuholen. Auch Elser bot er ein Stück an: »Willst was, du hast doch sicher auch Hunger? Ich weiß nicht, wie lange wir zwei heut nacht noch miteinander verbringen müssen.«

Elser schüttelte den Kopf. Erst als ihm Graeter eine Tasse Tee aus seiner Thermosflasche anbot, nahm er dankend an. Gesprächiger wurde er auch danach nicht. Die Zeit kroch dahin.

Graeter fühlte den Druck, der auf ihm lag. Sein Chef und die Gestapo wollten Ergebnisse hören, wollten wissen, was es mit diesem Georg Elser auf sich hatte. Was hatte er in München zu tun gehabt? Warum wollte er in die Schweiz? Was bedeuteten die Fundsachen in seinen Taschen? Gehörte er zu einer Gruppe kommunistischer Verschwörer, die das Attentat auf den Führer durchführten, um dann einzeln in alle Richtungen unterzutauchen? Graeter hatte zwar einen Verdacht, aber ihm fehlten die Beweise, ein Geständnis.

Die Uhr zeigte mittlerweile drei Uhr morgens. Graeter war müde geworden und mit seiner Geduld am Ende. Zuletzt hatte er die Tonart verschärft, gebrüllt und gedroht – ohne Erfolg. Nun schien es ihm sinnvoll, den Mann erst einmal in eine Zelle zu sperren. Vielleicht würde ihn das gesprächiger machen. Er brachte Elser in eine der drei Arrestzellen im Erdgeschoß. Als er gerade die schwere Eisentür schließen wollte, trat Elser auf ihn zu. »Herr Beamter, ich will Ihnen etwas sagen, darf ich Ihnen etwas erzählen?«

Graeter stieß ihn wütend in die Zelle zurück: »Gar nichts darfst du mir erzählen, ich will nichts mehr von dir wissen. Jetzt ist der Zapfen ab!« Er schlug die Tür ins Schloß und ging hinauf in sein Büro. Der Ärger war ihm ins Gesicht geschrieben.

Dieser verstockte Bursche wird mir nicht auf der Nase herumtanzen, morgen ist auch noch ein Tag, dann sehen wir weiter, dachte Graeter, während die aufgestaute Wut den Inhalt seines Berichtes diktierte, den er jetzt, da die Uhr bereits auf halb vier zuging, in seine Maschine tippte. Eine halbe Stunde später war er fertig damit. Sein letzter Satz lautete: »Es kann nicht ausgeschlossen werden, daß Elser als Täter in Betracht kommt.«

Um sieben Uhr morgens erschien Inspektor Hinze in Graeters Büro. Sorgfältig las er den Bericht, der nur eine knappe Schreibmaschinenseite umfaßte. »Ein zäher Bursche, was?« bemerkte er kopfschüttelnd. Dann gab er Anweisung, den Bericht über Fernschreiber an die Gestapo nach Karlsruhe weiterzugeben.

Der Vormittag in der »Villa Rocca« sollte noch hektisch werden. Als der Bericht die Gestapo in Karlsruhe erreichte, wurde er von dort umgehend nach Berlin weitergeleitet. Noch in derselben Nacht waren auf Grund der Meldung aus Konstanz Gestapo-Leute zu einer Blitzaktion aufgebrochen. Melderegister wurden überprüft, die Herkunft Elsers wurde festgehalten und, soweit es möglich war, sein bisheriges Leben rekonstruiert. Verdächtiges war nirgendwo zu finden. Doch die Gestapo gab nicht auf. Noch während in Konstanz Graeter mit seinem Chef darüber sprach, was nun zu tun sei, ließ sie in Königsbronn, einem kleinen Dorf auf der schwäbischen Ostalb, die Eltern und Geschwister Georg Elsers von Kriminalpolizisten verhaften und zum Verhör nach Heidenheim bringen. Ebenfalls ohne Erfolg. »Der Georg soll mit dem Attentat zu tun haben?... Nein, der hat sich nie besonders für Politik interessiert... Ein fleißiger, stiller Mensch ist er. Zuletzt hat er in München gearbeitet...« Mehr war nicht zu erfahren.

Die wenigen Erkenntnisse der Gestapo-Beamten wurden sofort nach Berlin weitergeleitet. Dort waren bei der Geheimen Staatspolizei bereits nach der ersten Nacht mehr als 120 Hinweise auf verdächtige Personen eingetroffen. Sie alle wurden gesichtet und zur weiteren Aufklärung nach München weitergegeben. Dort, in der »Hauptstadt der Bewegung«, war inzwischen ein Heer von Kriminalisten unter Führung von Kriminalrat und SS-Oberführer Nebe am Werk. Himmler selbst hatte die Oberaufsicht übernommen.

Die Beamten verfolgten Hunderte von Spuren. Sie durchsiebten die Trümmer des Bürgerbräukellers, immer auf der Suche nach Einzelteilen der Höllenmaschine, die vielleicht einen Hinweis auf ihre Herkunft geben könnten. Auch die Angestellten des Bürgerbräukellers wurden vernommen. Maria Strebel, die am Abend des 8. November als Kellnerin gearbeitet und durch die Detonation der Bombe einen Gehörschaden erlitten hatte, schilderte später die Umstände des Verhörs:

Bereits am nächsten Tag – ich lag daheim auf meinem Sofa in der Pariser Straße 23 im ersten Stock – kam ein Kriminalpolizist. Er forderte mich auf, mit ihm zu kommen. Ich weigerte mich aber mitzukommen, da meine Tochter noch sehr klein war. Sie war damals neun Jahre alt. Im Zimmer nebenan lag meine Mutter im Sterben. Wenige Tage nach diesem Ereignis – am 19. November – ist sie gestorben. Der Kriminalpolizist ließ mir einen Zettel da. Er deutete mir an, daß demnächst noch ein Kollege von ihm kommen würde, der mich zum Mitkommen aufforderte. Am 10. November mußte ich mit meinem Biermädchen, einer neunzehnjährigen Wienerin, in die Brienner Straße zur Staatspolizeileitstelle zur Vernehmung kommen. Wir betraten den Saal.

Ich sah etwa acht bis zehn Kriminalpolizisten an Tischen sitzen, die Zivilisten, die man in der Zwischenzeit vorgeladen hatte, vernahmen. Als ich an einen der Tische herantrat, bat mich der vernehmende Beamte um die Telefonnummer meines Mannes. Er wollte ihn anrufen und ihm mitteilen, daß ich heute nicht mehr heimkomme. Ich sagte ihm, daß dies unter gar keinen Umständen ginge, da ich zu meiner schwerkranken Mutter und zu meinem Kind heim müsse. Ich ging dann zu einem gewissen Herrn in den zweiten Stock; dieser Herr gab mir dann eine Bescheinigung, damit ich den Eingang wieder passieren konnte, um nach Hause zu gehen bzw. mich mit dritten Personen zu unterhalten. In den folgenden Tagen kamen dann Kriminalpolizisten mit Schreibmaschinen. Sie waren etwa fünf oder sechs Mal bei mir. Immer wieder fragte man mich, ob mir irgend etwas aufgefallen sei. Ich mußte dann einen Tag oder etwas später noch einmal in die Stadt fahren, und zwar zum Polizeipräsidium. Dort wurde ich erneut vernommen. Plötzlich machte der vernehmende Beamte seine Schublade auf, zog ein Bild heraus und legte es auf die Tischplatte. Er fragte mich: »Haben Sie diesen Mann schon einmal gesehen?« Ich sagte: »Nein.« Ich muß aber dazu sagen, daß ich diesen Herrn schon gesehen hatte. Er war bei uns zu Gast. Er hat jeden Tag im Bräustüberl gesessen. Mir ist die Identität dieses Herrn erst später aufgefallen und in Erinnerung gekommen, nachdem ich mich mit meinen anderen Kolleginnen unterhalten hatte. Ich erinnere mich, daß er sehr ärmlich gekleidet war und das normale Arbeiteressen bestellte, das damals bei uns etwa 60 Reichspfennige gekostet hatte. Er fiel mir vor allem deshalb auf – und gerade deshalb habe ich ihn in guter Erinnerung –, weil er nie etwas zu trinken bestellte.

Maria Strebel war nicht die einzige, die bereits am Tage nach dem Attentat von der Gestapo besucht wurde. Kellner und Kellnerinnen, Schankburschen, Zigarettenfrauen, Handwerker, Hausmeister, Putz- und Toilettenfrauen – sie alle waren verhört worden, jedoch ohne Erfolg. Himmler verlor langsam die Geduld. Man brauchte endlich einen Täter.

Am frühen Nachmittag des 9. November klingelte bei Inspektor Hinze in Konstanz das Telefon. »Bringen Sie diesen Elser nach München«, lautete der knappe Befehl. Hinze rief Graeter zu sich und bat ihn, Elser nach München zu bringen. Der winkte ab: »Ich bin nach dem langen Dienst der letzten Nacht einfach zu müde. Das soll ein anderer übernehmen.«

Eine Stunde später steuerte Kriminalsekretär Wilhelm Moller einen grauen Volkswagen in Richtung München. Auf der Rückbank saß Georg Elser.

Viertes Kapitel

Ein Volk, ein Reich, ein Führer

Es ist so schwer, das alles zu schildern, *seufzten die »Mün-chener Neuesten Nachrichten« am 9. November 1939. Die Spannkraft des Herzens reicht nicht aus, um das gemeinste, grausigste Verbrechen aller Zeiten zu erfassen.* Es fand sich dennoch ein Augenzeuge, der wenigstens die markige Sprache nicht verloren hatte: *Es ertönt ein dumpfer, schwerer Knall... Fliegerbombe? Einer schreit das Wort, das so unvergeßbar ist wie diese Augenblicke: »Eine Höllenmaschine war im Saal!«* Das ist wie ein Keulenschlag und rüttelt sofort hellwach. *Dort drinnen hat der Führer gesprochen, vorhin noch, er sprach viel kürzer als sonst... Der Führer sollte ermordet werden – mein Gott, welches bestialische Gehirn gebar und unternahm diese Scheußlichkeit?*

Den Lesern der »Münchener Neuesten Nachrichten« schilderte der Volksgenosse seine ganze Herzensnot: *Ein Kamerad kommt aus den Trümmern, sein Gesicht ist blutüberströmt, schmutzverkrustet, das Braunhemd dunkel gestreift von Blut; er packt uns an den Schultern, schreit: »Unseren Führer wollten sie uns nehmen...!« schreit er immerzu in seiner Herzensnot.* Der Bericht schließt: *Noch härter, noch entschlossener und noch treuer als jemals zuvor ist nun das ganze Volk um den Führer geschart.*

Ein Volk, ein Reich, ein Führer – vereint auf der Suche nach den »ruchlosen Attentätern«. In einem Bericht des

47

»Deutschen Nachrichtenbüros« hieß es zwei Tage nach dem Anschlag über den Stand der Ermittlungen zum Attentat im Bürgerbräukeller:

Die zuständigen Stellen haben alle Maßnahmen getroffen, um die Untersuchung und Aufklärung des ruchlosen Attentats im Bürgerbräukeller zu beschleunigen. SS-Reichsführer Himmler hat in diesem Interesse einer zentralen Leitung dieser Arbeit die gesamte Aufklärungsarbeit einer Spezialkommission von Fachleuten übertragen. Diese Spezialkommission wertet selbstverständlich alle nur irgendwie in Betracht kommenden Anhaltspunkte für ihre Untersuchungen und Ermittlungen aus und ist bereits jetzt zu Feststellungen gekommen, die immerhin wichtige Schlüsse zulassen.

Die Bergungsarbeiten der Schwer- und Leichtverletzten im Bürgerbräukeller wurden dank der vorbildlichen Zusammenarbeit aller an Ort und Stelle eingesetzten Kräfte und unter der Mitwirkung auch von noch anwesenden alten Kämpfern in allerkürzester Zeit bewerkstelligt. Dies verdient um so mehr hervorgehoben zu werden, als diese Bergungsarbeiten mitten in einem wüsten Durcheinander von Bauschutt, Trümmern und Einrichtungsgegenständen geschehen mußten. Zwischen der Polizei, der Feuerschutzpolizei, den Pionieren der Wehrmacht, den Angehörigen der Formationen, dem Rettungsdienst usw. herrschte schon von der ersten Minute des Einsatzes an eine ausgezeichnete Zusammenarbeit, so daß die großen Schwierigkeiten der Rettungs- und Bergungsaktion reibungslos bewerkstelligt werden konnten.

Nach den bisherigen Feststellungen handelt es sich bei der Tat auf keinen Fall um ein spontan verübtes Attentat, sondern vielmehr um ein sehr sorgfältig vorbereitetes, mit einem mechanischen Zeitzünder verübtes Verbrechen.

Es ist hier nicht etwas Primitives und vom Augenblick Geborenes geschehen, was erst etwa kurze Zeit vor der Kundgebung ausgeheckt wurde, sondern sowohl die Auswahl der Stelle als auch die »fachmännische Arbeit« weisen darauf hin,

daß die Täter sehr sorgfältige Vorbereitungen getroffen ha-
ben.

Wenn auch noch nicht auf bestimmte Täter oder Tätergrup-
pen geschlossen werden kann, so zeigen immerhin Material
und Spuren die Richtung an, in der sich die weitere Ermitt-
lungstätigkeit zu bewegen hat. Im Rahmen dieser systemati-
schen Kleinarbeit wird auch das zusammengebrochene Mau-
erwerk auf das genaueste untersucht. Erst aus den unzähligen
Einzelergebnissen der Untersuchungsarbeit kann sich die Mo-
saikarbeit der Polizei aufbauen.

Erfreulicherweise nimmt die Bevölkerung in der Haupt-
stadt der Bewegung ungeheuren Anteil an der Aufhellung
des Verbrechens. Fortwährend melden sich aus allen Schichten
der Bevölkerung Personen, um Angaben zu machen und
durch die Meldung von Anhaltspunkten zur Aufklärung des
Attentates beizutragen.

Unter der Überschrift WERTVOLLE HINWEISE AUS DER BE-
VÖLKERUNG ließ das »Deutsche Nachrichtenbüro« am 10.
November einen weiteren Text verbreiten:

Wie das Deutsche Nachrichtenbüro erfährt, häufen sich bei
der Sonderkommission zur Untersuchung des Verbrechens
vom 8. November die Hinweise und Mitteilungen aus allen
Kreisen der Volksgenossen. Die Sonderkommission ist daher
am heutigen Freitag um ein dreifaches verstärkt worden,
damit sie diese eingehenden Angaben, die natürlich zunächst
meist nur Hinweise allgemeiner Art enthalten, aber selbstver-
ständlich auch Wichtiges bringen können, erschöpfend bear-
beiten kann. Zur Zeit liegen wohl über tausend derartige
Hinweise aus der Bevölkerung vor. So anerkennenswert die
Zusammenarbeit aller Volksgenossen zur Aufklärung des
schändlichen Verbrechens ist, so erfreulich ist auch das Zusam-
menwirken aller bei der Sonderkommission Beschäftigten
vom ersten bis zum letzten Mann. Weil eben alle nicht nur
eine wichtige Verpflichtung in sich fühlen, sondern selbst mit
Leib und Seele dabei sind. Zur Zeit sind Sachverständige

damit befaßt, auf das genaueste die aufgefundenen Teile des
zur Entzündung der Sprengladung benutzten mechanischen
Zündapparates zu untersuchen. Es ist dabei sehr wesentlich,
daß die genaue Zusammensetzung der Metalle eruiert wird.
Man kann ruhig heute schon sagen, daß jedenfalls in bezug
auf die Legierung einzelner Metallteile tatsächlich ein auslän-
discher Ursprung nachzuweisen sein wird. Es sind gegenwär-
tig Untersuchungen, die von verschiedenen Seiten geführt
werden, im Gange, um ganz unabhängig voneinander ein
absolut einwandfreies Ergebnis zu erhalten. Gerade diese Art
der Untersuchung ist von entscheidender Bedeutung, um so
mehr, als die Sonderkommission bereits eine ganz spezielle
Richtung verfolgt, und man kann sagen, daß vielleicht schon
in den allernächsten Tagen der Öffentlichkeit nähere Einzel-
heiten bekanntgegeben werden können, damit die Sonder-
kommission, die alle Hinweise prüft, genauere Hinweise spe-
ziell in dieser Richtung erhält.

Mittlerweile war Georg Elser bereits von dem SS-Mann Nebe
im Wittelsbacher Palais vernommen worden. Trotz Ein-
schüchterungen und Drohungen erreichte Nebe kein Geständnis.

Gestapo-Beamte der Sonderkommission hatten ohnehin
ihre Zweifel: Ein Einzeltäter kam für sie nicht in Frage, hinter
der Tat, so mutmaßten sie, stand ein Komplott, eine Verschwörung. Die Anstifter mußten im Ausland gesucht werden, davon waren sie überzeugt, und mit dieser Ansicht
standen sie nicht allein. Die offizielle Berichterstattung über
das Münchener Attentat zielte von Beginn an in die gleiche
Richtung.

Bereits am 9. November – die offizielle Untersuchungs-
kommission hatte gerade erst ihre Arbeit aufgenommen –
wurden die »Anstifter« im Ausland vermutet. So hieß es im
»Völkischen Beobachter« vom 9. November: *Heute wissen*
wir noch nicht im einzelnen, wie diese verbrecherische Tat

vorbereitet wurde, wie sie möglich war. Eines aber wissen wir,
die Anstifter, die Geldgeber, diejenigen, die eines so nieder-
trächtigen, verabscheuungswürdigen Gedankens fähig sind,
das sind dieselben, die immer mit Meuchelmord in der Politik
gearbeitet haben: es sind die Agenten des Secret Service!...
Aber England soll uns kennenlernen!

Das Bürgerbräu-Attentat, das im Unterschied zu allen vor-
herigen 29 Attentatsversuchen auf den Führer fast geglückt
wäre, löste wilde Spekulationen aus. Waren es jüdische
Kreise, kommunistische Widerstandskämpfer, oder führten
»die Spuren« ins Ausland, wie das Propagandaministerium
glauben machen wollte? Handelte es sich gar um eine Ge-
meinschaftsaktion von Agenten des englischen Geheimdienstes und Otto Strasser, der als Gegner Hitlers 1930 die
»Kampfgemeinschaft revolutionärer Nationalsozialisten«,
genannt die »Schwarze Front«, gegründet hatte und seit 1933
im Schweizer Exil lebte? Das Propagandaministerium bemühte sich eifrig, diese Version zu lancieren.

Daß es sich um die Tat eines einzelnen handeln konnte, lag
jenseits des Vorstellungsvermögens. Daran glaubten weder
die Gestapo-Leute noch oppositionelle Kreise. Erstere konnten auch überhaupt kein politisches Interesse daran haben.
Ein Einzeltäter, zumal »Volksgenosse«, ließ sich für die propagandistischen Zwecke der Nationalsozialisten kaum gebrauchen. Letztere unterstellten der Gestapo, selbst das Attentat inszeniert zu haben, um den Mythos der Vorsehung
des Führers propagandistisch zu nutzen. Beide »Hintermän-
ner-Theorien« sollten langlebig sein ...

In den geheimen Lageberichten des SD (Sicherheitsdienstes)
wurden am 10. November die »Hintermänner« des Attentats
ebenfalls in England vermutet. Das hatte Methode. Nachdrücklich wurde der gleichgeschalteten Presse in einer »ver-
traulichen Information« aus Berlin mitgeteilt, daß bei Spekulationen über die Schuld am Attentat im Bürgerbräukeller

diese nicht auf innerdeutsche Gruppen zu lenken sei. Alles konnte man in diesen Tagen brauchen, nur keine deutsche Widerstandsgruppe, keinen Attentäter aus dem Volk.

Außenpolitisch verfolgte Hitler in diesem Jahr seine Vorstellung von der »Eroberung deutschen Lebensraumes« und konnte Erfolge verbuchen. Österreich war seit März 1938 dem Deutschen Reich »angeschlossen«. Die Tschechoslowakei mußte das Sudetengebiet an das Deutsche Reich »abtreten«. Großbritannien, Frankreich und Italien hatten Hitler zu dieser Vereinnahmung im Münchener Abkommen vom September 1938 ihren politischen Segen gegeben.

Entgegen diesem Abkommen, doch ohne Protest der drei Mächte war die »Erledigung der Rest-Tschechei« auf Befehl Hitlers vom Oktober 1938 durchgeführt worden. Seit März 1939 gab es nur noch ein »Reichsprotektorat Böhmen und Mähren«. Hitler wollte die gesamte Herrschaft über Europa. Den Anlaß dafür suchte und fand er in Polen: *Es handelt sich für uns um die Erweiterung des Lebensraumes im Osten und Sicherstellung der Ernährung... Es entfällt also die Frage, Polen zu schonen, und bleibt der Entschluß, bei erster passender Gelegenheit Polen anzugreifen... Hierbei spielen Recht oder Unrecht oder Verträge keine Rolle.*

Der deutsch-sowjetische Nichtangriffspakt vom August 1939 mit dem geheimen Zusatzprotokoll der Aufteilung Polens hielt Hitler den Rücken frei für den Einmarsch in Polen, der nach einem von der SS fingierten Überfall auf den Sender Gleiwitz am 1. September 1939 begonnen hatte. Zwei Tage später erklärten Großbritannien und Frankreich Deutschland den Krieg.

Der 2. Weltkrieg hatte begonnen.

Hitlers zentrales Thema war ab jetzt die Westoffensive, deren Angriffstermin, ursprünglich auf den 9. November festgelegt, immer noch ausstand, da die Generäle der Wehrmacht einen Angriff aus rüstungspolitischer Sicht für verfrüht hielten.

Für die NS-Führung bot sich also eine günstige Gelegenheit, mit Hilfe der auf das Attentat bezogenen Propaganda die notwendige Kriegsstimmung in der deutschen Bevölkerung zu schüren. Als propagandistisches Rohmaterial stellte das »Deutsche Nachrichtenbüro« eine Sammlung angeblicher Zitate ausländischer Medien zusammen, die den Redaktionen als Beweis für die ausländische »Kriegshetzerei« zugeschickt wurden:

Mitteilungen an die Schriftleitungen: Folgendes Material, das die Schuld der Kriegshetzer in London und Paris am Münchener Attentat erweist, wird den Zeitungen nicht zur Übernahme in der von uns gegebenen Form, sondern zur kommentarmäßigen Verarbeitung zur Verfügung gestellt.

CHAMBERLAIN erklärte in seiner ersten Rede vor dem Unterhaus gleich nach der englischen Kriegserklärung: »Ich habe nur den einen Wunsch, nämlich den, die Vernichtung Adolf Hitlers noch zu erleben.«

TIMES: »Heute geht es nicht um Hitlers Bedingungen, sondern um Hitler selbst.«

EXCELSIOR schrieb: »England und Frankreich haben gemeinsam den Entschluß gefaßt, mit dem blutdürstigen Despoten Adolf Hitler ein Ende zu machen.«

TIMES: »Solange Hitler und der Hitlerismus nicht verschwunden sind, gibt England keinen Frieden.«

Der Abgeordnete SINCLAIRE im Unterhaus: »Solange Deutschland von Adolf Hitler regiert wird, steht man nur vor der Wahl, entweder sich seinem Willen zu unterwerfen oder ihn zu beseitigen.«

Der Korrespondent des NEW YORK JOURNAL AMERICAN meldete aus London: »England kennt nur ein Kriegsziel, mit dem Nationalsozialismus von Hitler abwärts bis zum letzten Parteigenossen Schluß zu machen.«

TIMES: »Auf dem Wege der Vernichtung der Nazis gehen natürlich auch einige moralische Werte verloren. Trotzdem beten Millionen, daß der Nazismus zerstört werde.«

Vladimir D'Ormesson im FIGARO: »*Frankreich und England müssen Deutschland zertrümmern. Wir müssen den hitleristischen Anstifter europäischer Kriege ausmerzen.*«

PETIT PARISIEN: »*Hitler steht vor der Entscheidung, entweder er verschwindet freiwillig oder Sturz in den Abgrund.*«

CHAMBERLAIN: »*Ein Friede ist nicht möglich, solange der Hitlerismus weiter besteht. Man muß damit Schluß machen.*«

DAILY MAIL, *vierundzwanzig Stunden vor dem Attentat:* »*Die Erörterung der Kriegsziele ist einfach sinnlos. Das einzige, was uns heute zu tun bleibt, ist, Hitler zu beseitigen.*«

Und als wolle man letzte Zweifel an der Beteiligung englischer Agenten zerstreuen, folgte noch der Hinweis: *In der ganzen Welt ist es aufgefallen, daß die englischen Zeitungen in der Lage waren, merkwürdig schnell über das Attentat in München zu berichten. So konnte der* DAILY EXPRESS *bereits in der Nacht zum 9. November eine ausführliche Meldung geben, als ausländische Zeitungen, die Korrespondenten in Deutschland haben, noch keine Nachrichten hatten.*

Daß diese Propaganda-Meldungen in den Berichten und Kommentaren aufgegriffen wurden, daran gab es keinen Zweifel. Eine kritische, oppositionelle Presse existierte schon lange nicht mehr. Gleichschaltung und Zerschlagung von Organisationen politisch Andersdenkender, vor allem innerhalb der Arbeiterschaft und der jüdischen Minderheit, hatten die Gegner stumm gemacht, sie in Gefängnisse und Konzentrationslager, in die Emigration oder in die Illegalität getrieben.

Aber nicht nur zur Kriegshetze eignete sich das Münchener Attentat. Auch der Vorsehungsmythos, der Mythos von der Unantastbarkeit und Unbesiegbarkeit des Führers – das erkannten die NS-Propagandisten sofort – konnte genährt werden. Daß sie beides erreichten, belegen die geheimen Lageberichte dieser Tage. Am 10. November notierten die SD-Beamten in der Berliner Wilhelmstraße:

In vielen Schulen wurde der Choral »Nun danket alle Gott…« gesungen. Verschiedene Betriebsführer gaben ihrer Gefolgschaft von dem Attentat in Betriebsappellen Kenntnis. Besonders beunruhigt war die Allgemeinheit im Laufe des gestrigen Vormittags, ehe die näheren Angaben über die Auswirkungen des Attentates bekannt wurden. Überall tauchten Gerüchte auf, z. B. darüber, daß der Führer schwer verletzt worden sei und daß verschiedene führende Männer der Partei und des Staates getötet worden seien. Als im Laufe des Tages nähere Angaben zu dem Attentatsversuch bekannt wurden, wurde allgemein über alle sich daraus ergebenden Probleme gesprochen. Mit Erbitterung wurde über die Engländer und Juden, die im wesentlichen als Hintermänner des Attentates angesehen werden, gesprochen. In einigen Orten kam es zu Demonstrationen gegenüber Juden. Allgemein wird nunmehr gehofft, daß der Führer in Zukunft sich nicht mehr derartigen Gefahren aussetzen werde, wie er es in letzter Zeit oftmals getan habe.

Weiterhin erwartet man nunmehr verschiedentlich Vergeltungsmaßnahmen gegen alle Staatsfeinde und nach außen hin einen schlagartigen Angriff gegen Großbritannien.

In einer Meldung des »Deutschen Nachrichtendienstes« vom selben Tag wurde von öffentlichen Treuekundgebungen im Reich berichtet:

Kassel, 10. November. – Nach dem ruchlosen Verbrechen von München, das in allen Schichten der deutschen Bevölkerung höchste Empörung und tiefsten Abscheu hervorgerufen hat, versammelten sich in den Nachmittagsstunden des Donnerstag auf dem Friedrichsplatz in Kassel über 100 000 Volksgenossen, die ihrer Dankbarkeit für die gütige Vorsehung, die uns den Führer bewahrte, Ausdruck gaben und Adolf Hitler ein spontanes Treuegelöbnis ihrer unverbrüchlichen Gefolgschaft darbrachten.

Am 13. November 1939 hieß es in einem weiteren geheimen Bericht zur innenpolitischen Lage:

Das Attentat von München hat im deutschen Volk das Gefühl der Zusammengehörigkeit stark gefestigt.

Die Anteilnahme der Allgemeinheit an den Ergebnissen der zur Untersuchung des Attentates eingesetzten Spezialkommission ist sehr groß. Die Frage, wie es zu diesem Attentat kommen konnte, ist in allen Kreisen noch immer das beherrschende Gesprächsthema. Die Liebe zum Führer ist noch mehr gewachsen, und auch die Einstellung zum Krieg ist infolge des Attentates in vielen Kreisen noch positiver geworden.

Gegen Großbritannien besteht eine ausgesprochene Haßstimmung. – Die Tatsache, daß der Führer bei den Trauerfeierlichkeiten in München anwesend war, beeindruckte die Allgemeinheit tief. Die Beteiligung der Münchener Bevölkerung an dem Staatsbegräbnis der Opfer des Attentates war verhältnismäßig schwach, nur am Odeonsplatz stauten sich die Zuschauer, ohne jedoch eine besonders tiefe Anteilnahme an dem feierlichen Akt zu zeigen.

Nicht nur die eher passive Haltung der Münchener Bevölkerung wurde argwöhnisch beobachtet; kritisiert wurden auch die Reaktionen der Kirchen:

Einheitlich wird aus dem ganzen Reichsgebiet berichtet, daß die verschiedenartige Reaktionsweise der katholischen Kirche einerseits und der protestantischen Kirche andererseits auf das Münchener Attentat auffallend sei. Die katholische Geistlichkeit enthält sich in allen Reichsteilen jeglicher Stellungnahme zu dem Geschehnis, übergeht es, als ob es sich nicht zugetragen hätte.

Wohlwollend dagegen wurde notiert:

Im Gegensatz dazu hat die evangelische Kirche das Münchener Attentat scharf verurteilt und eindeutig Stellung genommen. In den einzelnen Reichsteilen fanden zum Teil Dankgottesdienste für die Erhaltung des Führers, zum Teil Kanzelabkündigungen statt, die, um ein Beispiel aus Stuttgart herauszugreifen, etwa folgenden Wortlaut hatten:

*»In uns allen, die wir heute zusammengekommen sind,
zittert noch die Erregung über den teuflischen Anschlag,
der auf das Leben unseres Führers geplant war, nach. Daneben ist aber der Dank gegen Gottes bewährende Gnade
groß und mächtig in uns.*

*Im Kugelregen des Weltkrieges, beim mutigen Gang am
9. November 1923, in den folgenden Jahren des Kampfes
um die politische Macht und nun beim teuflischen Anschlag, immer wieder hat der allmächtige Gott seine schüt-
zende Hand über ihn gehalten, und wir wollen jeden Morgen Gott bitten, daß er unseren Führer erhalte, ihm und
damit auch uns Sieg schenke, damit wir zu einem guten
Frieden kommen und unserem Volk Lebensraum und Le-
bensmöglichkeit geschenkt werde.«*

Ein Volk, ein Reich, ein Führer – ganz nach dem Geschmack
der NS-Propagandisten. Das Attentat hatte man bislang geradezu optimal für die eigenen Ziele nutzen können. Was aber
war mit diesem illegalen Grenzgänger, den man nach München gebracht hatte und der in einer Gestapo-Zelle auf sein
nächstes Verhör wartete?

In seinen Verhören mit SS-Mann Nebe hatte Elser bislang
die Tat geleugnet und ohnehin nur das Nötigste gesagt. Dabei
hatten sich die Indizien gegen ihn gehäuft. Angestellte des
Bürgerbräukellers, die vernommen worden waren, erinnerten sich an ihn; ein Geschäftsmann, der als Lieferant von im
Schutt geborgenem Isoliermaterial ausfindig gemacht werden
konnte, erinnerte sich ebenfalls an den kleinen Mann mit
schwäbischem Akzent. Die Tatortkommission hatte inzwischen die Sprengstelle in einer Säule dicht über dem Fußboden der Galerie lokalisiert. Der Täter mußte kniend gearbeitet haben und dies vermutlich nächtelang. Alleine? Kaum zu
glauben. Nebe war sich sicher: »Da gibt es Mittäter.« Doch
dieser Elser sagte nichts. Er nannte keine Namen, machte
keinerlei Angaben. Ja, im Bürgerbräukeller habe er tatsäch-

lich manchmal gesessen, aber dies sei doch schließlich erlaubt, es handele sich ja um ein öffentliches Lokal, hatte er geantwortet, als Nebe ihn mit den Aussagen des Personals konfrontierte.

Himmler wurde immer ungeduldiger. Wenn Nebe es schon nicht schaffte, mußte ein anderer die Verhöre führen. Am 13. November übernahm Kriminalrat und SS-Obersturmbannführer Huber die Leitung der Kommission. Man hatte eine Verschwörungstheorie, jetzt brauchte man endlich einen Täter...

Fünftes Kapitel

Das Geständnis

Es klopfte an der Tür. Zwei Gestapo-Beamte führten Elser herein. Auf Kriminalrat Huber wirkte er klein und schmächtig. Er blickte ihn an. Elser hatte wache, lebhafte Augen, die seinem Gesicht etwas Listiges verliehen.

Nein, dachte Huber, das ist unmöglich, der Mann kann nichts mit dem Attentat zu tun haben. Andererseits wußte er, daß Elser Mitglied des »Rotfrontkämpferbundes«, einer der KPD nahestehenden Gruppierung, war, und er wußte auch um die belastenden Gegenstände, die man bei ihm gefunden hatte. Huber war der Ansicht, man solle diese Angelegenheit mehr vom Motiv her angehen. Der Mann vor ihm, den man nun schon tagelang verhört hatte, schien eine sensible Natur zu sein; Huber glaubte einen ausgeprägten Sinn für Gerechtigkeit bei ihm entdeckt zu haben. Zumindest konnten seine bisherigen Aussagen diesen Eindruck vermitteln.

Zur Vorbereitung hatte Huber alle Verhörprotokolle gelesen, die bislang erstellt worden waren. Vielleicht war dieser gutmütig wirkende Elser von seinen Auftraggebern überredet worden, das Attentat auszuführen? Die notwendigen praktischen Fähigkeiten dazu hatte er ja, denn schließlich war er Handwerker.

Huber wollte an diesem Nachmittag des 13. November strategisch vorgehen, Elser mit seinen eigenen widersprüchlichen Aussagen konfrontieren und unnachgiebig dort nachfragen, wo Elser sich bislang hinter vagen Antworten versteckt hatte. Er wollte ihn gleichzeitig auf seine moralischen Wertvorstellungen ansprechen, ihm mögliche »ehrbare« Motive liefern, ihm eine Brücke zum Geständnis bauen. Zuckerbrot und Peitsche – die bewährte Methode.

Doch auch Huber kam an diesem Tag nicht weiter. Immer dann, wenn er glaubte, Elser mit einer Frage in Schwierigkeiten zu bringen, verstummte dieser oder wich ihm aus. Besonders dann, wenn er auf seinen Münchener Aufenthalt zu sprechen kam.

»Von was haben Sie denn hier gelebt?« wollte Huber wissen, »Sie hatten doch gar keine Arbeit.«

Elser schwieg lange, dann sagte er: »Ich hatt' doch meine Ersparnisse. Ich hab' mich ja nach Arbeit umgeschaut. Aber es sollt' halt was Richtiges sein. Net nur vom Lohn her...«

Huber hatte sich an Antworten wie diese schon gewöhnt. Der Mann hatte Nerven. In ruhigem Ton trug er sie vor, und manchmal hörten sich seine Antworten sogar plausibel an. Doch Huber war klar, daß die Indizien mittlerweile gegen Elsers scheinbar glaubhafte Schilderungen sprachen.

Längst hatte man alle Angaben überprüft, die Vermieter vernommen. Zwar hatte Elser ihnen erzählt, nach Arbeit gesucht zu haben, andererseits konnte er aber keinen einzigen Handwerksbetrieb nennen, bei dem er sich während seines Münchener Aufenthalts vorgestellt hatte. Immer hatte er sich vorschriftsmäßig mit richtigem Namen eingemietet, seine Miete regelmäßig bezahlt und zu keinerlei Verstimmungen Anlaß gegeben. Ganz im Gegenteil, seine Vermieter schilderten ihn als stillen Untermieter: ein Einzelgänger zwar, aber hilfsbereit und freundlich.

Frau Luchmann, bei der Elser einige Wochen lang gewohnt hatte, erinnerte sich an ihren ruhigen, doch manchmal etwas seltsam wirkenden Untermieter: *Er hatte ein paar schwere Kisten bei sich. Mein Mann hat ihm geholfen, sie in den Keller zu tragen. Oben behielt er nur eine hölzerne Truhe. Aber die ging nicht in das kleine Zimmer. Deshalb stellten wir sie in die Diele. Ein bißchen komisch war der Herr Elser schon. Aber das fiel mir damals nicht so auf. Nur einmal öffnete ich unverhofft die Etagentür. Da hockte er vor seiner Truhe und blätterte in einem Ordner mit Zeichnungen. Als er mich sah, warf er alles wieder in die Truhe und schloß sie ab.*

Und noch etwas war Frau Luchmann an ihrem Untermieter aufgefallen: *Er kam nachts immer sehr spät nach Hause, und manchmal kam er überhaupt nicht. Das habe ich gemerkt, wenn ich ihm sein Frühstück bringen wollte. Ich wunderte mich, denn so ein Typ war er eigentlich nicht.*

Auch die anderen Quartiergeber wußten nicht, was der ruhige Untermieter mit seiner Zeit eigentlich anfing. Solange er keine Anstellung fände, arbeite er an einer Erfindung, habe Elser einmal zu ihr gesagt, gab eine andere Vermieterin zu Protokoll. War diese »Erfindung« jene »Höllenmaschine«, die später für den Bombenanschlag benutzt worden war?

Huber hatte sich den Tatort angesehen. Die Höllenmaschine war auf der Galerie in den Pfeiler eingebaut worden, vor dem der Führer gesprochen hatte. Die kriminalistische Feinarbeit hatte außerdem erbracht, daß die Höllenmaschine dicht über dem Fußboden plaziert worden war. Das aber setzte eine langwierige Arbeit voraus, die nur auf Knien ausgeführt werden konnte. In diesem Moment erinnerte sich Huber an jene Überlegungen, die er nach der Tatortbesichtigung für sich angestellt hatte. Er stand von seinem Sessel auf, ging um den großen Tisch herum und forderte Elser auf, die Hose auszuziehen. »Hier, jetzt ... auf der Stelle!«

Elser zögerte einen Augenblick lang, es schien ihm peinlich zu sein. »Es geht nur um die Knie«, sagte Huber und baute sich vor ihm auf.

Langsam zog Elser die Hosenbeine hoch, Zentimeter für Zentimeter ... Huber sah es sofort: Die Knie waren geschwollen und vereitert. »Haben Sie mir jetzt etwas zu sagen?« unterbrach er die Stille.

Elser schwieg lange. Kaum hörbar fragte er dann: »Wenn jemand so etwas getan hat, was erwartet ihn?«

Huber war für einen Augenblick überrascht. War das ein Geständnis? Er antwortete: »Das kommt darauf an, weshalb er es getan hat.«

Jeder andere hätte jetzt, da das Geständnis nur noch eine Frage von Minuten zu sein schien, das Verhör fortgesetzt. Doch Huber brach das Verhör ab. »Wir sehen uns später wieder«, rief er Elser ohne weitere Erklärung nach, als dieser von zwei Beamten abgeholt wurde, die ihn in seine Zelle brachten. Huber war sich sicher: Er hatte Elser überführt; das Geständnis – den erfolgreichen Abschluß seiner Arbeit – wollte er im Beisein der anderen Leiter der »Sonderkommission Bürgerbräu-Attentat«, der Gestapo-Herren Nebe und Lobbes, am späten Abend wirkungsvoll inszenieren.

Kurz vor Mitternacht ließ er Elser erneut vorführen. Beamte brachten ihn zu einem Stuhl, der vor dem Schreibtisch stand. Dahinter saß Huber. Keiner sprach ein Wort. Auch Nebe und Lobbes nicht, die, an der Fensterseite ungeduldig hin und her gehend, auf das Geständnis warteten. Elser wirkte niedergeschlagen und noch kleiner, als er ohnehin schon war. Aus einer Flasche Mineralwasser, die vor ihm stand, trank er immer wieder.

Schüchtern blickte er um sich. Dann, ohne jede Frage, platzte es aus ihm heraus: »Ja, ich war es.«

Die Gestapo-Männer sahen sich erleichtert an. Elser griff zur Flasche und füllte sein Glas. Dann erzählte er in allen Einzelheiten, wie er die Höllenmaschine geplant, gebaut und in der Säule untergebracht hatte. Es war weit nach drei Uhr morgens, als der Protokollant Elsers letzte Sätze notierte. Anschließend wurde er in seine Zelle zurückgebracht.

Öfter als in den Nächten zuvor wurde er in dieser Nacht von Gestapo-Bewachern durch einen Türspion beobachtet. Einen toten Attentäter konnte man nicht brauchen, damit war keinem gedient. Am wenigsten der NS-Führung.

Im Vernehmungszimmer des Wittelsbacher Palais waren Huber, Nebe und Lobbes erleichtert und nachdenklich zugleich. Das Geständnis hatte eine Lawine weiterer Fragen ausgelöst. Wie konnte es geschehen, daß ein Mann nächtelang auf der Galerie des Bürgerbräukellers ungestört arbeiten konnte? Gab es keine Sicherheitsmaßnahmen vor dem 8. November?

Sie wußten: Nach Anordnung des Stellvertreters des Führers Nr. 34/36 vom 9. 3. 1936 war für alle Absperr- und Sicherheitsmaßnahmen bei Veranstaltungen, an denen Hitler teilnahm, der SS-Reichsführer bzw. ein von ihm jeweils bestimmter höherer SS-Führer allein verantwortlich. Doch hier in München hatten sich die »alten Kämpfer« ein Reservat erhalten, in das auch die SS und Polizei nicht eindringen konnten.

Hitler hatte schon im November 1936 in einem Streit zwischen dem Münchener Parteichef Christian Weber und Frh. von Eberstein, dem Polizeipräsidenten der Stadt, in der Frage, wer für den Schutz der Veranstaltung zuständig sei, entschieden: »In dieser Versammlung schützen mich meine Alten Kämpfer unter Führung von Christian Weber, die Verantwortung der Polizei erlischt an den Saaleingängen.« So war es auch diesmal gehandhabt worden.

Die Schutz- und Sicherungsmaßnahmen, dies hatten Nachforschungen ergeben, hatte Josef Gerum, ein alter Marschierer und Parteimitglied seit 1920, von Beruf Kriminalkommissar bei der Stapoleitstelle München, übernommen. Im Sommer 1939 hatte er sich freiwillig zum Heeresdienst gemeldet und in einer Einheit der Geheimen Feldpolizei den Polenfeldzug mitgemacht. Da er sich wegen einer Erkrankung gerade in München aufhielt, war er am 8. November damit beauftragt worden, die Sicherung des Bürgerbräukellers während der Hitler-Rede zu übernehmen. Die Maßnahmen der Sicherung waren nicht sonderlich intensiv gehandhabt worden: Man begnügte sich damit, den Saal abzugehen; am Veranstaltungstag wurden die Kontrollen an den Eingängen verstärkt und die Teilnehmer observiert. Was sollte hier unter den alten Kampfgenossen schon passieren? Nach dem Attentat, auch das wußten Huber, Nebe und Lobbes, hatte es dann mächtigen Ärger in der Parteiführung gegeben. Alle Vorwürfe konzentrierten sich auf Christian Weber, der sich nun dafür zu verantworten hatte, daß er einen Mann wie Gerum mit einer so wichtigen Aufgabe betraut hatte.

Wegen angeblicher »Verdunkelungsgefahr« war Parteigenosse Gerum sogar kurzfristig inhaftiert worden, worüber er sich maßlos aufregte und gar drohte, sich beim Führer selbst für diese unglaubliche Behandlung zu beschweren. Doch wahrscheinlich hatten es die Untersuchungsbeamten der Gestapo für möglich gehalten, daß Gerum (der als unzufriedener und ewig kritisierender »Typ des alten Kämpfers« später in einer Aktennotiz Himmlers auftauchen sollte) mit den Attentätern unter einer Decke steckte. Doch mittlerweile war Gerum wieder auf freiem Fuß. Man hatte ja einen Täter. Wer aber, fragten sich die drei Gestapo-Herren im Wittelsbacher Palais, waren die Auftraggeber, wer die eigentlichen »Drahtzieher«?

Am Morgen des 14. November rief Huber seinen Vorgesetzten in Berlin, den Chef der Gestapo, SS-Oberführer Heinrich Müller, an. Erfreut vernahm dieser die Meldung, daß Georg Elser gestanden habe. Am Ende des Gesprächs aber stellte er die entscheidende Frage: »Und wer steckt dahinter?«

Huber antwortete konsterniert: »Niemand.«

»Das machen Sie Himmler mal klar!« rief Müller verärgert in den Hörer.

Die Situation war fatal. Himmler konnte keinen deutschen Handwerker gebrauchen, der aus eigenem Antrieb die Hand gegen den »Führer« erhob. Er brauchte Hintermänner aus dem Ausland, Drahtzieher, eine Verschwörung des »Weltjudentums«, der Engländer oder Strassers. Damit aber konnte Huber nicht dienen.

Die Verärgerung über die Ergebnisse der Münchener Sonderkommission war deshalb in Berlin groß. Besonders bei Himmler. Als er die Vernehmungsprotokolle aus München erstmals zu Gesicht bekam, schrieb er in seiner winkeligen Handschrift darauf: *Welcher Idiot hat die Vernehmung durchgeführt?* Mit einem Lob aus Berlin konnten die verantwortlichen Herren der Sonderkommission »Bürgerbräu-Attentat« also nicht rechnen. Im Gegenteil: Himmler ordnete eine neuerliche Untersuchung an, diesmal unter alleiniger Regie der Gestapo. »Bringt den Attentäter nach Berlin«, lautete sein Befehl.

Am Nachmittag des 14. November wurde Georg Elser aus seiner Zelle geholt. Er sah müde aus, die nächtelangen Verhöre hatten ihn zermürbt. Fast schlaftrunken fragte er: »Was ist los, muß ich wieder zum Verhör?«

Ein Gestapo-Beamter lachte ihm ins Gesicht: »Mein Freund, jetzt geht es nach Berlin. Da herrscht ein anderes Klima, da darfst du noch mehr erzählen.«

Noch am frühen Abend wurde Georg Elser unter starker Bewachung nach Berlin transportiert.

Erst sieben Tage später, am 21. November, verbreitete das »Deutsche Nachrichtenbüro« eine »Sondermeldung« über Elsers Verhaftung. Auszüge:

Berlin, 21. November. – Der SS-Reichsführer und Chef der deutschen Polizei gibt bekannt: Sofort nach dem ruchlosen Anschlag im Bürgerbräukeller am 8. November 1939 wurden Maßnahmen getroffen, die zur Aufklärung des Verbrechens geeignet erschienen und die Festnahme des Täters oder der Täter ermöglichen konnten. Im Zuge dieser Fahndungsmaßnahmen fand eine augenblickliche Sperrung aller deutschen Grenzen in Verbindung mit einer verschärften Grenzkontrolle statt.

Unter den noch in der gleichen Nacht Verhafteten befand sich ein Mann, der versuchte, auf illegalem Wege über die deutsche Grenze in die Schweiz zu gelangen. Es handelte sich dabei um den 36 Jahre alten Georg Elser, zuletzt wohnhaft in München. Die inzwischen getroffenen Feststellungen der von der Sicherheitspolizei nach München entsandten Sonderkommission ergaben zahlreiche Hinweise auf die Vorbereitung und Ausführung der Tat.

Als Täter schien eine Person in Frage zu kommen, von der bereits am 12. November eine genaue Beschreibung veröffentlicht werden konnte.

Nunmehr aber ist jedenfalls ein Teil der mit dem Verbrechen in Zusammenhang stehenden Subjekte bereits verhaftet. Zur weiteren Aufklärung werden an die Öffentlichkeit folgende Fragen gerichtet:

– Wer kennt noch Elser?

– Wer kann noch Angaben machen über seinen Umgang?

– Wer kann noch Hinweise geben, mit wem E. verkehrte?

– Wo ist E. in den letzten Jahren aufgetaucht?

– Wo oder bei wem hat er Einkäufe getätigt oder Bestellungen aufgegeben?

– Wer weiß noch, daß sich E. mit Erfindungen, technischen Zeichnungen, Konstruktionen, Bauplänen usw. beschäftigte?

– Wer hat bei anderen Personen Zeichnungen oder Pläne des Bürgerbräukellers gesehen?

– Wer hat E. in Lokalen, auf Bahnhöfen, in Zügen, Autobussen usw. alleine oder mit anderen gesehen?

– Wer hat E. noch im Ausland gesehen? Wann, wo und mit wem?

Unter der Überschrift DAS MÜNCHENER ATTENTAT – DAS GEMEINSTE UND RAFFINIERTESTE ALLER VERBRECHEN verbreitete das »Deutsche Nachrichtenbüro« eine weitere Meldung. Alle Register nationalsozialistischer Propaganda wurden darin gezogen. Auszugsweise hieß es:

Die Vernehmung eines jeden Verbrechers bedingt Abtasten und Kennenlernen seiner psychologischen Substanz; als sich der Verdachtskreis um Elser geschlossen hatte, als sämtliche persönlichen Bindungen, sein Lebensweg, seine Kreise, bis auf die Sekunde genau festzulegen waren, konnte in wieder neuen, mehrfachen Vernehmungen und Gegenüberstellungen dann die Überzeugung gewonnen werden, den wirklichen Täter in Händen zu haben.

Unter der Last des Beweismaterials und der inzwischen in seinen Zufluchtsstätten sichergestellten Einzelheiten konnte das Geständnis des Verbrechers dann nur noch das Untersuchungsergebnis bestätigen.

Wir haben diesen Mann gesehen. Das ist der Mörder der Opfer jenes furchtbaren Planes, das ist der Mann, der den Führer und mit ihm die Führerschaft des Reiches treffen wollte. Man muß sich das alles immer wieder vor Augen halten, denn dieser Mann dort hat keine auffällige Verbrecherphysiognomie, sondern intelligente Augen, leise, vorsichtig abwägende Ausdrücke, die Vernehmungen dehnen sich endlos, jedes Wort überlegt er lange und genau, bis er Antwort gibt, und wenn man ihn dabei beobachten kann, vergißt man im Augenblick, vor welchem satanischen Untier man steht, welche Schuld, welche grausige Last dieses Gewissen dort scheinbar so leicht zu tragen imstande ist.

Die Kriminalgeschichte kennt keinen Parallelfall für dieses gemeinste und raffinierteste aller Verbrechen... Zu den bereits vorhandenen klaren Anhaltspunkten für die Hintergründe dieses schändlichen Verbrechens wird nun die deutsche Öffentlichkeit unendlich viele kleine Fingerzeige und Einzelheiten im Verein mit der Sicherheitspolizei zusammentragen, damit zu aller eindeutigen Kenntnis auch eine lückenlose, bis ins kleinste gehende Kette des Beweises allen jenen, die es angeht, zum Verhängnis wird.

Die Täterschaft Elsers konnte mittlerweile selbst das Propagandaministerium nicht mehr bestreiten, doch »die Kette der Beweise« mußte fortgesetzt werden. Man brauchte keinen einzelnen Attentäter, der zudem noch »keine auffällige Verbrecherphysiognomie« und gar »intelligente Augen« hatte, sondern »Hintermänner«. Die offizielle Richtung der propagandistischen Verwertung des Attentats war längst vorbereitet.

Scheinbar zufällig schob der »Deutsche Nachrichtendienst« am selben Tag eine zweite »Sondermeldung« nach, in der die Verhaftung von zwei britischen Geheimdienstoffizieren mitgeteilt wurde:

Berlin, 21. November. – Amtlich wird verlautbart: Die in Haag befindliche Zentrale des britischen Intelligence Service für Westeuropa versuchte seit längerem, in Deutschland Komplotte anzuzetteln und Anschläge zu organisieren bzw. Verbindung mit von ihnen vermuteten revolutionären Organisationen aufzunehmen. Aufgrund einer ebenso verbrecherischen wie albernen Aufklärung durch deutsche Emigranten lebte man in der britischen Regierung und dem ihr unterstellten Intelligence Service in der Meinung, es befände sich im Staat, in der Partei und in der Wehrmacht eine Opposition mit dem Ziel, im Reich eine Revolution herbeizuführen. Unter diesen Umständen wurden Beamten des Sicherheitsdienstes der SS beauftragt, Verbindung mit dieser britischen Terror- und Revolutionszentrale in Haag aufzunehmen. In dem Glauben, tatsächlich mit revolutionären deutschen Offizieren zu verhandeln, offenbarten die Vertreter des britischen Intelligence Service den deutschen Beamten ihre Absichten und Pläne, ja, um eine dauernde Verbindung mit diesen vermeintlichen deutschen Offizieren aufrecht erhalten zu können, lieferten sie ihnen außerdem ein bestimmtes englisches Funksende- und Empfangsgerät, durch das die deutsche Geheime Staatspolizei bis zum heutigen Tage die Verbindung mit der britischen Regierung aufrecht erhalten hatte.

Am 9. November versuchten nun die Leiter dieses britischen Intelligence Service für Europa, Mister Best und Kapitän Stevens, die holländische Grenze bei Venlo nach Deutsch-

land zu überschreiten. Sie wurden dabei von den sie überwachenden deutschen Organen überwältigt und als Gefangene der Staatspolizei eingeliefert.

Einen Tag nach dem Anschlag im Münchener Bürgerbräukeller hatten die beiden SS-Agenten des Reichssicherheitshauptamtes (RSHA) Walter Schellenberg und Alfred Naujocks, als Widerstandskämpfer getarnt, die zwei Offiziere des SIS und ihren Fahrer in einen Hinterhalt gelockt. Danach waren die beiden Engländer bei Venlo in den Niederlanden gefangengenommen und nach Deutschland entführt worden.

Die Schuld am Münchener Attentat sollte nach bewährter Manier dem britischen Geheimdienst angelastet werden und zielte auf eine zusätzliche Legitimierung der anstehenden Westoffensive.

Bis zum 21. November war der Öffentlichkeit die Verhaftung von Best und Stevens verschwiegen worden, man wartete auf ein für die Propaganda besonders »nützliches« Datum. Jetzt, nach Elsers Geständnis, schien der richtige Zeitpunkt dafür gekommen.

Obwohl in der Sondermeldung ein Zusammenhang zwischen den verhafteten Offizieren und Elser nicht behauptet wurde, suggerierten die zeitliche Nähe und die Art der Meldung einen solchen. Fehlte nur noch ein Verbindungsmann zwischen den beiden. Wer bot sich da besser an als Otto Strasser, dessen gegen das NS-Regime gerichtete »Schwarze-Front-Aktivitäten« allgemein bekannt waren. Ein Berührungspunkt zwischen Elser und Strasser ergab sich lediglich aus dem Sachverhalt, daß Elser in die Schweiz fliehen wollte und Otto Strasser sich zu dieser Zeit ebenfalls in der Schweiz aufhielt. Den »Beweis« dafür, daß auch der britische Geheimdienst zu diesem Komplott gehörte, konstruierten die Propagandisten rasch.

In einer offiziellen Verlautbarung vom 23. November 1939 hieß es, Strasser sei am Tage nach dem Attentat »Hals über Kopf« nach England abgereist. Tatsächlich aber verließ Strasser die Schweiz erst am 13. November, und er war auch nicht nach England, sondern nach Frankreich gereist.

Daß Strasser die Schweiz verließ, stand in keinerlei Zusammenhang mit dem Attentat. Die Schweizer Behörden hatten wegen seiner politischen Aktivitäten die Aufenthaltsgenehmigung nicht verlängert, und so mußte Strasser sein Exil verlassen.

Aber wen interessierte in diesen Tagen die Wahrheit? Elser als »Werkzeug« seines »Lehrherrn« Otto Strasser, dahinter der britische Geheimdienst als »Auftrags- und Geldgeber«, so malten die NS-Propagandisten das Bild einer Verschwörung. Mit Erfolg.

Der SS-Reichsführer und Chef der Deutschen Polizei Heinrich Himmler ließ seine Beamten die Ergebnisse in einem weiteren Bericht zur innenpolitischen Lage zusammenfassen. Zur »Allgemeinen Stimmung und Lage« hieß es am 22. November:

Die Mitteilung von der Ergreifung des Attentäters von München wurde der Öffentlichkeit erstmalig in der Nacht vom Dienstag zum Mittwoch durch den Rundfunk bekanntgegeben. Allgemein bekannt wurde die Nachricht erst durch die Zeitungen vom Mittwoch morgen. Ihr Eindruck auf die Öffentlichkeit war ungeheuer stark. Auch in den letzten Tagen noch wurde, besonders angeregt durch die Wochenschauen der Lichtspieltheater, das Münchener Attentat in der Bevölkerung vielfach besprochen, wobei auch zahlreiche Gerüchte, die z.T. unsinnige Verdächtigungen bezüglich der Täterschaft enthielten, in Umlauf kamen. Die nunmehr erfolgte Bekanntgabe des Ergebnisses der bisher durchgeführten Untersuchungen wirkte sich, soweit bisher festgestellt werden konnte, stimmungsmäßig sehr gut aus. Die Mitteilung, daß Auftraggeber des Attentates der britische Geheimdienst gewesen sei, und die Nachricht von der Festnahme der Angehörigen des britischen Geheimdienstes an der holländisch-deutschen Grenze haben die feindliche Stimmung gegen

Großbritannien, die sich schon in den letzten Tagen in der Erwartung eines baldigen Angriffs gegen England äußerte, verstärkt.

Wohlwollend wurde im selben Bericht festgestellt, auch der katholische Klerus habe unter dem Eindruck der neuen Untersuchungsergebnisse seine ablehnende Haltung in der Bewertung des Attentates aufgegeben. Als Beweis wurde ein Beitrag aus dem Bistumsblatt der Erzdiözese Freiburg vom 19. November zitiert, in dem es hieß:

Immer tragen ganze Völker die verheerenden Folgen, wenn solche Anschläge gelingen. Viele Beispiele lehren auch, wie jedesmal ausländische Mächte am Werk waren. Kein Wunder, daß auch diesmal bei dem verabscheuungswürdigen Verbrechen der SS-Reichsführer Himmler erklären mußte, die Spuren der Täter führen in das Ausland... Um wieviel mehr drängt sich der Gedanke an Gottes Vorsehung in diesem Falle auf, womit das Leben des Führers, das Lebensschicksal des ganzen deutschen Volkes in einem Augenblick schweren äußeren Existenzkampfes vor einer abgrundtiefen Bedrohung stand. Nur 30 Minuten zuvor hatte Adolf Hitler selbst die Worte gesprochen: »Wir sind daher des Glaubens, daß die Vorsehung das, was geschieht, so gewollt hat... In Trauer steht das deutsche Volk vor dem großen Unglück der betroffenen Toten und Verwundeten, in Treue aber zum Führer seines Schicksales, den die Vorsehung so sichtbar beschirmt hat.«

Besser konnte die Propagandamaschine nicht funktionieren: Ausländische Mächte als die eigentlichen Drahtzieher, der Vorsehungsmythos des Führers einmal mehr als Bestätigung dafür, daß das Lebensschicksal »des ganzen deutschen Volkes« mit seiner Figur verknüpft war.

Georg Elser wußte nichts von der Rolle, die ihm die NS-Propaganda in den Tagen nach seinem Geständnis zugedacht hatte. Er wußte nichts von den Razzien und Verhaftungen, die mittlerweile in seinem Heimatdorf Königsbronn an der

Tagesordnung waren. Freunde und Freundinnen, Bekannte und Nachbarn, Arbeitgeber und Arbeitskollegen – alle waren sie verhört worden. Er ahnte nichts davon, daß seine Eltern und Geschwister, ebenso wie Else, seine letzte, langjährige Freundin, verhaftet worden waren und unter Bewachung von Gestapo-Beamten im Zug nach Berlin saßen.

Er lag auf der Pritsche und schaute hinauf zum Zellenfenster. Das vergitterte Quadrat gab den Blick auf graue Wolkenfelder frei, die rasch vorüberzogen. Ein Himmel mit Gitter, ganz Deutschland ist ein einziger großer Kerker, dachte er. Von draußen vernahm er dumpfe Geräusche. Er fühlte sich einsam.

Sechstes Kapitel

Geheime Gestapo-Sache

Berlin, Prinz-Albrecht-Straße 8. Eine Adresse, vor der die politischen Gegner und die weltanschaulich Verfolgten in Deutschland zitterten. Hier, in einem ehemaligen Hotelgebäude, liefen alle Fäden nationalsozialistischen Terrors zusammen. Durch einen Erlaß Himmlers vom 27. September 1939 war die Zusammenlegung aller Dienststellen im staatlichen »Hauptamt Sicherheitspolizei« und im parteizugehörigen »Sicherheitshauptamt« neu geregelt worden. Hinter der Sammelbezeichnung »Reichssicherheitshauptamt« (RSHA) verbargen sich nun die wichtigsten Organe der NS-Verfolgungs-, Unterdrückungs- und Ausrottungspolitik. Hier saßen sie, die Schreibtischtäter. In einer perversen Mischung aus bürokratischer Handlungsweise und hemmungsloser Willkür planten, organisierten und kontrollierten sie den nationalsozialistischen Terror. Von Mitarbeitern dieses Amtes wurde das Personal für die Einsatzgruppen ausgewählt, deren Massenexekutionen Hunderttausende zum Opfer fielen. Angehörige dieses Amtes entwickelten die Gaswagen, die eine Zeitlang zur Ermordung der jüdischen Bevölkerung eingesetzt wurden.

Das Schutzhaftreferat entschied über Einweisungen in die Konzentrationslager, das Amt IV »Gegnerbekämpfung« über Bespitzelung, Verhaftung, Leben und Tod. Sowohl staatliche Beamte als auch Parteiangestellte und SS-Angehörige gingen im Reichssicherheitshauptamt ihrer blutigen Arbeit nach.

Prinz-Albrecht-Straße 8, die offizielle Anschrift des SS-Reichsführers und seines Stabes. Hier hatte sie ihren zentralen Ort: die Bürokratie der Tyrannei.

Bereits im Spätsommer 1933 hatte die Gestapo im Gebäude ein »Hausgefängnis« eingerichtet. Es diente in erster Linie der Unterbringung von Häftlingen, die im Hause verhört werden sollten. Es war gewissermaßen das hauseigene Untersuchungsgefängnis der Gestapo-Zentrale, ein – wie es in einer Verordnung aus dem Jahre 1935 vieldeutig hieß – »Polizeigewahrsam besonderer Art«.

Wer in die Prinz-Albrecht-Straße gebracht wurde, der mußte um sein Leben bangen. Unter Anwendung aller Mittel versuchten Gestapo-Männer verdächtige Vorgänge aufzuklären und wirklichem oder vermeintlichem Widerstand gegen das Regime auf die Spur zu kommen. Vor keinen Quälereien schreckten sie dabei zurück. Wo es notwendig erschien, wurden brutalste Foltermethoden angewandt, um Querverbindungen, organisatorische Zusammenhänge, Kontakte ins Ausland oder bloße Mitwisser zu ermitteln.

In den Anfangsjahren ähnelte die Folter einer wüsten Prügelei, bei der die Häftlinge mit Stöcken, Riemen und Peitschen oft bis zur Bewußtlosigkeit geschlagen wurden. Später wurde die Folter verharmlosend als »verschärfte Vernehmung« bezeichnet, bürokratisch genau geregelt und systematisiert. Aus einem Bericht:

Der eingelieferte Häftling kam in eines der Büros im Mansardengeschoß, wo die KPD- und SPD-Referate saßen. Hier – und nicht im Keller – wurden die Vernehmungen samt Folter durchgeführt. Der Gestapo-Beamte stellte, oft eingeleitet durch einige harmlose Bemerkungen, eine direkte Frage. Erhielt er nicht die gewünschte Auskunft, wurde der Gefangene von dem Vernehmungsbeamten selbst oder auch von herbeigerufenen »Hilfskräften« zusammengeschlagen.

Hieran schloß sich meist unmittelbar die zweite Verneh-
mungsrunde an. Konnte oder wollte der Häftling auch jetzt
keine Aussage machen, folgte eine weitere Prügelorgie.

War der Gefangene so zerschlagen, daß er beim besten
Willen nicht mehr antworten konnte, wurde er in seine Zelle
zurückgeschickt, wo er oft 24 Stunden lang ohne Nahrung
und Wasser gelassen und dann von neuem verhört, geschlagen
und gequält wurde. Bei manchen Häftlingen zogen sich diese
Mißhandlungen über Wochen hin.

Wer waren die Insassen des Hausgefängnisses, das 1939 aus
38 Einzelzellen und einer Gemeinschaftszelle für etwa 50
Häftlinge bestand? Woher kamen sie? Es waren vor allem
Kommunisten, Sozialdemokraten und Gewerkschafter, auch
Mitglieder der sozialistischen Jugendbewegung und Angehörige kleinerer sozialistischer Parteien und Widerstandsorganisationen. Viele stammten aus Berlin, das als ehemalige
Hochburg der Arbeiterbewegung noch immer ein Zentrum
des Widerstandes gegen den Nationalsozialismus war. Andererseits ließ die Gestapo Häftlinge über Hunderte von Kilo-
metern nach Berlin bringen, wenn der betreffende Fall über-
regionale Bedeutung hatte. In diesen Fällen wurden eigene
Untersuchungskommissionen gebildet, die »ihre« Häftlinge
im Hause ständig neuen Verhören unterzogen.

Georg Elser war einer von ihnen, sein Fall von höchster
Brisanz, eine geheime Gestapo-Sache.

Zwar konnte Himmler, der sich des Falles persönlich angenommen hatte, mit dem propagandistischen Nutzen, der
bislang aus dem Attentat gezogen worden war, zufrieden
sein; wer aber war dieser Georg Elser wirklich? Ein unscheinbarer Handwerker? Ein sonderbarer Einzelgänger? Ein einsamer Querulant gegen Krieg, Reich und Führer? Himmler
gab seinen Beamten alle Vollmachten, die Wahrheit heraus-
zubekommen.

Warten. Georg Elser saß auf der Holzpritsche seiner Zelle und blickte hinüber zur graugetünchten Wand. Man kann nicht einmal die Arme ausstrecken, sonst schlägt man gegen die Wände, dachte er; Wände, wohin man greift. Die Zelle – ein modriges, enges Rechteck, vielleicht acht Quadratmeter. Hinten ein kleines Fenster mit Gitterkreuz, so groß wie zwei Schuhkartons. Am Fußende der Pritsche eine massive Holztür mit Eisenbeschlägen und Spion. Daneben der Klo-Kübel, ein Schemel, ein kleiner Klapptisch. Nur zum Duschen hatte er in den zurückliegenden Tagen die Zelle verlassen und war vom Wachbeamten hinüber in einen rundum gekachelten Raum geführt worden. Fünf Brausen, fünf Handwaschbekken für mehr als 50 Häftlinge. Sonst saß er in seiner Zelle und wartete.

Warten zwischen vier Wänden. Auf die Verhöre, die täglich stattfanden. Elser fühlte sich wie an unsichtbaren Fäden aufgehängt. Seine Kraft hatte nachgelassen. Morgen sollten die Verhöre fortgesetzt werden. In seinem Kopf bohrten Fragen, Fragen wie Schlangen, von denen er wußte, daß ihre Bisse tödlich sind. Er fand nur einfache Antworten, trotz der Gefahr.

Warten. Es war Abend geworden. Draußen vernahm Elser Schlüsselgeräusche. Wollten sie ihn noch zu dieser Stunde zum Verhör holen? Durch ein Labyrinth von Gängen und Fluren führen, Gitter dazwischen, von einem Wachbeamten zum anderen weitergereicht, so wie er es nach seiner Ankunft hier in Berlin täglich erlebt hatte? Nein, die Geräusche verstummten.

Georg Elser wußte noch immer nichts von der Rolle, die ihm die NS-Propaganda nach seinem Geständnis in der Öffentlichkeit angedichtet hatte. Er wußte nichts von den Razzien und Verhaftungen in Königsbronn.

Wenige Tage nach dem Attentat war eine wahre Invasion der Gestapo über das beschauliche Dorf hereingebrochen. Im nahen Heidenheim hatte sich ein halbes Dutzend Beamte im Hotel »König Karl« einquartiert, weitere vier Beamte wohnten im Hotel »Hirsch« in Oberkochen. Täglich kamen sie nach Königsbronn herüber, wo sie das Rathaus zu einer riesigen Vernehmungszentrale umfunktioniert hatten. Alle waren sie verhört worden: die Mitglieder des Zitherclubs, des Gesangvereins, der Tanzgruppe, des Wandervereins, alle Freunde und Bekannten, vor allem aber die Verwandtschaft. Und die Vernehmungen waren noch in vollem Gang – so schnell gab die Gestapo nicht auf.

Am 13. November ließ sie Elsers gesamte Familie verhaften. Seine Mutter schilderte Jahre später die Ereignisse (Auszüge):

Es wurde uns von den Kriminalbeamten überhaupt nicht gesagt, warum man uns holt. Gleichzeitig wurden in unseren Wohnungen Hausdurchsuchungen durchgeführt, wir selbst durften aber gar nicht mehr dabeisein.

Gleichzeitig mit mir und meinem Mann wurden auch alle unsere Kinder verhaftet, also die in Stuttgart und in Schnaitheim wohnenden Töchter, ebenso die in Königsbronn wohnende Tochter und unser Sohn Leonhard. Wir wurden zunächst in das Rathaus Königsbronn gebracht und dort eine Zeitlang festgehalten.

In Königsbronn wurden wir noch nicht verhört, sondern dann nach Heidenheim transportiert, wo wir eingesperrt wurden. In Heidenheim blieben wir nur bis zum Abend des 13. November 1939. Von dort ging es mit einem Kraftwagen nach Stuttgart weiter. Dort kamen wir wieder in das Gefängnis und zwar verteilt, und jedes einzelne Familienmitglied wurde besonders untergebracht...

Wie das Gefängnis hieß, weiß ich nicht mehr, ich durfte in eine Zelle hinein, wo noch fünf Frauen waren, während alle anderen meiner Familie in Einzelhaft genommen wurden.

In Stuttgart blieben wir etwa sieben Tage in Haft, und ich habe meine Familie während dieser Zeit nicht sehen dürfen.

77

Täglich wurde ich vernommen, oft sogar zweimal an einem Tag. Hier erfuhr ich erst, daß mein Sohn der Attentäter vom Bürgerbräukeller sei, und daß wir deshalb für sieben Tage eingesperrt wurden...

Die Herren fragten mich aus nach dem Lebenslauf meines Sohnes Georg und wollten wissen, ob ich von dem Attentat irgend etwas wisse, ob Georg zu Hause etwas erzählt habe, mit wem er in Verbindung gestanden habe und ähnliche Sachen. Bei den Vernehmungen gab ich an, daß ich von dem Attentat keine Ahnung gehabt hätte, denn es ist ja auch tatsächlich so, daß meine Familie und ich nichts von diesem Attentat wußten. Georg hat nie erzählt, daß er eine solche Absicht hat, er machte nie derartige Äußerungen. Ich konnte gar nicht glauben, daß Georg dieser Attentäter sein sollte, denn da hat ja mein Herz nicht daran gedacht, daß er so etwas tun würde...

Nach etwa sieben Tagen Aufenthalt im Gefängnis in Stuttgart wurde mir gesagt, daß ich am Abend fortkäme. Ich wurde dann von einer Frau abgeholt, die mich im Zug nach Berlin begleitete. Auch hier bin ich mit meiner Familie nicht zusammengekommen, und ich wußte damals nicht, daß auch sie nach Berlin gebracht wurde.

Leonhard Elser, Georgs zehn Jahre jüngerer Bruder, hatte im Radio von dem Attentat im Bürgerbräukeller gehört. Unter seinen Kollegen im Hüttenwerk Königsbronn, wo er als Schreinergehilfe arbeitete, war nur kurz darüber gesprochen worden. Auch in Königsbronn, dem abgelegenen Dorf auf der Schwäbischen Alb, hatten die Nationalsozialisten nach der Machtergreifung im Jahre 1933 rasch Zulauf bekommen, die örtliche Parteigruppe der Nationalsozialisten konnte sich nicht über Mitgliedermangel beklagen. Das dörfliche Kulturleben, vom Turnverein bis zur Tanzschule, war längst gleichgeschaltet worden. An den Festtagen flatterten Hakenkreuzfahnen in den Dorfstraßen. Deutsche Verhältnisse auch in Königsbronn.

Unter den Arbeitern im Hüttenwerk wurde die Meldung vom Münchener Attentat auf den Führer eher zurückhaltend kommentiert. Vor allem von jenen, die keine Parteigänger waren, die sich in die stille innere Emigration zurückgezogen hatten. Wie Leonhard Elser, ein ruhiger junger Mann von 26 Jahren, der seinem Bruder Georg auffallend ähnlich sah, sich für Politik nicht sonderlich interessierte und froh war, einen Arbeitsplatz zu haben. Vor vierzehn Monaten hatte er Erna geheiratet, ein hübsches Mädchen aus der Nachbargemeinde Itzelberg. Gerade hatten sie ihr erstes Kind bekommen. Sie tauften es auf den Namen Erna. Jetzt wohnten sie in Leonhards Elternhaus, oben in der kleinen Mansardenwohnung. Pläne hatten sie, Wünsche, Sehnsüchte – wie alle jungen Paare.

Am 13. November jedoch geriet ihr beschaulicher Alltag ins Wanken. Der Direktor des Hüttenwerkes kam an Leonhards Arbeitsplatz, was ungewöhnlich war, und forderte den jungen Mann auf, mit ihm zu kommen – zwei Herren von der Gestapo seien im Büro. Leonhard erschrak: »Gestapo – was wollen die denn von mir?« Im Büro zeigten die beiden Herren ihre Blechmarken. Später gab Leonhard Elser zu Protokoll:

Sie haben gesagt, ich soll mitkommen. Ich wollt' mich umziehen, aber das haben die nicht erlaubt. So wie ich war, im blauen Anzug und einer Schreinerschürze, bin ich ins Auto geladen und nach Stuttgart gebracht worden. Ich hab' gefragt, was eigentlich los wäre, aber die haben mir keine Antwort gegeben. In Stuttgart wurde ich in ein Gefängnis eingeliefert, es war eine Art Untersuchungsgefängnis, in dem lauter politische Häftlinge waren.

Ich wurde in eine Zelle zu drei anderen Männern gesperrt. Dann haben sie mich mehrmals verhört. Da erst hab' ich erfahren, daß der Georg verdächtigt wird, in München die Bombe gegen Hitler gelegt zu haben. Immer wieder haben die Gestapo-Beamten mich gefragt, ob ich darüber etwas wisse, ob der Georg mir davon etwas erzählt habe. Aber ich hab' ja nichts gewußt. Ich war ja völlig überrascht.

Als Erna erfuhr, daß ihr Mann von der Gestapo am Arbeitsplatz abgeholt worden war, machte sie sich große Sorgen. Gestapo? Was hatte Leonhard damit zu tun? Sie wurde noch verzweifelter, nachdem man ihr gesagt hatte, daß Leonhards Eltern, seine Schwestern und deren Ehemänner ebenfalls verhaftet worden seien. »Um Gottes willen, was ist passiert?« Keiner konnte ihr darauf eine Antwort geben.

In den folgenden Nächten konnte Erna keinen Schlaf finden. Ihre Gedanken kreisten sorgenvoll um ihren Mann Leonhard, um dessen Eltern. Was hatten sie getan? Warum saßen sie in Stuttgart im Gefängnis?

Als Erna Tage später dabei war, in der Waschküche ihre Arbeit zu verrichten, hielt ein Auto vor dem Haus. Zwei Männer stiegen aus und gingen auf die Tür der Waschküche zu, die sich in einem Anbau neben dem Haus befand. »Sind Sie Frau Elser?« fragte einer der beiden Beamten knapp.

»Ja«, antwortete sie ängstlich. Die beiden Männer zeigten ihre Dienstmarken. »Gestapo – packen Sie Ihre Sachen und kommen Sie mit, Sie sind festgenommen«, teilte ihr einer der beiden mit scharfer Stimme mit.

Sie fand gerade noch Zeit, ihre kleine Tochter bei einer Nachbarin in Obhut zu geben mit der Bitte, ihre Mutter zu verständigen. Minuten später saß sie auf der Rückbank des Autos. Die Beamten sprachen kein Wort. Erna Elser fühlte ihr Herz bis zum Halse schlagen. Sie hatte Angst.

Die Fahrt ging nach Stuttgart. Im Hof des Gestapo-Gefängnisses in der Büchsenstraße hielt der Wagen. Man brachte sie in den ersten Stock. Stundenlange Verhöre folgten. Erst jetzt erfuhr Leonhards Frau, weshalb man sie hierhergebracht hatte.

»Hat Ihnen Ihr Schwager Georg von seinen Absichten erzählt?« fragte ein untersetzter Gestapo-Beamter in Zivil.

»Nein«, antwortete sie verwirrt.

Am Abend brachte man sie unter Bewachung zum Hauptbahnhof. Vor einem Zug, von dem sie nicht wußte, wohin er fuhr, wurde sie einem anderen Zivilbeamten übergeben. Dann stiegen beide in den Zug und betraten ein Abteil. Es war reserviert.

Hinter vorgezogenen Vorhängen warteten ein Beamter und ein Mann, den sie flüchtig vom Sehen kannte: Hermann Heller, Zimmermann aus Königsbronn. Ihr Schwager Georg hatte einige Zeit in seinem Haus als Untermieter gewohnt. Nachdem er dahintergekommen war, daß Georg mit seiner Frau eine Liebschaft unterhielt, hatte er ihm gekündigt. Später wurde seine Ehe geschieden. Ob es nur wegen der Affäre mit Georg war, das wußte Erna nicht. Nun saßen sie sich schweigend gegenüber. Die Beamten hatten ihnen untersagt, miteinander zu reden.

Erna Elser dachte an ihre kleine Tochter; an Leonhard, den sie seit Tagen nicht mehr gesehen hatte. Sie konnte nicht wissen, daß er nur wenige Meter von ihr, ebenfalls unter Bewachung, in einem anderen Abteil saß. Auch nicht, daß ihre Schwiegereltern, ihre Schwägerinnen und deren Ehemänner, ja die gesamte Familie Elser, von der Gestapo in diesem Zug zusammengebracht wurden. Zielort: Berlin, Reichssicherheitshauptamt.

Jeder von ihnen fühlte sich isoliert, keiner wußte von den anderen. Im hintersten Abteil des Sonderwaggons hatte eine junge Frau Platz genommen, die nicht zur Familie Elser gehörte, von der sich die Gestapo-Beamten in Berlin dennoch brauchbare Aussagen erhofften: Elsa, einst Ehefrau des Hermann Heller, lange Zeit die Geliebte Georg Elsers.

Im Januar 1939 hatten sie sich zum letzten Mal gesehen. In Stuttgart, wo Georg bei seiner Schwester für ein paar Tage untergekommen war, trafen sie sich zu einem Spaziergang. *Er hat mir gesagt, daß er nach München ziehen wollte, um sich dort Arbeit zu suchen*, gab sie später zu Protokoll. *Vorher hatten wir immer davon gesprochen, daß wir heiraten wollen.*

Nachdem wir aber bei dieser Zusammenkunft auch zu keiner Einigung kamen und ich bemerkte, daß er noch lange nicht ans Heiraten dachte, habe ich ihm erklärt, ich würde diese Ungewißheit nicht mehr lange mitmachen und heiraten, sobald ich einen ehrlichen Menschen finden würde.

Das Ende ihrer Hoffnungen war auch das Ende ihrer Liebe zu Georg. Im Sommer lernte sie Karl kennen, der in der gleichen Esslinger Fabrik wie sie arbeitete. Ein rechter Kerl, bescheiden und treu, mit festen Heiratsabsichten. Von Georg erreichten sie während dieser Zeit nur zwei kurze Briefe, in denen er mitteilte, daß er in München ein schönes Zimmer und auch eine kleine Werkstatt gefunden habe, wo er Schreinerarbeiten ausführen könne.

Sie hatte ihm daraufhin geschrieben und wollte wissen, wo und was er arbeite und wieviel er verdiene. Eine Antwort erhielt sie nicht. Danach stand endgültig für sie fest: Eine schöne Erinnerung sollte er bleiben, aber nicht mehr. Sie wollte wieder heiraten. Der Termin für die Hochzeit mit Karl stand bereits fest.

Dann kam dieser Mittwoch. Im Büro hatte sie mit Kolleginnen über das Attentat gesprochen, und Irmgard, ihre Kollegin und Freundin, hatte erzählt, ein Attentäter sei festgenommen worden, ein gewisser Elsässer oder so ähnlich. Für einen Augenblick erschrak sie bei dem Namen, intuitiv, ein Reflex. Georg wohnte doch in München... Aber ein Attentäter? Nein, er konnte nicht der Täter sein... *Bei meiner Ankunft in Jebenhausen, an diesem Mittwoch, erfuhr ich dann von meiner Mutter, daß der Georg das Attentat begangen hatte und seine gesamte Familie bereits festgenommen war. Dort sah ich auch das erste Mal sein Bild in der Zeitung. Ich war kaum eine halbe Stunde zu Hause, als ich von einem Kriminalbeamten aus Göppingen in der Wohnung meiner Mutter festgenommen und unmittelbar zum Polizeipräsidium Stuttgart gebracht wurde. Er hat mich wie eine Verbrecherin behandelt und mir nicht einmal Gelegenheit gegeben, ein*

Taschentuch, viel weniger noch Toilettenartikel mitzuneh-
men. In Stuttgart wurde ich nicht vernommen, sondern nur
bis zum Abend in der Büchsenstraße in Haft gehalten. Noch
am selben Abend wurde ich zum Hauptbahnhof gebracht,
gab sie später zu Protokoll.

Jetzt dachte sie zurück an die Zeit mit Georg. Ein stiller
Mensch war er, einer, der außer der Schreinerei und seiner
Passion für Musik nichts anderes kannte. Einer, der immer
deutlich sagte, was er meinte. Palaver und Diskussionen
mochte er nicht. Gegen die Nazis war er, auf die war er nicht
gut zu sprechen. Einmal, als sie in einem Lokal saßen, war ein
SA-Mann in Uniform hereingekommen und hatte eine Sam-
melbüchse herumgereicht. Wofür, daran konnte sie sich nicht
mehr erinnern, wohl aber daran, daß Georg verärgert war, als
sie eine kleine Spende hineinwarf. »Entweder du bist dafür
und gibst etwas, oder du bist dagegen, dann gibst du eben
nichts«, hatte er geschimpft.

Der Zug fuhr durch die Nacht. Morgen früh würde sie in
Berlin sein. Sie stellte sich vor, ohne die beiden Gestapo-
Beamten zu reisen; mit Karl... auf Hochzeitsreise. Nach
Berlin, der Stadt, von der sie so oft geträumt hatte. Den
großen Boulevards, den schicken Geschäften, den schönen
Cafés... Nun war sie auf dem Weg in diese bunte Traum-
welt, doch am liebsten würde sie zurückfahren. Jetzt machte
ihr die Stadt angst. Würde sie Georg gegenübergestellt werden? Was wollte man eigentlich von ihr...?

Warten. Georg Elser wartete auf den Morgen. Er fror. Er
ging zum Zellenfenster, das einen Spaltbreit offenstand, um
es zu schließen. Eine dunstige, stickige Luft blieb danach in
der Zelle. Später drehte er sich von einer Seite auf die andere
und konnte keinen Schlaf finden. An das harte Holzbett mit
der durchgelegenen Matratze konnte er sich nicht gewöhnen.
Er stand auf und ging die wenigen Meter hin und her, sah
durch das Zellenfenster das Licht des großen Scheinwerfers,

der einen langen Schatten vom Fenstergitter auf die kahle, getünchte Wand warf. Wenn die Nächte nur nicht so lang wären, dachte er. Wohin mit der Einsamkeit, vor allem mit der Angst?

Schuldgefühle, Verzweiflung und Ohnmacht raubten ihm den Schlaf. Er stellte sich vor, wie unglücklich seine Mutter sein mußte, die Geschwister und deren Familien. Sicherlich hatte man ihnen Schwierigkeiten gemacht, sie verhört. Er dachte an seinen Freund Eugen. Ihm gegenüber hatte er einmal eine Andeutung gemacht, man müsse die Hitler-Regierung abschaffen. Hoffentlich behielt er das für sich und brachte sich nicht selbst in Gefahr. Eugen, sein Freund, mit dem er schon als Kind gespielt hatte, der in der Schule neben ihm saß, mit ihm am Nachmittag durch die Felder streifte und später, im Trachtenverein, mit ihm nach den jungen Mädchen schaute. Eugen, der jetzt jungverheiratet noch immer in Königsbronn lebte – wie mochte es ihm gehen?

Immer häufiger hatten Georg Elser in den letzten Nächten Bilder aus der Vergangenheit überfallen: aus seiner Kindheit, seiner Jugend, aus Königsbronn.

Siebentes Kapitel

Königsbronner Jahre

Hoch oben auf der württembergischen Ostalb, dort, wo das Leben der Menschen von Kargheit und Bescheidenheit geprägt ist, wurde Georg Elser am 4. Januar 1903 in dem kleinen Dorf Hermaringen geboren.

Die Mutter, Maria Müller, eine Frau von 24 Jahren, lebte im Hause ihrer Eltern, die eine Wagnerei und eine kleine Landwirtschaft betrieben. Erst ein Jahr nach der Geburt heiratete sie den Vater ihres Kindes, den sieben Jahre älteren Bauernsohn Ludwig Elser. Dieser stammte aus dem nahen Ochsenberg, wo er mit 18 Geschwistern aufgewachsen war. Schon früh mußte der kleine Ludwig auf dem elterlichen Hof mit anpacken; nach der Schule begann für ihn und seine älteren Geschwister das eigentliche Tagewerk: die mühevolle Stall- und Feldarbeit, nicht selten bis spät am Abend. Trotz harter, entbehrungsreicher Kinder- und Jugendjahre blieb Ludwig von Krankheiten verschont und reifte zur Selbständigkeit heran: ein derber, etwas verschlossen wirkender junger Mann, ein Jungbauer, der in Maria die richtige Frau gefunden hatte.

Im November 1904 zog das junge Paar kurz nach der Hochzeit mit dem kleinen Georg nach Königsbronn, wenige Kilometer von Hermaringen entfernt. Dort hatte Ludwig mit einer Erbschaft ein eigenes Anwesen gekauft und einen Holzhandel eröffnet. Nebenbei betrieb das junge Paar eine bescheidene Landwirtschaft, wobei die Hauptarbeitslast vor allem Maria trug. Dies änderte sich auch nicht, als am 19. Oktober 1904 ihr zweites Kind, Tochter Friederike, geboren wurde. Maria war Mutter, Hausfrau, Bäuerin, von frühmorgens bis in die späten Abendstunden, Tag für Tag. Sie erfüllte ihre Pflichten, so wie sie es aus ihrem Elternhaus kannte: anspruchslos und gottergeben. Zwei Jahre später bekam sie ihr drittes Kind, wieder ein Mädchen. Es wurde auf den Namen Maria getauft.

Georg, mittlerweile dreieinhalb Jahre alt, war ein eher stilles Kind von kleinem Wuchs. Stundenlang saß er im Garten neben dem Haus und beschäftigte sich allein oder spielte mit seiner jüngeren Schwester Friederike im Sandkasten. Zank gab es kaum. Besonders freute er sich, wenn die Familie aufbrach, um die Großeltern in Hermaringen zu besuchen. Dann gab es Limonade und Kuchen, manchmal auch einen Zipfel gebratene Wurst, und vor allem – die Eltern vergaßen für wenige Stunden ihren harten Alltag und spielten mit ihm und Friederike. Besonders die Mutter genoß die wenigen freien Sonntage.

Als Georg kurz vor seiner Einschulung stand, wurde am 21. Mai 1909 das vierte Kind geboren: sein Bruder Ludwig. Ihm sollte nur ein kurzes Leben vergönnt sein. Keine sechs Jahre später, am 4. Januar 1915, starb er an einer Lungenkrankheit. Am 10. Oktober 1910 kam Anna zur Welt und drei Jahre später, am 1. Juni 1913, nochmals ein Junge, der auf den Namen Leonhard getauft wurde.

Die Elsers waren jetzt eine große Familie. Das war zwar für diese Zeit nichts Außergewöhnliches, doch so viele Münder wollten ernährt werden. Der Holzhandel des Vaters lief mehr schlecht als recht, die kleine Landwirtschaft, die nach wie vor auf den Schultern der Mutter lag, warf nur das Bescheidenste ab. Georg mußte sehr früh im Stall, auf dem Feld und im Haus mithelfen. Als der Älteste war er immer auch die Kindsmagd für seine jüngeren Geschwister.

Doch nicht nur die wirtschaftliche Situation der Familie war prekär; in der Ehe kam es immer wieder zu Streitigkeiten, nicht selten zu körperlichen Auseinandersetzungen. Der Vater begann seine Probleme im Alkohol zu ertränken und wurde dann gewalttätig und aggressiv.

Später erinnerte sich Georg Elser an diese bedrückende Zeit seiner Kindheit:

Nicht jeden Tag, aber oft kam mein Vater sehr spät nach Hause. Soviel ich weiß, war er oft im Wirtshaus. Meine Mutter hat uns Kindern erzählt, daß sie vom Vater oft geschlagen werde. Gesehen habe ich es allerdings nicht. Ob mein Vater die Mutter nur mit der Hand oder mit einem Stuhl, einer Laterne oder mit sonst etwas geschlagen hat, weiß ich nicht. Es kam vor, daß wir vom Vater, wenn er nachts nach Hause kam, noch zu irgend etwas, z. B. Stiefelausziehen, aus dem Bett geholt wurden. Ich kann mich aber nicht erinnern, und ich glaube es auch nicht, daß er uns nachts im Rausch einmal geschlagen hätte. Von meinem Vater habe ich überhaupt nur Schläge bekommen und dies oft, wenn ich etwas angestellt hatte. Auch von meiner Mutter habe ich gelegentlich, nicht oft, Schläge bekommen. Aufgewacht sind wir nachts immer, wenn mein Vater im Rausch nach Hause kam. Beim Betreten des Hauses hat er immer schon geschimpft. Es war nicht nur so, daß mein Vater etwa nur samstags betrunken war, es kam auch wochentags, ganz unterschiedlich vor. Soviel ich weiß, hat er lediglich Bier und Wein getrunken. Schnaps glaube ich wenig. Daß mein Vater meiner Mutter mal versprochen hätte, nicht mehr zu trinken, kann ich mich nicht erinnern, gehört zu haben.

Lange Zeit ertrug Maria Elser die Ausbrüche ihres Mannes. Einmal jedoch, es war im Sommer 1910, nachdem ihr Mann sie während eines Streites wieder einmal geschlagen hatte, verließ sie mit den Kindern für eine Woche das Haus. Georg Elser: *Sie hat sich während dieser Woche mit uns Kindern in Hermaringen bei ihren Eltern aufgehalten. Eine Schwester meines Vaters veranlaßte meine Mutter wieder zur Rückkehr nach Königsbronn.*

Im selben Jahr wurde Georg in Königsbronn eingeschult. Er war in der Folgezeit ein mittelmäßiger Schüler. Nur in den Fächern, an denen er besonderes Interesse fand, wie Zeichnen, Rechnen und Schönschreiben, erhielt er gute Noten. Im Zeichenunterricht fiel er vor allem dadurch auf, daß er kleine Witzbilder malte und darin den Lehrern und Mitschülern lustige Sprechblasen verpaßte. Einmal, als er während des Unterrichts neben der eigentlichen Zeichenaufgabe damit beschäftigt war, gerade eines seiner Witzbilder zu kolorieren, wurde er vom Lehrer erwischt. »Georg«, rief er streng, »komm doch mal zu mir und bring deine Malerei mit...« Mit eingezogenem Kopf stand der kleine Georg unter dem Feixen der Klasse auf und schlich nach vorne zum Pult. Alles wartete auf ein Donnerwetter. Der Lehrer, ein rundlicher Herr mit schmalem Bärtchen, warf einen Blick auf das Papier. Dann erhellte sich sein Gesicht: »Phantasie hast du ja – und eine gute Hand...« Er konfiszierte die kleinen Bilder und schickte Georg zurück auf seinen Stuhl. Der genoß gleichermaßen die Nichtbestrafung und das öffentliche Lob seiner Malerei. Noch einmal, in der vierten Klasse, wurden seine Talente gewürdigt: Der Klassenlehrer schenkte ihm für seine Leistungen im Zeichnen ein Schulheft. Georg war darauf sehr stolz. Lange Zeit zögerte er, das geschenkte Heft zu bemalen.

Seine Eltern indes interessierten sich nur mäßig für den schulischen Werdegang ihres Sprößlings. Später äußerte sich Georg Elser in einem Vernehmungsprotokoll dazu: *Soviel ich mich erinnern kann, haben sich meine Eltern um die Zeugnisse, die ich aus der Schule heimbrachte, wenig gekümmert. Ich kann mich nicht erinnern, daß sie mal gefragt hätten, ob ich gute oder schlechte Zeugnisse hätte. Zu Hause haben sie mir beide allerdings immer etwas geholfen. Dadurch, daß ich bei den landwirtschaftlichen Arbeiten im Hause mithelfen mußte, wurde mir das Lernen erschwert.*

Dem Vater war ohnehin nicht viel daran gelegen, daß Georg ein guter Schüler war. Es reichte ihm zu wissen, daß er nicht zu den Schlechten gehörte. Nur sitzenbleiben sollte er nicht. Georg war als Arbeitskraft in seinem Betrieb vorgesehen, er sollte den Holzhandel einmal übernehmen. Dazu brauchte er kein Musterzeugnis, dachte der Vater. Georg sollte lernen, mit den Händen zu arbeiten, und je früher er das lernte, desto besser.

Im Frühjahr 1917, gerade vierzehn geworden, wurde Georg aus der Volksschule entlassen. Sein Abschlußzeugnis war mittelmäßig. Nur in seinen Lieblingsfächern Zeichnen und Rechnen waren die Noten gut. Bis zum Herbst half er seinem Vater eher widerwillig beim Holzfahren. Eine beschwerliche Arbeit, zehn Stunden am Tag, bei Wind und Wetter. Am Wochenende unterstützte er die Mutter in der Landwirtschaft, wo er vor allem Feldarbeiten verrichtete und das Vieh im Stall fütterte.

Lohn bekam er für seine Arbeiten nicht. Für die Eltern war es eine Selbstverständlichkeit, daß ihr ältester Sohn darauf keinen Anspruch erhob. Daß er jedoch auch auf ein Taschengeld verzichten mußte, empfand Georg als Ungerechtigkeit. Wenigstens ein paar Mark wie die Gleichaltrigen im Dorf – war das zuviel verlangt? Am Sonntag, dem einzigen freien Tag der Woche, konnte er sich nicht wie die anderen im Gasthaus eine Limonade leisten. Das beschämte ihn, also blieb er lieber gleich zu Hause. Montags begann die Tortur erneut, und er nahm sie ohne Klagen hin.

Als Georg eines Abends davon sprach, sich um eine Lehrstelle als Eisendreher im Hüttenwerk bewerben zu wollen, reagierte sein Vater unwirsch: »Was willst du denn da?« schrie er. »Ich brauch' dich. Du sollst den Betrieb übernehmen.« Doch Georg ließ sich von den lauten Worten nicht beeindrukken. Er hatte sich in den Kopf gesetzt, eine Lehre als Eisendreher zu machen, so wie sein Freund Eugen. Bei seinen Vernehmungen schilderte er, wie sein Entschluß reifte:

Auf den Gedanken, Eisendreher zu werden, kam ich dadurch, daß mein Schulkamerad Eugen sofort nach Schulabschluß in eine Eisendreherei in die Lehre kam. Es war nicht so, daß er mir etwa diesen Beruf besonders schön schilderte oder mir Werkstücke, die er gearbeitet hatte, mit nach Hause gebracht hätte, sondern allein die Tatsache, daß mein Freund Eisendreher war, bewegte mich, ohne daß ich genauer wußte, warum, auch diesen Beruf zu ergreifen.

Der Beruf meines Vaters und die Landwirtschaft sagten mir schon immer nicht zu. In der Landwirtschaft habe ich weniger aus Freude an dieser Arbeit als nur in dem Willen, meiner Mutter zu helfen, mitgearbeitet. Das Umgehen mit Pferden lag mir nicht sehr, und überdies hatte ich miterlebt, wie verschiedene Pferde eingegangen waren, was mir auch die Lust am Fuhrhandwerk verdarb.

Trotz der Vorwürfe des Vaters, er verliere dadurch eine wichtige Arbeitskraft, blieb Georg bei seinem Entschluß. Mit Unterstützung der Mutter bekam er die Lehrstelle und begann im Herbst 1917 seine Eisendreherlehre. In der Werkhalle waren zwei Meister, bis zu 40 Arbeiter und außer Georg vier weitere Lehrlinge beschäftigt. Es wurde in zwei Schichten gearbeitet.

Im ersten Vierteljahr meiner Beschäftigung im Hüttenwerk mußte ich für die älteren Dreher Hilfsarbeiten verrichten, wie Werkzeuge zum Aufrichtenlassen tragen, Material heranschaffen usw. Selbständig durfte ich noch keine Arbeiten vornehmen. Nach Ablauf des ersten Vierteljahres kam ich an eine kleine Drehbank, an der ich unter Aufsicht des Meisters selbständig arbeiten durfte. Ich mußte Gewinde schneiden, Bolzen drehen, Amboß schleifen und sonstige kleinere Dreharbeiten verrichten. Nach einiger Zeit kam ich an eine größere Drehbank, weil die meinige, besonders für das Amboßschleifen, von zu leichter Ausführung war. In der Folgezeit habe ich nun etwas schwierigere Dreharbeiten gemacht, erinnerte sich Georg Elser später.

In der Werkhalle lag häufig schwerer Eisenstaub. Im hinteren Teil wurde Eisen erhitzt, warme Luft durchzog von dort die Halle. Nach wenigen Monaten schon bemerkte Georg, daß ihm die Arbeit gesundheitlich nicht bekam. Er klagte über Kopfschmerzen und Übelkeit, nicht selten überfiel ihn Fieber. Mehrere Male suchte er einen Arzt auf, der ihm aber nicht zu helfen wußte.

Ende Februar 1919 ging er zum Fabrikbüro und erklärte, daß er seine Lehre abbrechen wolle, da er die Arbeit nicht vertrage. Vierzehn Tage später schied er aus dem Hüttenwerk aus. Er war zwar traurig, nicht mehr mit seinem Freund Eugen die Mittagspausen verbringen und nicht mehr in die Gewerbeschule ins nahe Heidenheim fahren zu können, wo er in der Klasse der Eisendreher zu den besseren Schülern gehört hatte. Andererseits war ihm schon kurz nach Beginn seiner Lehre klargeworden, daß er doch lieber mit Holz statt mit Eisen arbeitete.

Zu Hause hatte er sich eine kleine bescheidene Werkzeugsammlung angelegt, zu der ihm der Vater das Geld gegeben hatte. Ansonsten mußte er sein gesamtes Lehrgeld abliefern. Er durfte nichts behalten, auch ein Taschengeld wurde Georg nach wie vor nicht gewährt. Was blieb ihm also anderes übrig, als die Sonntage mit Basteleien zu verbringen?

Georg baute Hasenställe aus Holz, zimmerte kleine Buchregale oder reparierte lädierte Möbelstücke. Der Entschluß, es mit einer Schreinerlehre zu versuchen, war deshalb naheliegend. Schon während seiner Lehrzeit in dem Hüttenwerk hatte Georg Bekanntschaft mit dem Schreinermeister Sapper gemacht, der ganz in der Nähe des Elternhauses seinen Betrieb hatte. Oft holte er im Auftrag seines Vaters dort Sägemehl und Holzspäne, die als Streu für den Stall Verwendung fanden. Dabei sah er den Gesellen bei ihren Arbeiten zu, wodurch sein Interesse am Schreinerhandwerk zusätzlich geweckt wurde.

Am 15. März 1919 trat Georg seine neue Lehrstelle an. Zu

der dortigen Arbeit äußerte er sich später: *In der ersten Zeit meiner Arbeit mußte ich einfache Kisten, Schemel, Hocker und dergleichen, die keinerlei besondere Fertigkeiten verlangten, anfertigen. Ich mußte Holz zuschneiden, hobeln und zusammenbauen. Die Arbeiten wurden immer schwerer, und am Ende meiner Lehrzeit war ich in der Lage, große und schwere Möbelstücke selbst anzufertigen. An diesen Arbeiten hatte ich großen Gefallen und großes Interesse.*

Die Arbeit in der Bauschreinerei, die ebenfalls zum Betrieb gehörte, sagte Georg weniger zu. Er mochte nicht den Schmutz und Staub, der mit der groben Arbeit dort verbunden war. Ihm lag mehr die penible, ja kunstfertige Holzarbeit in der Möbelschreinerei. Hier fand er auch das Lob seines Meisters.

Georg galt als außergewöhnlich talentierter Möbelschreiner, gleichermaßen überzeugend im Entwurf wie in der Ausführung. Der Lehrlingslohn jedoch war trotz seiner guten Leistungen karg: Im ersten Lehrjahr erhielt er wöchentlich eine Reichsmark, im zweiten zwei und im dritten vier. Mittlerweile verzichteten Georgs Eltern darauf, den geringen Lohn einzubehalten. Zum Teil gab Georg das Geld für Bekleidung aus, vor allem aber beschaffte er sich Schreiner- und Schlosserwerkzeuge – wie Schreinerhobel, Bohrer und Feilen – und richtete sich zu Hause im Keller eine kleine Werkstatt ein.

Georg war ein eifriger Lehrling. Er gab zu keinerlei Kritik Anlaß, erledigte alle Arbeiten gewissenhaft und fehlte so gut wie nie. Im Frühjahr 1922 legte er an der Gewerbeschule Heidenheim als Bester die Gesellenprüfung ab. Alle waren zufrieden: der Meister, die Gesellen – sogar der Vater. Georg war glücklich. Er hatte sein Ziel erreicht und fühlte sich erstmals in seinem Leben wirklich anerkannt.

Bis Dezember desselben Jahres blieb er als Geselle in seinem Lehrbetrieb. Dann kündigte er, um in der Möbelfabrik Rieger in Aalen zu arbeiten. Der Meister, auf Georgs überdurchschnittliche handwerkliche Fähigkeiten angewiesen, lehnte die Kündigung ab. Anfang 1923 reichte er ein weiteres Mal seine Kündigung ein, die auch diesmal nicht die Zustimmung des Meisters fand. Daraufhin ging Georg nicht mehr zur Arbeit. Vierzehn Tage später trat er seine Stelle als Schreiner in Aalen an, wo er vor allem damit beschäftigt war, Küchen- und Schlafzimmermöbel anzufertigen.

Sein Zimmer im elterlichen Haus behielt er bei. Jeden Tag fuhr er in der Früh mit der Bahn von Königsbronn nach Aalen, und oft kehrte er erst spätabends zurück. *Irgendwelche Freundschaften habe ich bei der Firma mit Berufskameraden nicht geschlossen*, erinnerte er sich später. *In der Freizeit habe ich zu Hause weiterhin die anfallenden Reparaturarbeiten erledigt. Zum Basteln hatte ich keine Zeit mehr.*

Georgs Leben bestand vor allem aus Arbeit. Nur am Sonntag blieb Zeit zum Ausspannen. Dann traf er sich mit Eugen, seinem besten Freund. Zu ihm hatte er Vertrauen, mit ihm tauschte er seine Gedanken aus. Mit ihm sprach er auch darüber, den Arbeitsplatz aufzugeben: »Schau, Eugen, meine Arbeit wird ja nicht mehr richtig bezahlt. Da machst du deine Arbeit, und das Geld ist nichts wert. Da hör' ich lieber auf.«

Im Herbst 1923 kündigte er. Die Entscheidung war ihm nicht leichtgefallen, doch anders als viele seiner Kollegen, die das gleiche Schicksal mit ihm teilten, zog er aus der fortschreitenden Inflation seine Konsequenz. Es war eine harte, einschneidende Konsequenz. Damit verknüpft war die Rückkehr zur elterlichen Hofarbeit. Später sagte er dazu: *Ich half meiner Mutter wie früher bei den Feldarbeiten und war meinem Vater, der in der Zwischenzeit den Holzhandel ausübte, bei Waldarbeiten, z. B. Stangenputzen, Absägen, Aushauen und dergleichen behilflich. Eine Entlohnung oder Taschengeld erhielt ich weder von meiner Mutter noch von meinem Vater. Ich hatte zu Hause Unterkunft und Verpflegung. Die Freizeit vertrieb ich mir damals bei meinem Freund Eugen, der zu Hause ein Grammophon hatte und der mich das Tanzen lehrte. Bastelarbeiten habe ich zu dieser Zeit wenig ver-*

*richtet. Bis zum Sommer 1924 war ich in der angegebenen
Weise zu Hause tätig.*

Um diese Zeit fragte er bei einer Schreinerei in Heidenheim
wieder um Arbeit nach. Aufgrund seiner guten Zeugnisse
wurde er schon drei Tage später eingestellt, worüber er sehr
froh war, denn die wenigen Monate daheim hatten ihm gezeigt, daß er mit seinem Vater nicht mehr zusammenarbeiten
konnte. Er litt unter den Ausbrüchen seines Vaters, der ihn
trotz seines Alters von mittlerweile 21 Jahren nach wie vor
wie einen jungen Burschen herumkommandierte.

Auch in Heidenheim verrichtete er seine Arbeit zur vollen
Zufriedenheit seines Meisters. Der schmächtige Geselle, der
in den von Sägespänen verstaubten Holzhallen Kleider-
schränke und Küchenmöbel anfertigte, galt schon nach kurzer Zeit als besonders tüchtiger Mitarbeiter. Seine Kollegen
schätzten ihn wegen seiner ruhigen, bescheidenen Art.

Um so enttäuschter reagierten alle, als Georg im Januar
1925 den Besitzer wissen ließ, daß er wieder aufhören wolle,
weil es ihn »in die Fremde« ziehe. Der Entschluß, erneut
seine Anstellung zu kündigen, hatte nichts mit den Verhältnissen an seinem Arbeitsplatz zu tun, wenngleich er sich
manchmal darüber sorgte, sein fachliches Können nicht genügend vervollkommnen zu können. Häufig fühlte er sich
handwerklich unterfordert. Nein, sein Entschluß war Ausdruck grundsätzlicherer Überlegungen.

Er war sich in den letzten Wochen bewußt geworden, daß
ihn das Leben in Königsbronn einschnürte, lähmte, ja depri-
mierte: das jähzornige rücksichtslose Verhalten des Vaters,
der immer mehr dem Alkohol verfallen war; die beklagens-
werte Situation seiner Mutter, die sich vor den Attacken ihres
Mannes nicht zu schützen wußte und für die er Mitleid empfand, ohne etwas für sie tun zu können; die oberflächlichen,
distanzierten Beziehungen zu seinen Geschwistern, die seine
Interessen nicht teilten, ebensowenig wie er die ihren.

Mein Bruder hatte einen etwas eigenen Charakter, er war

verschlossen und hat sich auch mit uns Geschwistern nie besonders abgegeben, sondern ist immer seine eigenen Wege gegangen, charakterisierte ihn später seine Schwester Maria. Und Leonhard, sein zehn Jahre jüngerer Bruder, erinnerte sich: *Mit meinem Bruder Georg bin ich schon als Kind und auch später nicht besonders gut ausgekommen.*

Georg hatte ein verschlossenes und zurückhaltendes Wesen. Er redete nicht viel, ging Diskussionen – gleich, worum es sich handelte – aus dem Weg. Er knüpfte kaum enge Freundschaften mit Schulkameraden und späteren Arbeitskollegen. Ein eher stiller, sensibler, musischer Typ, der schon während seiner Schulzeit Flöte und Ziehharmonika spielte und später als Unterhalter von kleineren Gesellschaften auftrat. Er war beliebt. Vor allem die Mädchen mochten ihn, weil er nicht so ein lauter Zechkumpan wie die anderen jungen Burschen war.

Georg war ein Einzelgänger. Nur zu Eugen, seinem Freund aus Kindertagen, hielt er engen Kontakt. Sonntags, wenn sie an dem einzigen arbeitsfreien Tag von Königsbronn aus zu ihren gemeinsamen Spaziergängen aufbrachen, sprach er mit Eugen über seine Sorgen, Probleme und Pläne. »Du, Eugen, ich glaub', ich geh' auf Wanderschaft«, verriet er ihm, als sie an einem Februarsonntag auf dem Weg in das sechs Kilometer entfernte Oberkochen unterwegs waren. »Weißt du«, fuhr er fort, »hier in Königsbronn fühle ich mich nicht mehr richtig wohl.«

Aus diesem Satz glaubte Eugen eher Wehmut und Enttäuschung als Aufbruchsstimmung herauszuhören. Eugen ahnte, was Georg so verzweifelt machte: die ständigen Ausbrüche des Vaters, dessen Alkohol; vielleicht – so dachte er – war es auch der schroffe Gegensatz zwischen der friedvollen ländlichen Idylle und dem aufreibenden, hektischen Leben in seinem Elternhaus, der in Georg den Wunsch geweckt hatte, in die Fremde zu gehen. War seine Wanderschaft eine Flucht? Der Versuch, in der Fremde ein geordnetes Leben zu finden?

Eugen war unsicher. Sollte er sich über die Absichten seines Freundes freuen oder darüber traurig sein? Georg würde ihm fehlen: die Spaziergänge, die Gespräche, die gemeinsamen Unternehmungen; seine Musik, sein Rat, sein Mut.

Achtes Kapitel

Aufbruch in die Fremde

A m 26. Februar 1925 erschien erstmals wieder eine Ausgabe des nach dem Hitler-Putsch verbotenen »Völkischen Beobachters« und kündigte für den folgenden Tag im Bürgerbräukeller – am Ort des mißglückten Umsturzes – eine Versammlung der Nationalsozialisten an. *Ein neuer Beginn* hieß es in der Überschrift unter dem Titelkopf, in dem jetzt über dem Adler mit dem Hakenkreuz, dem gesetzlich geschützten »Hoheitszeichen« der NSDAP, noch in kleinem Druck »Freiheit und Brot« und unter dem Gesamttitel »Herausgeber Adolf Hitler« stand. Der »Völkische Beobachter«, im Dezember 1920 von Hitler und Hintermännern vermutlich aus der Reichswehr für 120 000 Papiermark von der »Thulegesellschaft«, einem »Orden für deutsche Art«, gekauft, war am 9. November 1923 unmittelbar nach dem Putsch verboten worden. Bis zu diesem Tag hatte das im ungewöhnlichen sechsspaltigen Großformat erscheinende Kampfblatt der Nationalsozialisten eine Auflage von täglich 30 000 Exemplaren.

Bis 1922 hatte Hitler viele Leitartikel geschrieben, danach ließ er seine Reden in der Zeitung veröffentlichen. Schon die frühen Artikel waren haßerfüllte Appelle an den Kampfeswillen seiner Anhänger. So schrieb er in der Ausgabe vom 6. März 1922: *Wir wollen das Volk aufregen. Und nicht nur aufregen, aufpeitschen wollen wir es. Wir wollen den Kampf*

predigen, den unerbittlichen Kampf gegen diese ganze parla-
mentarische Brut, dieses ganze System, das nicht eher enden
wird, ehe nicht Deutschland entweder vollständig zugrunde
gerichtet ist oder eines Tages irgendein eiserner Schädel
kommt, vielleicht auch mit schmutzigen Stiefeln, aber reinem
Gewissen und stählerner Faust, der diesen Parketthelden das
Reden beendet und der Nation die Tat schenkt.

Jetzt, am 27. Februar 1925, sollte die ebenfalls nach dem
November-Putsch verbotene NSDAP unter demselben Namen neu gegründet werden. Hitler hatte seine Haftzeit, die er
später einmal belustigend als »Hochschule auf Staatskosten«
bezeichnete, schon am 20. Dezember 1924 hinter sich gebracht. Der geschenkte Strafrest wurde amtlich vermerkt:
Drei Jahre, 333 Tage, 21 Stunden, 50 Minuten. Auf Ersuchen
der Staatsanwaltschaft beim Landgericht München I stellte
ihm bereits am 15. September 1924 der Gefängnisdirektor ein
Zeugnis aus, das den Häftling Hitler als Mustergefangenen
beschrieb:

Hitler zeigt sich als ein Mann der Ordnung, der Disziplin
nicht nur in bezug auf seine eigene Person, sondern auch in
bezug seiner Haftgenossen. Er ist genügsam, bescheiden und
gefällig. Macht keinerlei Ansprüche, ist ruhig und verständig,
ernst und ohne jede Ausfälligkeit, peinlich bemüht, sich den
Einschränkungen des Strafvollzugs zu fügen. Er ist ein Mann
ohne persönliche Eitelkeit, ist zufrieden mit der Anstaltsver-
pflegung, raucht und trinkt nicht und weiß sich bei aller
Kameradschaftlichkeit seinen Haftgenossen gegenüber eine
gewisse Autorität zu sichern... Hitler wird die nationale
Bewegung in seinem Sinne neu zu entfachen suchen, aber
nicht mehr wie früher mit gewalttätigen, im Notfalle gegen
die Regierung gerichteten Mitteln, sondern in Fühlung mit
den berufenen Regierungsstellen.

Am 20. Dezember kam dann ein Telegramm aus München,
in dem die Richter des Landgerichts Hitlers sofortige Freilassung anordneten. Damit war seine Strafe im Landsberger

Gefängnis beendet, die er ohnehin im Kreise seiner Gefolgsleute ohne Beschwernisse hatte verbringen können. Gemeinsam mit ihnen nahm er die täglichen Mahlzeiten im großen Tagungsraum ein, dessen Wand eine Hakenkreuzfahne schmückte. Mithäftlinge hielten seine Zelle in Ordnung, erledigten seine Korrespondenz, erstatteten jeweils morgens »Meldung beim Führer«. Die Festungshaft glich eher einem Kasino-Aufenthalt: Die Häftlinge bestellten bei den Gefängniswärtern ihre Lieblingsspeisen, rauchten, spielten Schafkopf und konnten nach Belieben Besuch von draußen erhalten. An manchen Tagen empfing Hitler, dem eigentlich nur sechs Besuchsstunden pro Woche zustanden, in der eigens dafür eingerichteten »Festungsstube« nacheinander über 20 Gäste.

Daneben ging Hitler regelmäßig in Begleitung zahlreicher Getreuer im Anstaltsgarten spazieren. Wenn er dann am Abend zu den Kameraden über seine Ideen und Visionen sprach, lauschten selbst die Beamten, lautlos und in Hochachtung erstarrt, seinen Worten.

Die Haftzeit, die ihn zur öffentlichen politischen Atempause zwang, nutzte Hitler, um die Grundlagen seines weltanschaulichen Systems in schriftlicher Form zusammenzutragen. Rudolf Heß hämmerte Hitlers ideologisches Gedankengut stundenlang in die Schreibmaschine. In den Texten brachte er zu Papier, was nach seiner Freilassung zum rigorosen Programm werden sollte: das Bekenntniswerk »Mein Kampf«, dessen erster Band 1925 unter dem Titel »Eine Abrechnung« erschien.

Bei der Veranstaltung im Februar 1925 im Bürgerbräukeller, der ersten nach seiner Freilassung, wollte Hitler nun die zahllosen – mitunter zerstrittenen und rivalisierenden – völkischen Gruppen und Verbände um sich sammeln, um seine politischen Absichten, seine Visionen und Aktionen darzustellen. Obwohl die Veranstaltung erst um 20 Uhr begann, strömten bereits am frühen Nachmittag die Zuhörer in den

99

Saal. Zwei Stunden vor Beginn mußten die Ordner die Türen schließen. Etwa 4000 Anhänger warteten gepannt auf Hitler. Als er schließlich den Bürgerbräusaal betrat, brach Jubel aus.

In einer zweistündigen Rede beschwor Hitler die Versammelten, Vergangenes zu vergessen, Streitigkeiten beizulegen, Feindschaften zu begraben und unter seiner Führung die deutsche Geschichte in die Hände zu nehmen. Das »Weltjudentum« müsse bekämpft, der Marxismus gestürzt werden. Ein neuer Anfang stehe bevor, eine neue nationale Bewegung.

Hitler versetzte seine Zuhörer in Freudentaumel. Die Schmach von 1923 war vergessen. Es gab nur noch ein »Vorwärts«. War das der Durchbruch?

Keine 300 Kilometer entfernt, im abgelegenen Dorf Oberkochen, ging das Leben seinen behäbigen Gang. Es war Sonntag. Im Gasthaus »Zum Hirsch« saßen Georg und Eugen bei einem »Viertele« und warteten auf Friedel. Sicher, auch hier in der Abgeschiedenheit der ländlichen Idylle gab es völkische Töne, konnten mit dem Schreckgespenst Marxismus die Ängste der Leute geschürt und Feindbilder propagiert werden. Doch von einer »nationalen Bewegung« wie in München war hier nichts zu spüren. Politik war kein Thema. Auch nicht für Georg und Eugen. Sie redeten über ihre Pläne, ihre Träume – nicht über Politik.

Häufig waren die beiden in den letzten Monaten von Königsbronn herübergewandert, selbst dann, wenn Kälte und Schnee die Wegstrecke zur Strapaze machten. Sie genossen die Natur, die Weite der Landschaft, die eine sonderbare Mischung aus Heimatgefühl und Aufbruchssehnsucht in ihnen auslöste.

Im »Hirsch« kehrten sie regelmäßig ein. Der Wirt war ein freundlicher Mann mit runder Figur, der gutes und preiswertes Essen auf den Tisch brachte und immer Zeit für einen

»Schwatz« mit seinen Gästen hatte. Hier hatte Georg die Bekanntschaft mit Friedel gemacht, einem jungen kräftigen Burschen aus Oberkochen, der ebenfalls von Beruf Schreiner war. Er hatte ihm von seiner Absicht, in die Fremde zu gehen, erzählt und von Friedel daraufhin die Adresse eines Schreinermeisters in Bernried bekommen, einem kleinen Dorf in der Nähe des Bodensees, wo dieser selbst einmal während seiner Wanderschaft Arbeit gefunden hatte.

»Da lernst du viel«, hatte Friedel zu ihm gesagt, »jeder Meister hat ja sein eigenes Handwerk, seinen eigenen Stil.«

Gleich danach hatte sich Georg beworben und eine Zusage erhalten: *Sie können bei mir als Geselle anfangen. Ich erwarte Sie am 15. März*, schrieb der Schreinermeister schon fünf Tage später. An diesem Sonntag prostete Georg Friedel und Eugen zu: »Auf eine gute Wanderschaft!«

Am 14. März fuhr er mit dem Zug nach Tettnang und ging dann mehr als zwei Stunden zu Fuß nach Bernried. Dort erfuhr er nach seiner Ankunft, daß er der einzige Geselle war. Von der Arbeit war er ebenfalls enttäuscht: Wie schon in früheren Betrieben, sollte er Möbelstücke anfertigen. Doch in der Werkstatt gab es außer einer selbstgefertigten Kreissäge keinerlei Maschinen, selbst die Hobelarbeiten mußten per Hand ausgeführt werden.

Von Weiterbildung, das war Georg schnell klar, konnte nicht die Rede sein. Auch gefiel ihm die Ortschaft nicht. Bernried bestand nur aus wenigen Häusern, so daß er sich bald recht einsam fühlte. Im Mai kündigte er und begab sich, ohne eine feste Arbeit in Aussicht zu haben, weiter auf Wanderschaft. Später erinnerte er sich an diese ersten Wochen in der Fremde:

Ich wanderte über Langenargen den Bodensee entlang nach Friedrichshafen und Manzell. Von Bernried bis Friedrichshafen war ich ungefähr eine Woche zu Fuß unterwegs. Ich übernachtete in Wirtschaften und fragte auf dem Weg verschiedentlich vergeblich nach Arbeit. Auf dieser Wander-

schaft war ich immer allein. Gebettelt oder hausiert habe ich weder damals noch später. Die Wirtshausrechnungen habe ich von meinen Ersparnissen bezahlt. Durch das Arbeitsamt in Friedrichshafen, auf dem ich auch nachfragte, erfuhr ich, daß die Dornier-Werke in Manzell einen gelernten Schreiner suchen. Ich nahm die Stelle an und wurde im Propellerbau beschäftigt. In dieser Abteilung waren ungefähr 15–20 Leute beschäftigt. Da ich in nächster Umgebung des Werkes der Fremdensaison wegen kein Zimmer bekam, habe ich mich in Kluftern, einer Ortschaft an der Bahnlinie zwischen Manzell und Markdorf, eingemietet. Ich fuhr jeden Tag mit der Eisenbahn zwischen Manzell und Kluftern hin und her. In Kluftern habe ich in einer Wirtschaft, an deren Namen ich mich nicht mehr erinnern kann, gewohnt. In dieser Stellung habe ich durch Akkordarbeit und viele Überstunden recht gut verdient, jedenfalls mehr als jemals zuvor.

Georg freundete sich in dieser Zeit mit Leo an, einem jungen Burschen, der ebenfalls als Schreiner in der Firma arbeitete. Und es gab zwischen den beiden noch eine weitere Gemeinsamkeit: Auch Leo musizierte gerne.

Manchmal, wenn die warmen Sonntage dazu einluden, fuhren sie mit dem Zug nach Friedrichshafen oder Konstanz, wanderten den See entlang und kehrten unterwegs in einer der Wirtschaften ein. Abends, nach ihrer Rückkehr, holte Leo seine Klarinette hervor und gab für Georg ein kleines Privatkonzert. »Mensch, laß uns zusammen nach Konstanz gehen, dort können wir im Tanzorchester des Trachtenvereins mitspielen«, schlug Leo vor. »Du mit deiner Ziehharmonika, ich mit meiner Klarinette, das wär was ... Die könnten uns gut brauchen.«

Georg, wie immer etwas zurückhaltend, wenn es darum ging, sein musikalisches Können in der Öffentlichkeit zu präsentieren, schüttelte den Kopf: »Wie kommen wir denn zu den Orchesterproben?« fragte er nachdenklich. »Da müssen wir ja nach Konstanz.«

Leo lachte: »Na, dann suchen wir uns dort eben eine neue Arbeit!«

In den nächsten Tagen redeten sie oft davon, ihren gutbezahlten Arbeitsplatz aufzugeben, um gemeinsam nach Konstanz zu gehen. Im August war es schließlich soweit. Leo hatte Georg überredet. Sie kündigten und fuhren mit dem Schiff von Friedrichshafen nach Konstanz. Für Georg war es die erste Schiffsfahrt in seinem Leben. Ihm war, als breche er zu einer Atlantiküberquerung auf. Der See kam ihm unendlich vor. Weit hinten am Horizont verdunkelten sich die Wolken und tauchten in den See. Georg dachte an Königsbronn, an seine Mutter, an Eugen, seinen Freund. Er nahm sich vor, ihnen aus Konstanz eine Ansichtskarte zu schicken.

Schon nach wenigen Tagen fanden die beiden eine Anstellung als Schreiner in einer Uhrenfabrik. Die Firma verkaufte fertige Standuhren und stellte die dazugehörenden Gehäuse selbst her. Die Arbeit war abwechslungsreich und gefiel Georg. In dieser Firma blieb er bis Ende 1929, doch gab es, bedingt durch Auftragsmangel, mehrere Wechsel der Besitzer und sogar einen Konkurs, was für ihn mehrfache Unterbrechungen von teilweise einigen Wochen, einmal sogar einem halben Jahr bedeutete.

Georg teilte das Los vieler Kollegen. Monatelang lebte er von Arbeitslosenunterstützung und seinen Ersparnissen. Es widersprach seinem Weltbild, ohne Arbeit in den Tag hineinzuleben. Er, der von früher Jugend an gewohnt war zu arbeiten, der sein Handwerk liebte, ja seine ganze Identität geradezu über die Arbeit bezog, litt unter diesem Zustand.

Anfang 1929, als nach wenigen Monaten erneut die Produktion der Firma, die sich jetzt »Oberrheinische Uhrenfabrikation« nannte, eingestellt wurde, arbeitete Georg für ein halbes Jahr als Schreiner in der Schweiz. In Bottighofen, einem kleinen Dorf zehn Kilometer südlich von Konstanz, hatte er über eine Zeitungsanzeige wieder eine Stelle gefunden.

Für einen Stundenlohn von 1,30 Franken, das waren 1,04 Reichsmark, fertigte Georg Möbelstücke an. Frühmorgens fuhr er mit dem Fahrrad von Konstanz, wo er ein Zimmer gemietet hatte, hinüber nach Bottighofen. Er ließ sein Fahrrad auf dem Zollamt plombieren, bekam einen Ausweis für den »kleinen Grenzverkehr« und konnte so ohne Kontrollen die Grenze passieren. Zwar hatte er einmal daran gedacht, sich in der Schweiz eine kleine Wohnung zu mieten, aber dann war er doch in Konstanz geblieben, dort, wo er in den letzten Jahren so etwas wie eine zweite Heimat gefunden hatte. Zu Leo hatte er mittlerweile den engeren Kontakt verloren, doch dafür neue Bekannte gefunden.

Nicht nur im Orchester des Trachtenvereins, wo er wegen seines musikalischen Talents mittlerweile ein unentbehrlicher Mitspieler geworden war, auch bei den Konstanzer »Naturfreunden« war Georg inzwischen gerngesehenes Mitglied. Dort, unter politisch Gleichgesinnten, fühlte er sich wohl. Mit seiner Meinung hielt er sich dennoch zurück. Er war kein Mann großer Worte. Manchmal machte er eine kurze Bemerkung zu politischen Fragen, dann war das Thema für ihn erschöpft. Wer ihn näher kannte, der wußte, daß Georg zwei Seiten hatte: Auf der einen Seite war er ein stiller, wortkarger Mensch, der verschlossen, manchmal geradezu schüchtern wirkte. Doch auf der anderen Seite gab es den geselligen, ja unterhaltsamen Georg. Er liebte es, in Gesellschaft zu sein, nur wollte er dabei nicht im Mittelpunkt stehen. Überall bot er seine Hilfe an, vor allem dort, wo er seine handwerklichen Fähigkeiten anwenden konnte.

Sein bescheidenes Auftreten und sein attraktives Aussehen brachten ihm vor allem bei den jungen weiblichen Vereinsmitgliedern viel Sympathie ein. Georg war so anders als die übrigen jungen Männer: Er trank kaum, spielte sich nicht auf und war äußerst charmant. In seiner Konstanzer Zeit galt er als begehrter Liebhaber. *Ich hatte dort nacheinander die Bekanntschaft von mehreren jungen Mädchen gemacht, so daß meine Zeit ausgefüllt war. Auch einige, mit denen ich länger gegangen bin*, erinnerte er sich später.

Das Verhältnis zu einer dieser Frauen blieb nicht ohne Folgen. Mathilde, seine Freundin, wurde schwanger. Glücklich waren darüber beide nicht. Wie sollten sie eine Wohnung finden, wovon sollte Georg, der in letzter Zeit so häufig ohne Arbeit war, eine dreiköpfige Familie ernähren, und außerdem: Wollten sie überhaupt heiraten? Gewiß, sie mochten sich, waren ineinander verliebt – aber reichte das für eine Ehe? Viele Abende redeten Mathilde und Georg über ihre Situation, ihre Zukunft. *Es wurde uns seinerzeit, als sie glaubte, daß sie im zweiten Schwangerschaftsmonat sei, eine Adresse in Genf genannt, wo dies beseitigt werden würde. Wir fuhren gemeinsam, d. h. Mathilde und ich, nach Genf. Mathilde wurde untersucht, und es wurde festgestellt, daß sie bereits im vierten Monat war und ein Eingriff nicht mehr gemacht werden könne. Diese Untersuchung hat damals eine Frau vorgenommen. Wir mußten dafür nichts bezahlen. Eine Nacht blieben wir in Genf und fuhren am nächsten Tag nach Konstanz zurück. Die Reisekosten habe ich getragen*, gab er später zu Protokoll.

Das Kind wurde geboren: ein Junge, der den Namen Manfred erhielt.

Schon Monate später begann sich die Beziehung zu Mathilde aufzulösen. Sie verstanden sich nicht mehr. Beide mußten sich eingestehen, daß es sich um eine kurze, stürmische Liebschaft gehandelt hatte – mehr nicht. Georg sah seinen Jungen bis zu einem Alter von sechs Monaten noch öfter, danach nicht mehr. Für Alimentenzahlungen wurden ihm in der Folgezeit alle Überschüsse seines Wochenlohns, sobald sie 24 Reichsmark überschritten, abgezogen.

Georg war über diese Verfügung nicht gerade glücklich, aber er akzeptierte sie. Eines Tages werde ich den Buben zu mir nehmen, meine Mutter soll sich um ihn kümmern, beruhigte er sein Gewissen. Doch schon kurz danach war ihm klar, daß solche Gedanken einzig seinen Schuldgefühlen entsprangen. Auch er wußte: Manfred gehörte zu Mathilde, es war ihr Kind.

Später sollte Georg zu keiner Frau mehr eine konstante Beziehung haben – vielleicht auch deshalb, weil er infolge der Alimentenzahlungen für sein uneheliches Kind finanziell nicht in der Lage war, eine eigene Familie zu gründen. Eine intakte, harmonische Familie, ganz anders als er sie erlebt hatte, das sollte für Georg immer eine ferne Sehnsucht bleiben. Und seine Familie? Einige Male hatte er der Mutter geschrieben, dem Bruder Leonhard von einem Ausflug am Bodensee eine Karte geschickt; zweimal in den letzten Jahren war er nach Königsbronn gefahren. Geändert hatte sich zu Hause wenig. Der Vater trank noch immer, die Mutter ertrug weiterhin gottergeben ihr Schicksal. Auf der Rückfahrt hatte Georg eine traurige Stimmung überfallen. Die Verhältnisse in seinem Elternhaus bedrückten ihn noch immer.

Anfang 1930 erfuhr er von einer ehemaligen Arbeitskollegin, die damals ebenfalls in der Konstanzer Uhrenfabrik beschäftigt gewesen war und der er zufällig bei einem Spaziergang begegnete, daß einer der früheren Teilhaber der Firma jetzt in Meersburg wieder Uhrengehäuse herstelle. Schon am nächsten Tag fuhr Georg dorthin und fragte um Arbeit nach. Wenige Tage später bekam er brieflich die Zusage, als Schreiner anfangen zu können. Georg war erleichtert. Die Arbeit in der Schweiz in dem kleinen Familienbetrieb hatte ihn nicht befriedigt. Er fühlte sich handwerklich unterfordert.

Täglich fuhr er jetzt mit der Fähre hinüber nach Meersburg, arbeitete von frühmorgens um sieben bis abends achtzehn Uhr; danach kehrte er nach Konstanz zurück, wo er mittlerweile in der Fürstenbergstraße ein neues Zimmer gemietet hatte. Bis auf die Probenabende im Orchesterverein und gelegentliche Treffen der »Naturfreunde« verbrachte er seine Freizeit ausschließlich mit Hilda, einem jungen Serviermädchen, mit der er sich angefreundet hatte. Georg bastelte ihr ein Nähtischchen, lud sie zu Schiffsfahrten auf dem Bodensee ein, sonntags unternahmen sie lange Spaziergänge.

Georg war in Hilda verliebt. Daß er einen unehelichen Sohn hatte, verschwieg er ihr, doch ebensowenig machte er ihr Hoffnungen auf eine mögliche Heirat. Georg machte es Hilda nicht leicht: Oft gab er sich wortkarg und eigensinnig, dann wiederum liebenswürdig und charmant. Nie aber vermittelte er Hilda ein Gefühl von unbedingter Geborgenheit. Dazu war er nicht fähig. Hilda mußte seine Zuneigung und Zärtlichkeit geradezu erkämpfen, und es waren seltene Momente, in denen es ihr gelang. Immer blieb eine unsichtbare trennende Barriere. Manchmal hatte sie das Gefühl, Georg stünde sich selbst im Wege. Dann versuchte sie sich vorzustellen, was in seinem Kopf vorging, welche Gedanken ihn beschäftigten, welche Gefühle ihn wohl blockierten. Georg erzählte wenig davon. Er war ein praktischer Mensch, keiner, der sich durch Sprache mitteilte.

Fast zwei Jahre lang arbeitete er in Meersburg, dann wurde ihm, wie auch seinen Kollegen, gekündigt, die Firma mußte erneut Konkurs anmelden. Georg fand rasch wieder eine Stelle in einer kleinen Schreinerei in unmittelbarer Nähe, wo er vor allem Türrahmen und Türen herzustellen hatte. Doch nach fünf Wochen wurde er auch dort entlassen, da keine Aufträge mehr vorhanden waren.

Im Mai 1932, nach vergeblichen Versuchen, einen neuen Arbeitsplatz zu finden, gab Georg sein Zimmer in Konstanz auf und zog nach Meersburg, wo er bei verschiedenen Leuten gegen Unterkunft und Verpflegung Möbelstücke reparierte und kleine Neuanfertigungen machte. Später erinnerte er sich:

Zu dieser Zeit habe ich für die Witwe Bechtle, die im Anwesen des Glasermeisters Mauer wohnhaft ist, gearbeitet. Ich hatte dort einen Sekretär zu reparieren und einen Tisch anzufertigen. An weitere Arbeiten bei Frau Bechtle kann ich mich zur Zeit nicht erinnern.

Von Frau Bechtle, die eine gute Bekannte der Familie Do-
derer war, habe ich damals die Verpflegung erhalten. Für das
Übernachten mußte ich bei D. nichts bezahlen. Anschließend
hatte ich für eine Familie H., die ebenfalls gute Bekannte der
Familie Doderer waren – die Wohnung ist mir nicht mehr
erinnerlich –, Schränke zu reparieren. Die Wohnung, d. h. das
Zimmer, hatte ich damals noch bei D. inne, von Familie H.
wurde ich seinerzeit verpflegt. Es fällt mir ein, daß ich auch
für eine Familie Ottmar einen Schrank zu der gleichen Zeit
reparieren mußte. Auch bei der Familie Doderer hatte ich
einen alten Schrank aufzurichten.

Ende Juli oder Anfang August 1932 hatte ich bei Frau
Sattler eine Schlafstelle bezogen, wo ich deren Schlafzimmer
zu richten hatte.

Das Zimmer bei D. hatte ich lediglich deshalb aufgegeben,
da mir Frau Sattler bei ihr eine Schlafstelle zur Verfügung
gestellt hatte. Ich hatte dort ein eigenes kleines Zimmer. Diese
Arbeit bei Frau Sattler dauerte ungefähr bis Mitte August
1932.

Auf Dauer konnten diese privaten Schreinerarbeiten Georg
nicht befriedigen. Auch fühlte er sich in Meersburg isoliert.
Ihm fehlten die Konstanzer Vereinsabende, die ihm viel be-
deutet hatten, vielleicht mehr als intensive Freundschaften.
Dort fand er in einem klar umrissenen Rahmen Geselligkeit,
mitunter auch Anerkennung. Hier in Meersburg vermißte er
beides. Nur Hilda besuchte ihn ab und an. Zusammen spa-
zierten sie dann am Seeufer entlang, manchmal gönnten sie
sich in einem der Cafés ein Gedeck. Beide hatten längst
gespürt: Mit dem Weggehen Georgs aus Konstanz war auch
ihre Beziehung immer mehr auseinandergegangen. Es gab
keine gemeinsame Zukunft für sie. Ohnehin hatte Georg
längst einen folgenreichen Entschluß gefaßt: die Rückkehr
nach Königsbronn.

Schon wenige Tage, nachdem er damals bei Frau Bechtle
Quartier bezog, hatte ihn ein Brief seiner Mutter erreicht.

Darin schrieb sie, daß der Vater immer häufiger betrunken sei und – um seine Schulden zu bezahlen, die von den Saufereien und dem vernachlässigten Holzhandel herrührten – einen Acker nach dem anderen verkaufe. »Bitte, Georg«, schrieb sie, »komm nach Hause, wir brauchen Dich.« Von seiner Rückkehr erwartete sich die Familie eine Besserung; vor allem aber sollte Georg seinen Vater zur Besinnung bringen. Keine leichte Aufgabe.

Ich bin seinerzeit mit der Bahn nach Königsbronn zu meinen Eltern gefahren. Dort hatte ich mit meinem Bruder ein Zimmer inne. Über die Rückkehr waren meine Mutter und mein Bruder sehr erfreut. Mein Vater hat diese Rückkehr mit Gleichgültigkeit hingenommen. Ich mußte feststellen, daß meine Eltern durch den Holzhandel meines Vaters stark verschuldet waren. Die Höhe der Schulden kann ich nicht angeben. Die Schulden sind insbesondere darauf zurückzuführen, daß mein Vater Holz zu hoch eingesteigert hat und dieses nur mit Verlust wieder weiterverkaufen konnte. Durch meinen Onkel E. E. in Königsbronn habe ich erfahren, daß mein Vater bei den Holzversteigerungen stets unter Alkoholeinfluß gestanden und nur deshalb hohe Preise geboten hat. Mein Vater hat fast täglich in Königsbronn und Umgebung, wo er geschäftlich zu tun hatte, Bier und Wein getrunken. Die Mengen kann ich nicht angeben. Einen Einfluß konnten weder meine Mutter noch mein Bruder auf ihn ausüben.

So schilderte er Jahre danach die Rückkehr in sein Elternhaus. Eine Rückkehr in die Vergangenheit? Beinahe. Eine Veränderung gab es allerdings: Bei den Reichstagswahlen am 31. Juli 1932 hatten die Nationalsozialisten in Königsbronn ihren Durchbruch geschafft. Die NSDAP erhielt 38 Prozent der Stimmen. Unter den Sieg-Heil-Rufen der Bevölkerung begann, von Staat und Wirtschaft gut gepolstert, der Weg in das Unheil. Auch in Königsbronn.

Neuntes Kapitel

Rückkehr in ein »deutsches Dorf«

30. Januar 1933: Adolf Hitler wird von dem greisen Reichspräsidenten Hindenburg zum neuen Reichskanzler ernannt. In seinem Kabinett der »nationalen Erhebung« stehen neun deutsch-nationalen und parteilosen Ministern nur drei Nationalsozialisten gegenüber – neben Hitler Innenminister Frick und der Minister ohne besonderen Geschäftsbereich Göring. Doch die Optik täuscht. Längst halten die drei nationalsozialistischen Minister mehr Macht in den Händen als die neun konservativen.

Der 30. Januar – es ist ihr Tag, ihr Sieg. Seit ihrem so jämmerlich mißlungenen Putschversuch vor zehn Jahren im Münchener Bürgerbräukeller haben sie auf diesen Tag des Triumphs gewartet.

In der Berliner Wilhelmstraße 77, dem ehemaligen Sitz der Bismarckschen Amtswohnung, liest Hindenburg mit zittriger Altersstimme den Eid vor und läßt ihn von jedem einzelnen Kabinettsmitglied nachsprechen. Als erster schwört Hitler: *Ich werde meine Kraft für das Wohl des deutschen Volkes einsetzen, die Verfassung und die Gesetze des Reiches wahren, die mir obliegenden Pflichten gewissenhaft erfüllen und meine Geschäfte unparteiisch und gerecht gegen jedermann führen.*

Danach verläßt Hitler mit seinen beiden Paladinen die Residenz des Reichspräsidenten, der zuvor sein neues Kabinett – das letzte der Weimarer Republik – mit den Worten »Und nun, meine Herren, vorwärts mit Gott« verabschiedet hatte.

»Jetzt sind wir soweit!« ruft Hitler, als er Minuten später unter dem Jubel seiner Gefolgsleute im Hotel »Kaiserhof« aus dem Fahrstuhl steigt. Alle schütteln ihm die Hand: Goebbels, Heß, Röhm – die Schlange der Gratulanten ist endlos. Am Nachmittag geht die amtliche Meldung ins Reich hinaus: *Der Reichspräsident hat Adolf Hitler zum Reichskanzler ernannt!*

Derweil sind die Parteileute unter der Leitung von Goebbels schon dabei, die abendliche Jubelfeier zu organisieren. Bereitwillig hebt der neue NSDAP-Innenminister Frick die Bannmeile im Regierungsviertel auf. Von sieben Uhr abends bis nach Mitternacht marschieren unter Fackelschein und Marschklängen 25 000 Hitleranhänger zusammen mit Stahlhelm-Einheiten durch das Brandenburger Tor.

Als der Jubelzug die hellerleuchtete Fassade der Reichskanzlei erreicht, überschlagen sich die tausendfachen »Heil«-Rufe. In einem der Fenster steht er: der Sieger – Adolf Hitler. Im dunklen Anzug, nervös und erregt, grüßt er mit erhobenem Arm die vorbeimarschierende Masse. Hinter ihm Göring, Frick und weitere Kabinettsmitglieder. Der Jubel schwillt zu einem ohrenbetäubenden Lärm an. Etwas weiter, auf dem Balkon des »Kaiserhofs«, nehmen SA-Chef Röhm, Gauleiter Goebbels sowie die gesamte Nazi-Prominenz ihre »Siegesparade« ab.

In dieser Nacht, nachdem der Jubel verstummt, die Marschmusik verklungen und die Marschtritte verhallt sind, bleibt Hitler, von engsten Vertrauten und alten Kämpfern umgeben, bis zum frühen Morgen in der Reichskanzlei. Er verliert sich in endlosen Monologen und spricht davon, daß er nur durch »göttliche Fügung« dieses Ziel erreicht habe. Er erinnert sich an die ihn bewegende Vereidigungsszene am Vormittag bei Hindenburg, vermerkt gutgelaunt, wie konsterniert die »Roten« seien, und stellt schließlich fest, daß mit diesem Tag »die größte germanische Rassenrevolution der Weltgeschichte« beginne...

Die Nacht nach dem 30. Januar war in Königsbronn eine Nacht wie jede andere. Längst waren die Lichter gelöscht, im Gasthof »Hecht« die Stühle hochgestellt, die letzten Zecher nach Hause gegangen. Nur ein kläffender Hund unterbrach hin und wieder die Stille.

Georg Elser wälzte sich in seinem Bett hin und her. Er schlief unruhig. Nach einer Weile wachte er ganz auf und setzte sich auf die Bettkante, rieb sich die Augen, strich sich durchs Haar. Wie oft hatte er in den letzten Nächten so dagesessen? Da waren sie wieder, die Traumfetzen, die sorgenvollen Gedanken, die Wunschvorstellungen. Sie machten ihm den Kopf schwer, raubten ihm den Schlaf.

Seit einem halben Jahr war er jetzt wieder in Königsbronn, half der Mutter in der Landwirtschaft und gelegentlich dem Vater beim Holzhandel. Eine Anstellung als Schreiner hatte er nicht gefunden. Mittlerweile wurde der Haushalt ausschließlich aus den bescheidenen Erträgen der Landwirtschaft bestritten, denn der Holzhandel verursachte nur noch Defizite. Auf Vorhaltungen reagierte der Vater abweisend und aggressiv. Darunter litt die ganze Familie. Tief enttäuscht war vor allem Georg, der sich doch vorgenommen hatte, nach seiner Rückkehr seinen Einfluß geltend zu machen, damit sich die zermürbenden Verhältnisse in seinem Elternhaus änderten. Allmählich mußte er sich jedoch eingestehen, daß er gegen die Alkoholsucht des Vaters, gegen dessen Launen und Wutausbrüche chancenlos war. Er fühlte sich ohnmächtig. Es traf ihn tief, daß er miterleben mußte, wie seine Mutter von ihrem Mann erniedrigt wurde, sich neben dem Haushalt in der Landwirtschaft abrackerte, damit überhaupt etwas zum Essen auf den Tisch kam. Er litt darunter, daß Nachbarn die trostlose Situation nicht verborgen blieb. Er schämte sich bei der Vorstellung, wie sein Vater, vom Alkohol gezeichnet, in den Gasthäusern das wenige Geld verzechte. Eine trostlose Situation.

Nachts, wenn er aufwachte, fühlte er sich verzweifelt und sehnte den Morgen herbei. Doch der neue Tag war nur die Kopie des vorausgegangenen. Gab es überhaupt einen Ausweg? Später erinnerte er sich an diese Zeit:

Die Saufereien meines Vaters nahmen immer mehr zu. Die Folge davon war, daß die Schulden immer höher wurden und daß er immer wieder Acker verkaufen mußte, um seinen Verpflichtungen nachzukommen. Ich hatte wiederholt versucht, meinen Vater im günstigen Sinne zu beeinflussen, hatte damit aber keinen Erfolg. Mein Vater ließ sich von niemandem, auch von mir nicht, etwas sagen. Der Haushalt wurde aus dem Erlös der Ernte bestritten.

Mein Vater kam durchwegs immer sehr spät nach Hause. Wenn er betrunken war, hat er zu Hause stets Krach geschlagen und über mich, meine Mutter und meinen Bruder ohne jede Veranlassung geschimpft. Er erklärte dabei immer, daß wir schuldig seien, daß es immer mehr abwärts gehe.

Georg Elser schloß sich dem Königsbronner Zitherclub an, wenige Wochen später dem Gesangverein »Concordia«. *Ich suchte von den häuslichen Verhältnissen Abwechslung in der Musik*, sagte er später in seinen Vernehmungen zu diesem Entschluß.

Als im Orchester eine Baßgeige fehlte, übernahm er es spontan, dieses Instrument zu erlernen. Nach wenigen Wochen war er bereits in der Lage, auf der Baßgeige bei öffentlichen Auftritten mitzuspielen. Georg Elser war in den Vereinen beliebt, doch er selbst suchte nur wenig den Kontakt zu den Mitgliedern. Wie schon in seiner Konstanzer Zeit, als er als Mitglied des Trachtenvereins »Oberrheintaler« jeden Samstagabend im Gasthof »Zum Kratzer« an den Übungsstunden teilgenommen hatte, liebte er auch jetzt die Probenabende, die jeweils am Freitag im Nebenzimmer der Gastwirtschaft »Hecht« stattfanden. Meistens waren bei diesen Übungsstunden auch die Familienangehörigen der Mitglieder, Freunde und Bekannte anwesend. Es war eine große gesellige Runde. Wenn in den »Hösselsaal« zu einem Konzert- oder Tanzabend eingeladen wurde, dann ging es hoch her. Da vergaß Georg Elser für einen Abend seine privaten Probleme und gab sich lebensfroh.

Außerhalb des Vereinslebens stand er nur zu seinem alten Jugendfreund Eugen in engerem Kontakt. Ihm erzählte er von seinen erfolglosen Anstrengungen, den Vater dazu zu bewegen, dem Alkohol abzuschwören, den mühsamen Versuchen, dessen zunehmende Verschuldung aufzuhalten, um das elterliche Anwesen vor einem Verkauf zu retten. Auch über seine Schwierigkeiten, eine neue Arbeitsstelle zu finden, sprach er mit dem Freund. Seit seiner Rückkehr hatte er immer wieder versucht, eine Anstellung als Schreiner zu bekommen – vergeblich.

Da er für seine Mithilfe im elterlichen Betrieb keinen Lohn erhielt, hatte Georg sich neben dem Elternhaus eine kleine Schreinerwerkstatt eingerichtet, die er »Schuppen« nannte. Dort führte er für Nachbarn und Bekannte kleine Reparaturen aus, womit er sich etwas Geld verdiente.

Erst im Juli 1934 fand er wieder Arbeit. Der Königsbronner Schreinermeister Friedrich Grupp, ein großgewachsener Mann mit scharfgeschnittenen Gesichtszügen und freundlichem Gemüt, bot ihm für einen Stundenlohn von 0,55 Reichsmark eine Stelle als Schreinergeselle an – und Georg Elser schlug sofort ein. Endlich bot sich ihm wieder die Möglichkeit, sein handwerkliches Können zu beweisen, seinen geliebten Beruf auszuüben.

In den zurückliegenden Jahren – besonders während seiner Wanderschaft – hatte er die unterschiedlichsten Fertigkeiten erworben und sich weiter in seinem Handwerk qualifiziert. Für ihn bedeutete jeder Auftrag eine Herausforderung. Je schwieriger die Arbeit war, desto interessanter fand er sie. Am liebsten arbeitete er allein. Wenn er ungestört in der Werkstatt arbeiten konnte, war er zufrieden. Er mochte es nicht, wenn ihm sein Meister über die Schulter schaute, ihm gutgemeinte Ratschläge erteilte oder gar herumnörgelte. Auch in der Werkstatt war Georg Elser ein Einzelgänger, bisweilen sogar ein Sonderling. So übertrieb er manchmal seinen Wunsch, alles hundertprozentig machen zu wollen.

Schreinermeister Grupp erinnerte sich später: *Wenn er seine Arbeit fertig hatte, stellte er sich davor und schaute sie sich lange nachdenklich an. Dann ging er zwei- bis dreimal um den Werktisch, betrachtete das Stück von allen Seiten, klopfte daran, rüttelte, prüfte alles. Ging noch einmal zurück in langem Abstand. Prüfte nochmals eingehend – erst dann wurde das Stück abgeliefert. Dann konnte man sich darauf verlassen, daß der Georg am nächsten Tag bei den Leuten auftauchte und sagte, er möchte gern nochmal das Stück sehen, schauen, ob alles in Ordnung sei. Dann überprüfte er es noch einmal. Er war wirklich geradezu von einer peniblen Art. Er arbeitete äußerst korrekt.*

Georg Elser empfand sich als »Kunstschreiner«, keineswegs als normaler Schreiner. Nie suchte er nur deshalb einen Arbeitsplatz, um seine Existenz abzusichern, sondern immer auch, um *schöpferisch tätig zu sein*, wie er es einmal ausdrückte. Vielleicht lag hierin ein zentrales Motiv für seinen häufigen Arbeitsplatzwechsel. Worauf es ihm ankam, war einerseits eine gerechte tarifliche Entlohnung, andererseits die Möglichkeit, selbständig und ohne Bevormundung durch einen Meister arbeiten zu können. Vor allem aber ging es ihm um die innere Befriedigung, die er nach der Fertigstellung eines Möbelstückes empfand. Die schöpferische Selbstentfaltung stand im Vordergrund, aus ihr bezog er seine Identität.

Er war ein guter Handwerker, erinnerte sich Schreinermeister Grupp, *grundanständig und ehrlich. Und Überstunden machte er, daß es eine Lust war. Wenn etwas fertig zu machen war, dann machte er es. Es war nur nötig, daß meine Frau ihm ein Stück Kuchen auf die Werkbank stellte, dann war er zufrieden. Er hat immer für sich alleine geschafft. Er war ein richtiger Einzelgänger.* Und weiter: *Einmal habe ich mir überlegt, ob wir nicht mal ein komplettes Schlafzimmer herstellen sollten. Das war damals für einen kleinen Betrieb etwas Außergewöhnliches.* Er hatte einen Katalog einer Möbelfabrik in die Hände bekommen und seinen Gesellen zu sich gerufen, um ihn zu fragen, ob man nicht auch einmal so ein Schlafzimmer machen wolle. »A no«, sagte Elser, »das machen wir. Aber das muß ich umfrisieren, das mach' ich schöner.«

Am nächsten Tag, so der Schreinermeister, habe sein Geselle bereits fix und fertige Zeichnungen mitgebracht, die er offensichtlich in der Nacht angefertigt hatte. Allenfalls eine halbe Stunde habe man darüber gesprochen, dann ging Georg Elser an die Arbeit. In den nächsten Tagen sprachen sie kaum ein Wort miteinander. Grupp gab keinerlei Anweisungen, und sein Geselle hatte auch keine Fragen. Nach vierzehn Tagen schon sei das Schlafzimmer fertig gewesen, so sauber und akkurat gearbeitet, daß seine Frau nicht wollte, daß es verkauft würde. Dann aber habe ein Bekannter aus dem Dorf, der es unbedingt haben wollte, es gekauft. Ein Prachtstück sei es gewesen, was der Georg da geschreinert habe.

Als Georg Elser nach nur vier Monaten kündigte, war der Schreinermeister verständlicherweise nicht gerade glücklich darüber. Doch alles Reden half nichts, Georg ließ sich nicht umstimmen. Ob die Kündigung damit zu tun hatte, daß von seinem Wochenlohn jeder Betrag über 24 Reichsmark zur Bezahlung der Alimente gepfändet wurde? Zweimal hatte das Jugendamt Konstanz an den Schreinermeister Anfragen gerichtet, in denen es um die Alimentenzahlungen für Elsers unehelichen Sohn ging. Daraufhin wollte er mit ihm über eine interne Lösung reden, wie man den behördlichen Zugriff zum Wochenlohn womöglich umgehen könne. Doch Georg Elser wehrte ab: »Nein, das ist schon in Ordnung so. Meine

Kündigung hat damit nichts zu tun. Ich muß mich um unser Anwesen zu Hause kümmern, bevor es endgültig zu spät ist.«

Schreinermeister Grupp wußte wie die meisten Königsbronner um die Alkohol-Eskapaden von Georgs Vater. Insgeheim empfand er sogar Respekt für die Entscheidung seines Gesellen, den Arbeitsplatz zu kündigen, um mitzuhelfen, die Familie vor dem wirtschaftlichen Ruin und dem sozialen Abstieg zu retten. Dies in einer Zeit, in der es oben auf der Ostalb nicht gerade rosig mit Arbeitsplätzen aussah. In den großen Städten hatten die Nationalsozialisten stellenweise den Eindruck vermitteln können, die massenhafte Arbeitslosigkeit in den Griff zu bekommen; nicht aber hier in der Provinz. Im Gegenteil: Zunehmende Industrialisierung hatte die traditionell mittelständischen Betriebe auf dem Land in arge Bedrängnis gebracht. Kleine Betriebe, wie der des Schreinermeisters Grupp, waren nicht auf Massenfertigung eingestellt. Viele Schreinereien mußten schließen, auch auf der Ostalb.

Georg Elser half wie schon zuvor der Mutter in der Landwirtschaft, bemühte sich, so gut es ging, den unberechenbaren und jähzornigen Charakter des Vaters zu bändigen. Vergeblich. Die Illusionen der Mutter, die nach der Rückkehr von Georg noch den guten Glauben gehabt hatte, es werde alles schon irgendwie gutgehen und die Trinkerei ihres Mannes würde doch noch ein Ende haben, zerstoben immer rascher. Ihre Hoffnung hatte sich als schiere Naivität entpuppt. Die verhängnisvolle Entwicklung schilderte Georg Elser später:

Ende 1935 waren die Schulden bereits so groß, daß mein Vater das Anwesen verkaufen mußte. Er hat das Anwesen, das meiner Schätzung nach 10 000 bis 11 000 RM wert war, mit 6500 RM an den Viehhändler M. in Königsbronn veräußert. M. war stets mit meinem Vater in Wirtschaften, wo sie zusammen getrunken haben. Von dem Erlös des Anwesens erhielt meine Mutter auf Verlangen 2000 RM. Den Restbe-

*trag verwandte mein Vater zum Bezahlen seiner Schulden
und zu weiteren Trinkereien. Das Anwesen wurde dann auch
verkauft und von dem Viehhändler M. bezogen. Bei dem
Verkauf war vereinbart worden, daß ein kleines Zimmer
meinem Vater weiterhin zur Verfügung steht. Er hat dies
weiter bewohnt.*

Der Verkauf besiegelte das vorläufige Ende der Ehe. Kurze
Zeit danach zog die Mutter zu ihrer Tochter Friederike, die
inzwischen mit ihrem Mann Willi im nahen Schnaitheim eine
eigene Wohnung bezogen hatte. Den gesamten Hausstand
nahm sie aus Angst, ihr Mann könne selbst diesen noch
verkaufen, mit. Zurück blieb der Vater, dem der neue Besitzer erlaubte, noch einige Zeit unter seinem ehemaligen Dach
wohnen zu dürfen. Bruder Leonhard ging zum Arbeits-
dienst.

Georg Elser mietete sich bei Elsa Heller ein. Er hatte sie
drei Jahre zuvor bei einem Ausflug kennengelernt. Der Königsbronner Wanderverein, der mittlerweile der »Kraft durch
Freude«-Bewegung zwangszugeordnet war, hatte damals zu
einer Wanderung ins »Steinerne Meer« bei Bartholomä eingeladen, einen für die Ostalb typischen Landstrich zwischen
Königsbronn und Aalen. Die beiden fühlten sich sofort stark
voneinander angezogen, suchten gegenseitig Geborgenheit
und emotionale Wärme. Ihr Schicksal glich sich nahezu vollkommen: Georg Elser fühlte sich häufig einsam, litt unter der
Alkoholsucht des Vaters, den Problemen im Elternhaus. Elsa
lebte unglücklich verheiratet mit einem Zimmermann zusammen, einem rauhen Kerl, der nur sporadisch seiner Arbeit
nachging, aufbrausend, ungerecht und brutal ihr gegenüber
war. Auch er trank häufig. Nicht selten, wenn er nach einer
Zechtour nach Hause kam, schlug er seine Frau. Elsa erzählte
Georg Elser davon, auch, wie sehr sie um sich und ihre kleine
Tochter Iris fürchtete. Zu ihm fand sie Vertrauen. Georg war
so ganz anders als ihr Mann: Er trank nicht, rauchte nicht,
war tüchtig und bescheiden, nie laut und unbeherrscht. Im

Dezember 1935 hatte Elsa ihr zweites Kind, einen Buben, zur Welt gebracht, und nicht wenige Königsbronner, die um das Verhältnis zwischen ihr und Georg Elser wußten, vermuteten, nicht ihr Mann, sondern Georg sei der Vater. Im Geburtenregister erschien gleichwohl ein Eintrag auf Hermann Heller als Vater.

Im Frühjahr 1936 also zog Georg Elser unter den argwöhnischen Blicken des Ehemannes als Mieter in das Haus der Hellers ein. Längst vermutete Hermann Heller ein Liebesverhältnis zwischen seiner Frau und dem wortkargen, schmächtig wirkenden Untermieter, der sich im Keller des Hauses eine kleine Werkstatt eingerichtet hatte. Das Zusammenleben unter einem Dach erwies sich von Beginn an als bedrückend, ja quälend für alle, besonders aber für Elsa; sie, die jetzt immer mehr das Ende ihrer Ehe herbeisehnte und an Scheidung dachte, geriet an die Grenze dessen, was sie psychisch ertragen konnte. Sie litt unter den täglichen Vorwürfen ihres Mannes, dessen Launen und Ausfällen, aber auch unter der trennenden Nähe zu ihrem Liebhaber, der unten im Keller allabendlich in seiner Werkstatt werkelte, nachdem er seinen oft zehnstündigen Arbeitstag hinter sich gebracht hatte.

Zu dieser Zeit arbeitete Georg Elser erneut als Geselle in dem Königsbronner Betrieb des Schreinermeisters Grupp, doch, wie das Protokoll seiner späteren Vernehmungen zeigt, nicht für lange Zeit:

Er (Grupp) hatte im Frühjahr 1936 für die Wehrmacht Schreibtische anzufertigen, die zu einer bestimmten Zeit geliefert werden mußten. Aus diesem Grunde hat mich G. damals auch angegangen, bei ihm in Arbeit zu treten. Nach Abschluß dieser Lieferung war ich dort mit der Anfertigung von Wohnungseinrichtungen und Einsetzen von Fensterrahmen in einem Umbau beschäftigt. Im Herbst 1936 habe ich bei G. selbst gekündigt, nachdem mir einesteils die Entlohnung zu gering war, andernteils er mich immer belehren wollte, obwohl er nicht die Fähigkeiten wie ich besaß. Ich bin

im Guten von G. geschieden. Ich habe deshalb bei G. gekün-
digt aus den angegebenen Gründen, weil ich der bestimmten
Ansicht war, daß ich bald wieder Arbeit finde.

Darin sollte sich Elser allerdings täuschen. In einer Zeit, in
der immer weniger handwerkliches Können als vielmehr eine
rationelle Fertigung von Serienmöbeln gefragt war, ver-
schlechterten sich auch die Aussichten, eine seinen Ambitionen entsprechende Arbeitsstelle zu finden. Auch seinen großen Traum, einmal als Kunstschreiner einen eigenen kleinen
Betrieb eröffnen zu können, mußte er mit der Zeit fallenlas-
sen. Hinzu kam seine immer höher anwachsende Verschuldung infolge versäumter Unterhaltszahlungen für seinen unehelichen Sohn. So mußte er seine heimlichen Wünsche und
Sehnsüchte immer mehr unterdrücken.

Nach drei Monaten neuerlicher Arbeitslosigkeit trat Elser
in den letzten Dezembertagen des Jahres 1936 schließlich eine
Stelle als Hilfsarbeiter in einer Heidenheimer Armaturenfabrik an.

Dorthin kam ich durch Vermittlung des ebenfalls dort täti-
gen Vorarbeiters Wilhelm H., der damals in Itzelberg bei
Königsbronn wohnhaft war und den ich Mitte Dezember
1936 in der Gastwirtschaft »Rößl« in Königsbronn getroffen
hatte. H. war mir durch seinen öfteren Aufenthalt in Königs-
bronn persönlich bekannt. Ich habe ihm während der Unter-
haltung meine damaligen Verhältnisse mitgeteilt, und er
machte mir seinerzeit den Vorschlag, in dem Armaturenwerk
in Heidenheim als Hilfsarbeiter einzutreten. Ob ich mich
seinerzeit vorher schon nach einer Arbeitsstelle als gelernter
Schreiner umgesehen habe, weiß ich nicht mehr genau. Ich
glaube aber, ich hatte nichts Derartiges gefunden, und so habe
ich die Hilfsarbeiterstelle angenommen. Soviel ich mich erin-
nere, hatte mir H. angeboten, sich bei seiner Firma, bei der er
Vorarbeiter war, zu erkundigen, ob etwas frei sei. Nach eini-
gen Tagen gab er mir zusagenden Bescheid, ich solle mich
vorstellen. Ich bin entweder mit dem Zug oder mit dem Rad

nach Heidenheim gefahren, habe mich vorgestellt und konnte ein oder zwei Tage später als Hilfsarbeiter dort in der Gußputzerei, in welcher H. auch tätig war, anfangen. Ich sollte, wie mir gesagt worden war, nicht lange die schmutzige Arbeit eines Gußputzers versehen, sondern bald eine andere schönere Arbeit verrichten dürfen. Tatsächlich mußte ich auch nur ungefähr ein halbes Jahr, also bis Sommer 1937, diese Arbeit tun. Dann kam ich in die Versandabteilung, wo ich besonders mit Prüfen der Materialeingänge auf ihre Vollständigkeit usw. beschäftigt war.

Glücklich war er über seine neue Arbeit nicht, gleichwohl gab es Gründe zu bleiben:

In der Gußputzerei erhielt ich 0,58 RM, später auch 0,62 RM stündlich Lohn. Ich gebe zu, daß ich als gelernter Schreiner irgendwo anders mehr bekommen hätte. Ich hatte aber kein Interesse daran, mehr zu verdienen, sondern nur daran, daß mir die Arbeit gefiel. Wenn ich mehr verdient hätte, hätte ich ja doch keinen Nutzen davon gehabt; denn jeder Betrag über 24,00 RM Wochenlohn wird mir ja doch zur Bezahlung der Alimente gepfändet.

Unglücklich war Georg Elser auch über seine Wohnsituation. Seit seinem Einzug bei den Eheleuten Heller herrschte eine angespannte Atmosphäre. Elsa und er versuchten, so gut es ging, ihr Liebesverhältnis zu arrangieren. Doch im Dezember 1936 kam es zum Eklat. Es begann damit, daß Georg es unter Verrechnung der Mietzahlungen übernommen hatte, einige Küchenmöbel anzufertigen. Plötzlich untersagte ihm Elsas Mann, weiterhin im Hause Schreinerarbeiten auszuführen. *Der Küchenschrank wurde von mir nicht mehr fertiggestellt, nachdem die Fertigstellung von dem Ehemann der Frau H. im Dezember 1936 aus einem mir unbekannten Grunde abgelehnt wurde,* sagte er in seinen Vernehmungen über die Auseinandersetzung.

Im Frühjahr 1937 kündigte ihm der Ehemann von Elsa das Mietverhältnis. Beinahe war Georg Elser froh darüber. Immer hatte er in der Vergangenheit ein ungutes Gefühl dabei gehabt, unter einem Dach mit einem Paar zu leben, dessen Ehe zerrüttet war und in der er als Liebhaber der Ehefrau agierte. Jetzt fand dieses paradoxe Zusammenleben ein Ende. Was aber blieb ihm übrig?

Erneut kehrte er zu seinen Eltern zurück, die sich zwischenzeitlich wieder versöhnt hatten und nun die Hälfte eines Doppelhauses in der Königsbronner Sumpfwiesenstraße bewohnten, das sie sich aus den Erlösen des Verkaufs ihres früheren Anwesens noch hatten kaufen können. *Im elterlichen Haus blieb ich dann in einer Dachkammer wohnen. Auch meine Werkstatt, die ich mir im Hause H. provisorisch eingerichtet hatte, habe ich dort mitgenommen und in einem Souterrain-Raum meines elterlichen Hauses wieder provisorisch eingerichtet.*

Gleich nebenan wohnte auch Eugen Rau, sein Jugendfreund, der inzwischen geheiratet und eine Familie gegründet hatte. Beide waren über all die Jahre Freunde geblieben, vertrauten einander, redeten offen über Zustände und Entwicklungen, über die öffentlich zu reden längst nicht mehr ungefährlich war.

Bereits am 22. Juni 1933 hatten die neuen NS-Machthaber einen Erlaß »Zur Bekämpfung des sogenannten Miesmachertums« erlassen, der die bloße Äußerung von Unzufriedenheit als *Fortsetzung der marxistischen Hetze* unter Strafe stellte. In den folgenden Jahren hatten die Nationalsozialisten alle notwendigen Schritte zum Führerstaat vollzogen: Ein Organisationsschema der Partei teilte das Land in 32 Gaue, die Gaue in Kreise, Ortsgruppen, Zellen und Blöcke. Hitler, der einmal gesagt hatte: *Was soll es, wenn man Fabriken oder ähnliches sozialisiert, wir sozialisieren den Menschen,* erreichte es bereits nach kurzer Zeit, mit seinen Parteiorganisationen ein individuelles Leben der Deutschen fast unmöglich zu machen. Erst war man »Pimpf«, danach Hitlerjunge, dann trat man in die SA oder SS oder gleich in die NSDAP ein. Als Autofahrer war man im NS-Kraftfahrkorps, als Mädchen im »Bund Deutscher Mädchen«. Kein Sportverein, keine Wandergruppe, kein Laientheater konnte sich der Gleichschaltung entziehen.

Auch nicht in Königsbronn. Längst waren die traditionellen Dorffeste vom Kalendarium der NS-Hochfeste verdrängt worden. Am 30. Januar flatterten – wie es das »Reichsflaggengesetz« vorschrieb – in den Dorfstraßen Hakenkreuzfahnen; mit einer Fülle von Kundgebungen, Gedenkstunden und Aufmärschen sorgte die NSDAP-Ortsgruppe dafür, das Führerbild Adolf Hitlers geradezu allgegenwärtig erscheinen zu lassen.

Über Mangel an Zulauf konnten sich die Nationalsozialisten auch in der Provinz nicht beklagen. Zwar war es nach der Machtergreifung nicht wie in den Großstädten notwendig gewesen, wegen Massenandrangs zeitweise eine Mitgliedersperre auszusprechen. Damals waren die Gauleitungen von der Parteiführung angewiesen wurden, mit Wirkung vom 1. Mai 1933 an nur noch Partei-Mitglieder in die Hitlerjugend oder SA- und SS-Verbände aufzunehmen. Ganz so stark war der Andrang auf der Ostalb nicht; doch auch hier liefen der neuen nationalen Bewegung scharenweise die Mitglieder zu. Bereits am 25. Februar 1932 hatte Hitlers Stellvertreter Rudolf Heß vom Königsplatz in München aus unter Kanonengedröhne fast eine Million Parteimitglieder am Rundfunk die Schwurformel sprechen lassen: *Adolf Hitler ist Deutschland, und Deutschland ist Adolf Hitler. Wer für Hitler schwört, schwört für Deutschland.*

Wie überall im Reich lauschten auch in Königsbronn Parteimitglieder ergriffen dem massenhaften Schwur. Auch hier hatte – warum sollte Königsbronn da eine Ausnahme bilden? – die NSDAP-Ortsgruppe damit begonnen, das Kultur- und Vereinsleben in die neue nationale Bewegung zu vereinnahmen. Es gab sie nicht mehr, die private Tanzgruppe von

Eugen Rau, den örtlichen Wanderverein, die links stehenden politischen Parteien, deren Stimmenanteil vor der Machtübernahme der Nationalsozialisten in dieser Region stets deutlich über dem Landesdurchschnitt gelegen hatten.

Auch Königsbronn war ein »deutsches Dorf« geworden, ein Dorf, das dem trügerischen Propagandabild der neuen Machthaber exemplarisch entsprach.

Georg Elser und Eugen Rau war dieser Wandel in den letzten Jahren nicht entgangen. Wenn sich im Gasthof »Hecht« die örtlichen Parteimitglieder um den Volksempfänger scharten, um gebannt den Stimmen von Goebbels und Hitler zu lauschen und am Ende der Reden die »nationale Revolution« unter Trinksprüchen hochleben zu lassen, dann verließen Georg und Eugen den Gastraum. Politik war nicht ihre Sache, die Politik der Nationalsozialisten schon gar nicht.

Georg Vollmann, NSDAP-Ortsgruppenleiter bis 1938, gab Jahre später über Elsers politische Einstellung zu Protokoll: *Er war neutral, war auch in keiner Partei, ließ sich auch in keine Diskussionen ein. Solange ich Ortsgruppenleiter war, habe ich einmal beobachtet, daß Elser sich beim Vorbeimarsch herumgedreht hat und weggegangen ist. Das war keine große Sache, aber mir fiel eben auf, daß er kein Mann des »Dritten Reiches« war.*

Während in der Provinz die Ortsgruppen noch im Marschtritt durch die Straßen paradierten, hatte im Reich eine erste »Säuberungswelle« zahlreiche Opfer gefordert. Bei der Niederschlagung des sogenannten Röhm-Putsches wurden Ende Juni 1934 in der »Nacht der langen Messer« mehr als 80 Menschen ermordet: alte Kämpfer, SA-Genossen, unbequeme Gegner. Nicht mehr von »der Nacht des Wunders« konnte jetzt die Rede sein, sondern von der des »Terrors«. Reichskanzler a. D. Kurt von Schleicher, sein engster Mitarbeiter, General von Bredow, der ehemalige Reichsorganisationsleiter der NSDAP, Gregor Strasser, mußten ebenso sterben wie Gustav von Kahr, mit dem Hitler 1923 in München noch hatte putschen wollen. Pater Bernhard Stempfle, Chefredakteur des »Miesbacher Anzeigers«, der dem Führer, so wurde in Parteikreisen erzählt, bei der Abfassung von »Mein Kampf« geholfen haben soll, wurde ebenso kaltblütig umgebracht wie die engsten Mitarbeiter des Vizekanzlers von Papen.

Am 2. Juli 1934 hatte Hitler den toten Röhm aus der SA und der Partei verstoßen; dafür schob sich ein Mann namens Heinrich Himmler als Chef der SS in den Vordergrund. Als am 2. August desselben Jahres Reichspräsident Paul von Hindenburg starb, war für Hitler nun auch die letzte Hürde auf dem Weg zur absoluten Macht aus dem Weg geräumt. Jetzt ernannte er sich zum Staatsoberhaupt.

Ein Volk, ein Reich, ein Führer.

Wen (außer den davon Betroffenen) interessierte es damals, daß ein Jahr später ein unbekannter Ministerialbeamter namens Hans Globke (der nach dem Weltkrieg als Staatssekretär von Bundeskanzler Adenauer dann sehr wohl bekannt werden sollte) einen Kommentar zu den »Nürnberger Gesetzen« verfaßte, die eine bis dahin nicht vorstellbare Erniedrigung und Verfolgung der jüdischen Bevölkerung einleiteten? Wichtiger war den Volksgenossen, daß es nicht mehr sechs, sondern nur noch 2,5 Millionen Arbeitslose gab. Die Propaganda-Organisationen der NS-Regierung verbreiteten ihre »Erfolgsmeldungen« bis in die abgelegensten Regionen des Reiches. Und die treuen Parteigänger in den Gauen und Dörfern jubelten begeistert ihr »Heil«, hängten Hakenkreuzfahnen in die Fenster und marschierten im Gleichschritt durch die Dorfstraßen. Auch in Königsbronn. Es waren nur wenige, die nicht mit einstimmten in den großdeutschen Jubelsturm.

Einer von ihnen war Georg Elser. Ihm fehlte nicht nur die Begeisterung für das »Dritte Reich«; schon immer hatte er

politische Diskussionen und Demonstrationen nicht ge-
mocht. *Meine Eltern waren und sind vollkommen unpoli-
tisch. Ich erinnere mich, daß mein Vater zu irgendwelchen
Wahlen nur ging, wenn man ihn geholt hat. Was er gewählt
hat, weiß ich nicht. Als ich in das wahlberechtigte Alter kam,
hat er mich jedenfalls nicht irgendwie beeinflußt. Ich glaube,
meine Mutter ist wohl zur Wahl gegangen, hat aber nie etwas
gesagt, wem sie ihre Stimme gegeben hat,* gab er später bei
seinen Vernehmungen in Berlin auf die Frage nach seinem
politischen Werdegang zu Protokoll.

Diese Aussagen wurden auch von der Mutter bestätigt: *In
unserer Familie hat man sich sowieso nie mit Politik beschäftigt. Mein Mann hat sich nicht dafür interessiert; man hat
seine Arbeit gemacht und sich nicht um Parteien und Politik
gekümmert.* Kam dennoch einmal ein politisches Thema auf,
so äußerte Georg Elser ein, zwei Sätze und ließ die Sache auf
sich beruhen.

*Politisch hat er sich kaum geäußert und sich überhaupt
nicht interessiert. Wenn ich selbst oder andere Personen in
seiner Anwesenheit über Maßnahmen der NSDAP schimpf-
ten, so war er in seinen Äußerungen immer sehr konsequent.
Er sagte immer, man ist dafür oder dagegen,* erinnerte sich
später seine Freundin Elsa. Einmal, vor einer Wahl in Königsbronn, habe sie mit ihm über Politik gesprochen. Sie
fragte ihn, ob er wählen ginge. Er verneinte. Sie versuchte ihn
zum Wählen zu bringen, weil sie fürchtete, daß es in dem
kleinen Ort Gerede geben könnte. Ihm sei das aber egal
gewesen. *Was gehen mich die Leut' an,* habe er gesagt. Dennoch habe er keine Einwände dagegen gehabt, daß sie wählen
ging. *Das mußt du alleine wissen,* mit diesen Worten habe er
ihr die Entscheidung überlassen.

Woher rührte seine intuitive Abneigung gegenüber dem
NS-Regime, woher die rigorose Ablehnung? Gründe dafür
nannte er bei seiner Vernehmung in Berlin:

Nach meiner Ansicht haben sich die Verhältnisse nach der

nationalen Revolution in verschiedener Hinsicht verschlech-
tert. So habe ich zum Beispiel festgestellt, daß die Löhne
niedriger und die Abzüge höher wurden. Ferner steht die
Arbeiterschaft nach meiner Ansicht seit der nationalen Revo-
lution unter einem gewissen Zwang. Der Arbeiter kann z. B.
seinen Arbeitsplatz nicht mehr frei wechseln, wie er will, er ist
heute durch die Hitlerjugend nicht mehr Herr seiner Kinder,
und auch in religiöser Hinsicht kann er sich nicht mehr so frei
betätigen.

Obwohl sich Georg Elser nur selten an politischen Gesprä-
chen beteiligte, galt er als »linksorientiert«. Das mag einerseits damit zu tun haben, daß jeder, der nicht mit den Nationalsozialisten einverstanden war, sofort als »Kommunist«
abgestempelt und zum »Volksfeind« erklärt wurde. Andererseits fühlte er sich tatsächlich im Kreise Gleichgesinnter
wohl, bei denen er eine gleichgeartete politische Einstellung
voraussetzen konnte, ohne zuvor lange Diskussionen über
Politik führen zu müssen.

Eine unausgesprochene Übereinstimmung, ein gleiches
Gefühl für das, was sich um ihn herum tat, wie er seinen
Alltag, seine Probleme sah, fand er bei den »Naturfreunden«
und dem Wanderverein, denen er sich schon in seiner Kon-
stanzer Zeit angeschlossen hatte. Damals trat er auch dem
»Rotfrontkämpferbund« bei, einem der KPD nahestehenden
Wehrverband, dessen Zeichen eine geballte Faust war. Paßte
diese Mitgliedschaft zu ihm und seinem sonstigen Verhalten?

Ich war nur zahlendes Mitglied, denn eine Uniform oder
irgendeinen Funktionärsposten habe ich nie innegehabt. Ins-
gesamt war ich auch nur dreimal während meiner ganzen
RFB-Mitgliedschaft in einer politischen Versammlung, natür-
lich der KPD. In den RFB bin ich durch häufiges Zureden
eines Arbeitskameraden namens F., der damals, ebenso wie
ich, in der Uhrenfabrikation in Konstanz arbeitete, eingetre-
ten, äußerte er sich später.

Der Attentäter: Georg Elser im Jahre 1939

Mit der Tanzgruppe Königsbronn, 1920 (Ausschnitt):
Georg Elser in der Mitte, sitzend

Ausflug mit der Wandergruppe in die Alb, 1924:
Georg Elser (zweiter von rechts, sitzend) mit Freunden. Vorne links Eugen Rau

*8. November 1939: Hitler während seiner Rede an die „alten Kämpfer"
im Münchener Bürgerbräukeller*

8. November 1939:
Hitler gegen Schluß der Veranstaltung beim Absingen des Deutschland- und
Horst-Wessel-Liedes. Hinter ihm, von Hakenkreuzfahnen verdeckt, die Säule, in
der die Bombe eingebaut ist

Nach dem Attentat: Die Decke des Festsaales ist eingestürzt. Die Gestapo nimmt nach den ersten Aufräumungsarbeiten die Spurensicherung auf

9. November 1939: Kranzniederlegung vor der Feldherrnhalle

*10. November 1939: Nächtliche Aufbahrung der Opfer
vor der Münchener Feldherrnhalle*

*Sie leiten die Fahndung und die Untersuchung: (von links)
Obersturmbannführer Huber, Oberführer Nebe, Reichsführer SS Himmler,
SS-Gruppenführer Heydrich, Oberführer Müller*

Seine politische Einstellung war weder in Konstanz noch in Königsbronn das Ergebnis ideologischen Denkens, sondern Ausdruck von Beobachtungen seiner unmittelbaren sozialen Umwelt. Vor allem die Erfahrung, daß die Politik der Nationalsozialisten die wirtschaftliche Situation der Arbeiterschaft keineswegs (wie die NS-Propaganda glauben machen wollte) verbesserte, sondern – das erfuhr er hautnah – verschlechterte. Dies traf sein Gerechtigkeitsempfinden tief.

Ich war Mitglied der Gewerkschaft des Holzarbeiterverbandes, weil dies der Verband der Arbeiter meines Berufes war und weil man Mitglied dieses Verbandes sein sollte...

Persönlich bin ich nie politisch hervorgetreten. Nach Erreichung des wahlberechtigten Alters habe ich immer die Liste der KPD gewählt, weil ich dachte, das ist eine Arbeiterpartei, die sich sicher für die Arbeiter einsetzt. Mitglied dieser Partei bin ich jedoch nie gewesen, weil ich dachte, es genüge, wenn ich meine Stimme abgebe...

Wenn ich gefragt wurde, ob ich gewußt habe, daß die KPD die Absicht und das Ziel hatte, in Deutschland eine Rätediktatur oder eine Diktatur des Proletariats aufzustellen, so muß ich sagen, daß es nicht ausgeschlossen ist, daß ich so etwas mal gehört habe. Aber irgend etwas gedacht habe ich mir dabei bestimmt nicht. Ich dachte nicht anders, als daß man durch eine Stimmenabgabe die Mandate der Kommunisten verstärken müsse und daß dann so die Partei mehr für die Arbeiterschaft tun könne. Von einem gewaltsamen Umsturz habe ich nie etwas gehört.

Für das Programm der KPD habe ich mich nie interessiert. Ich kann daher auch nicht angeben, wie sich im Fall des Sieges der KPD die wirtschaftliche Lage umgestellt hätte. In den Versammlungen ist lediglich davon gesprochen worden, daß mehr Lohn gezahlt werden soll, bessere Wohnungen geschaffen werden sollen und solche und ähnliche Dinge. Die Aufstellung dieser Forderungen hat für mich genügt, um mich kommunistisch zu orientieren.

Sommer 1937: Jeden Morgen, wenn es das Wetter erlaubte, radelte Georg Elser zur Arbeit nach Heidenheim. Während der Fahrt hing er seinen Gedanken nach. Wie sollte seine Zukunft aussehen, vor allem seine Beziehung zu Elsa, die mittlerweile die Scheidung eingereicht, das gemeinsame eheliche Haus verlassen hatte und zu ihren Eltern nach Jebenhausen gezogen war? Einerseits fühlte er sich bei Elsa geborgen; er liebte ihre Art, ihn geradezu mütterlich zu umsorgen. Hatte er sich diese Zuneigung nicht immer gewünscht? Auch der Kontakt zu ihren Eltern war gut. Sie akzeptierten ihn, mehr noch: Der Vater hatte sogar vor wenigen Tagen angeboten, ihm ein Innenarchitektur-Studium zu finanzieren. »Du bist ein intelligenter Bursch'«, hatte er gesagt, »du kannst was aus dir machen.« Und die Eltern von Elsa hatten den beiden außerdem eine Wohnung im eigenen Haus in Aussicht gestellt: »Dann kündigen wir eben den Mietern«, meinte der Vater. Beides hatte Georg abgelehnt. Weder wollte er, daß anderen seinetwegen gekündigt wurde, noch daß ihm Elsas Vater ein Studium bezahlte. Nein, in ein »gemachtes Nest«, so hatte er zu Elsa gesagt, wolle er sich nicht setzen.

Er verstand die Motive von Elsas Eltern, die ihrer Tochter und deren zwei kleinen Kindern nach einer gescheiterten Ehe helfen wollten, wieder auf die Beine zu kommen. Georg schien ihnen dazu der rechte Mann. Mit ihm an der Seite, so dachten sie, könnte ihre Tochter Elsa noch einmal ein familiäres Glück finden. Jetzt, während die ersten Häuser von Heidenheim im Morgennebel auftauchten, dachte er daran, daß er Elsa sogar schon einmal die Ehe versprochen hatte. Sie solle sich scheiden lassen, hatte er einmal zu ihr gesagt, dann könne man auch heiraten. Doch danach hatten ihn Zweifel überfallen. Konnte er denn eine Familie ernähren? Gab es in absehbarer Zukunft überhaupt die Möglichkeit, trotz seiner Abzüge für die Alimentenzahlungen ausreichend Geld zu verdienen?

Mit Elsa hatte er darüber geredet, und sie hatte ihn zu

beruhigen versucht. Das schaffen wir schon. Wo ein Wille ist, hatte sie zu ihm gesagt, da sei auch ein Weg. Aber wollte er diesen Weg weiter beschreiten? War Elsa, bei aller Liebe, die er für sie empfand, die Frau, mit der er künftig zusammenleben wollte? Jeden Tag, vielleicht ein Leben lang? Waren ihre Interessen, ihre Charaktere nicht doch zu verschieden? Ihre Pläne? Seine Pläne? Wie sollte es mit der Arbeit weitergehen? Schließlich wollte er nicht auf Dauer eine Hilfstätigkeit ausüben, die zwar ordentlich bezahlt, aber weder mit seinem erlernten Handwerk zu tun hatte, noch seinen Vorstellungen entsprach. Wie sollte er den engen Verhältnissen in seinem Elternhaus entkommen, wo nun von ihm sogar für eine Dachkammer Miete gefordert wurde, was er mit dem Hinweis, jahrelang ohne Entlohnung im elterlichen Betrieb gearbeitet zu haben, abgelehnt hatte? Wie lange noch sollte er die mißbilligenden Blicke seiner Mutter über sich ergehen lassen, wenn Elsa ihn in seiner Kammer besuchte?

Georg Elser fühlte sich an diesem Morgen alles andere als glücklich. Sein Leben schien ihm festgefahren und fremd. Gab es eine Perspektive? *Das ganze Jahr 1937 und ein großer Teil des Jahres 1938 verlief ohne Ereignisse oder Veränderungen*, sagte er darüber später in seinen Vernehmungen. Alles wiederholte sich: die Arbeit, der Feierabend, die Wochenenden, die wöchentlichen Proben im Zitherclub. Georg Elser spürte die Stagnation. Sein Alltag war zum Ritual erstarrt.

Immer mehr, noch deutlicher als in den Jahren zuvor, lebte Georg Elser das Leben eines Einzelgängers. Nur zu Elsa und seinem Freund Eugen hielt er Kontakt; die beiden waren die einzigen Menschen, deren Nähe er nicht nur akzeptierte, sondern auch suchte. In Gastwirtschaften, in denen er häufig einkehrte, um seine Mahlzeiten einzunehmen, blieb er stets ein Außenstehender. Da saß er, zurückgezogen und allein – beobachtend, zuhörend, grübelnd ... Er tat, was nur wenige Menschen in dieser Zeit taten: Er maß die NS-Propaganda an der sozialen Wirklichkeit. Und er stellte Vergleiche an. Bei seinen Vernehmungen im Berliner Gestapo-Gebäude gab er zu Protokoll:

Während ich im Jahre 1929 in der Uhrenfabrik in Konstanz durchschnittlich 50,00 RM wöchentlich verdient habe, haben die Abzüge zu dieser Zeit für Steuer, Krankenkasse, Arbeitslosenunterstützung und Invalidenmarken nur ungefähr 5,00 RM betragen. Heute sind die Abzüge bereits bei einem Wochenverdienst von 25,00 RM so hoch. Der Stundenlohn eines Schreiners hat im Jahre 1929 eine Reichsmark betragen, heute wird nur noch ein Stundenlohn von 68 Pfennigen bezahlt. Es ist mir erinnerlich, daß 1929 sogar ein Stundenlohn von 1,05 RM tarifmäßig bezahlt worden ist.

Aus Unterhaltungen mit verschiedenen Arbeitern ist bekannt, daß auch in anderen Berufsgruppen nach der nationalen Erhebung die Löhne gesenkt und die Abzüge größer wurden...

Diese Feststellungen und Beobachtungen habe ich bis zum Jahre 1938 und auch in der Folgezeit gemacht. Ich habe noch im Laufe dieser Zeit festgestellt, daß deswegen die Arbeiterschaft gegen die Regierung »eine Wut« hat. Diese Feststellungen habe ich im allgemeinen gemacht, einzelne Personen, die sich in diesem Sinne geäußert haben, kann ich nicht angeben. Diese Feststellungen habe ich in den Betrieben, wo ich gearbeitet habe, in Wirtschaften und während der Bahnfahrt gemacht. Einzelne Personen kann ich mit bestem Willen namentlich nicht angeben. Die Namen dieser Personen sind mir nicht bekannt.

In allen Aussagen achtete er stets darauf, keine Kollegen, Bekannte oder Freunde in Schwierigkeiten zu bringen. Doch bei aller Unzufriedenheit und »Wut«, die er bei Arbeitskollegen festzustellen glaubte, war ihm nicht entgangen, daß es eine Mehrheit von Jublern gab – auch in Königsbronn. Die nationale Begeisterung, die lärmende, tobende Erregung, die bis hinein in die tiefe Provinz das Volk erfaßt hatte, war

ungebrochen. Ihn jedoch ergriff sie nicht. Das Regime empfand er als verlogen, zynisch und ungerecht. Wenn im Gasthof »Hecht« die Stimme des Führers aus dem Volksempfänger plärrte, dann verließ er nach wie vor den Raum. Die
nationalen Knalleffekte mit Blitz und Blech lösten bei ihm
intuitiv starken Widerwillen aus. Ihm war, als summierten
sich unter den massenhaften »Heil«-Rufen seine Zweifel zur
Verzweiflung.

Gab es einen Ausweg? Einen privaten, einen politischen?
Seine Gedanken überrollten ihn. Tödliche Gedanken...

Zehntes Kapitel

Der Entschluß – Der Plan

Langsam fuhr der Zug im Münchener Hauptbahnhof ein. Die Zeiger sprangen gerade auf neunzehn Uhr, als unter lautem Quietschen und Fauchen die Dampflokomotive zum Stillstand kam. Auf dem Bahnsteig und in der großen Schalterhalle herrschte hektisches Gedränge. Auffallend viele Menschen trugen Parteiuniformen. Georg Elser, bekleidet mit einem dunklen Wollmantel, in der rechten Hand eine kleine Reisetasche, wirkte an diesem Abend des 8. November 1938 noch unscheinbarer als sonst. Seine schmächtige Gestalt verlor sich in der uniformierten Masse. Eilig durchquerte er die Halle, bog dann nach rechts ab, hinüber in ein Nebengebäude, über dessen Eingang weit sichtbar die Aufschrift »Quartieramt« angebracht war. Er stellte sich in die Reihe der Wartenden. Nach einer Weile konnte er eintreten.

Es befanden sich in diesem Raum einige Schalter, das Personal des Quartieramtes und das Publikum befand sich dort teils in Parteiuniform, teils in Zivil. Ob ich dort nach meinem Namen und nach meiner Herkunft befragt worden bin und ob ich gefragt worden bin, ob ich Marschteilnehmer von 1923 bin, ist mir nicht mehr in Erinnerung. Ich glaube, daß ich lediglich gefragt wurde, in welcher Gegend ich Unterkunft wünsche.

Einen diesbezüglichen Wunsch habe ich nicht geäußert. Mir wurde dort lediglich ein Zettel mit der Aufschrift: »Albanistraße, Hausnummer und Mietgeber« ausgehändigt ... Ob ich für die Unterkunft etwas bezahlen mußte, weiß ich nicht mehr. Vom Quartieramt begab ich mich unmittelbar in die Albanistraße. Nachdem ich in München keine Ortskenntnisse hatte, fuhr ich mit der Straßenbahn dorthin. Ein Straßenbahnschaffner hat mir auf Befragen die entsprechenden Auskünfte erteilt, um zu der angegebenen Wohnung zu gelangen. Nachdem ich in der bezeichneten Wohnung angelangt war, mußte ich feststellen, daß dort überhaupt keine Übernachtungsgelegenheit vorhanden war. Die Leute selbst haben sich dann meiner angenommen und haben mich einen Stock tiefer bei einer mir heute nicht mehr bekannten Familie einquartiert. Soviel ich weiß, mußte ich dort auf dem Sofa schlafen. Polizeilich habe ich mich dort gemeldet. Den Leuten habe ich auf Befragen meinen richtigen Namen Georg Elser und meinen Wohnort Königsbronn angegeben. Diesen Leuten erklärte ich, daß ich mir lediglich München ansehen möchte.

Doch Georg Elser war nicht nach München gekommen, um die bekannten Postkartenmotive aufzusuchen, ihn interessierten nicht die touristischen Ziele wie Bavaria, Frauenkirche und Hofbräuhaus. Am Morgen war er in Königsbronn in den Zug gestiegen, wissend, daß ihn der Anlaß seiner Reise Kopf und Kragen kosten könnte. Er war über Ulm in die bayerische Metropole gereist, um erste Vorbereitungen für seinen Entschluß zu treffen, die Führung zu beseitigen. Er hatte sich vorgenommen, Hitler zu töten. Er allein. Aus der Tageszeitung hatte er von dem alljährlichen Treffen der »Alten Kämpfer« im Münchener Bürgerbräukeller erfahren, und nun war er in dieser Stadt, um den Verlauf der Veranstaltung zu beobachten. *Ich wollte mich damals vergewissern, ob und welche Möglichkeiten dort vorhanden sind, meinen Entschluß in die Tat umzusetzen*, gab er später zu Protokoll.

Gegen acht Uhr abends brach Georg Elser von seiner Unterkunft in der Albanistraße auf, um zu Fuß zum Bürgerbräukeller im Stadtteil Haidhausen zu gehen. Von seinen

Quartiergebern hatte er sich zuvor den Weg dorthin beschreiben lassen. Er spazierte ein Stück an der Isar entlang, wechselte dann hinüber auf die andere Straßenseite, um durch die Rosenheimer Straße hinauf in Richtung Bürgerbräukeller zu gehen. Dort, wo rechts die Hochstraße abbiegt, war die Fahrbahn von starken Polizeieinheiten gesperrt worden, auf dem Gehsteig hatte sich eine schier endlose Menschenschlange gebildet; Leute, die keinen Einlaß mehr in den längst überfüllten Saal fanden. Nun warteten sie darauf, nach Kundgebungsschluß den einen oder anderen der NS-Prominenten bei der Abfahrt zu sehen, vielleicht sogar – wenn auch nur für Sekunden – den Führer. Georg Elser stand bis halb elf inmitten der Menschen, von denen viele in Parteiuniform erschienen waren. Danach wurde die Absperrung aufgehoben, die Masse verlief sich langsam; der Lärm der Begeisterung, unter dem die Parteiführer zuvor den Bürgerbräukeller verlassen hatten, war verhallt.

Elser ging jetzt die Rosenheimer Straße weiter hinauf, direkt auf den erleuchteten Eingang des Bürgerbräukellers zu. Im Saal verlor sich ein Häuflein Braunhemden bei der letzten Maß Bier. Über den Stühlen und Bänken lag eine stickige, dicke Luft. Kurz zuvor noch hatten fast dreitausend Nationalsozialisten der Rede des Führers gelauscht, seine Ausführungen und Haßtiraden euphorisch beklatscht. Am Ende waren die begeisterten Zuhörer in »Heil«-Rufe ausgebrochen, ihren rechten Arm dabei nach vorn in die Höhe reckend zum »deutschen Gruß«.

Das Personal war gerade damit beschäftigt, die Krüge und Gläser von den Tischen zu räumen. Wie in jedem Jahr war das Glas, aus dem der Führer während seiner Rede getrunken hatte, von den findigen Kellnern gegen Höchstgebot an eine der zahlreichen Hitler-Verehrerinnen verkauft worden, die zuvor ihrem geliebten Führer selbstvergessen durch das Küssen der großen Hakenkreuzfahne gehuldigt hatten, die von einer Säule hinter dem Rednerpult herabhing.

Georg Elser ging vom Haupteingang durch den Garderobenraum direkt in den Saal. *Ich begab mich vom Saaleingang aus bis ungefähr in die Mitte des Saales, betrachtete diesen, stellte fest, wo das Rednerpult stand und welche Ausschmückungen vorhanden waren. Auf die Galerie selbst habe ich mich nicht begeben. Betrachtungen darüber, wie man in diesem Saal am besten ein Attentat zur Ausführung bringt, habe ich dort nicht angestellt.*

Nachdem ich mir die Anlage des Saales angesehen hatte, habe ich mich von dort aus durch den Garderobenraum in das sog. »Bräustüberl« des Bürgerbräukellers begeben, wo ich mich am ersten Tisch zur Einnahme des Abendessens niederließ, schilderte er später in den Vernehmungen seine ersten Eindrücke.

Gegen Mitternacht verließ er das »Bräustüberl« und machte sich auf den Weg in seine Unterkunft. Dort begab er sich in das ihm zugewiesene Zimmer, legte sich auf das Sofa und versuchte einzuschlafen.

Ihm ging durch den Kopf, daß der Saal in keiner Weise bewacht wurde, daß keinerlei Kontrolle vorhanden und daß der Zutritt scheinbar jederzeit möglich war. Sollten die Veranstalter so leichtsinnig sein? Fühlten sie sich so sicher?

Am Morgen des 9. November verabschiedete er sich nach dem Frühstück gegen neun Uhr von seinen Quartiergebern. Für die Unterkunft bezahlte er freiwillig eine Reichsmark. Danach ging er zu Fuß auf dem ihm bereits bekannten Weg zum Bürgerbräukeller, um sich dort die Aufstellung des Marschzuges zum Gedenken der »Gefallenen der Bewegung« anzusehen. Drei Jahre zuvor hatte Hitler im Verlauf einer pompösen Feier, die seither zum Ritual geworden war, erstmals die Toten des »Marsches zur Feldherrnhalle vom 9. November 1923« geehrt. Der Architekt Ludwig Troost war damit beauftragt worden, für die sechzehn Sarkophage der »Blutzeugen« eine würdige Gedenkstätte zu entwerfen. Seither pilgerte die nationalsozialistische Gedenkprozession mit dem Führer an der Spitze alljährlich vom Bürgerbräukeller zum Königsplatz, auf dem unübersehbar zwei klassizistische Tempel als NS-Kultstätte erbaut worden waren.

Entlang der Marschstrecke übertrugen auch an diesem 9. November Lautsprecher immer wieder das Horst-Wessel-Lied, während Tausende von Nationalsozialisten mit unzähligen Fahnen und Standarten schweigend durch das Spalier der Passanten zogen. Georg Elser war beeindruckt und abgestoßen zugleich. Erstmals erlebte er hautnah die Dramaturgie eines NS-Massenspektakels. Der uniformierte Schweigemarsch wirkte wie ein endloser Beerdigungszug auf ihn. Eine Prozession ins Verderben. Deutlicher als je zuvor fühlte er seine Ablehnung, seinen Widerstand. Gedanken gingen ihm jetzt durch den Kopf, die in ihm schon seit längerem den Attentatsplan hatten reifen lassen:

Die seit 1933 in der Arbeiterschaft von mir beobachtete Unzufriedenheit und der von mir seit Herbst 1938 vermutete unvermeidliche Krieg beschäftigten stets meine Gedankengänge. Ob dies vor oder nach der Septemberkrise 1938 war, kann ich heute nicht mehr angeben. Ich stellte allein Betrachtungen an, wie man die Verhältnisse der Arbeiterschaft bessern und einen Krieg vermeiden könnte. Hierzu wurde ich von niemandem angeregt, auch wurde ich von niemandem in diesem Sinne beeinflußt. Derartige oder ähnliche Unterhaltungen habe ich nie gehört. Auch vom Moskauer Sender habe ich nie gehört, daß die deutsche Regierung und das Regime gestürzt werden müssen. Die von mir angestellten Betrachtungen zeitigten das Ergebnis, daß die Verhältnisse in Deutschland nur durch eine Beseitigung der augenblicklichen Führung geändert werden könnten. Unter der Führung verstand ich die »Obersten«, ich meine damit Hitler, Göring und Goebbels. Durch meine Überlegungen kam ich zu der Überzeugung, daß durch die Beseitigung dieser 3 Männer andere Männer an die Regierung kommen, die an das Aus-

land keine untragbaren Forderungen stellen, »die kein fremdes Land einbeziehen wollen« und die für eine Besserung der sozialen Verhältnisse der Arbeiterschaft Sorge tragen werden. An bestimmte Personen, die die Regierung übernehmen sollten, habe ich weder damals noch später gedacht. Den Nationalsozialismus wollte ich damals nicht beseitigen. Ich war davon überzeugt, daß der Nationalsozialismus die Macht in seinen Händen hatte und daß er diese nicht wieder hergeben werde. Ich war lediglich der Meinung, daß durch die Beseitigung der genannten drei Männer eine Mäßigung in der politischen Zielsetzung eintreten wird. Bestimmt kann ich angeben, daß ich nicht im geringsten an eine andere Partei oder Organisation gedacht habe, die nach einer Beseitigung der Führung das Ruder in Deutschland in die Hand genommen hätte. Auch über diesen Punkt habe ich mich mit niemandem unterhalten. Der Gedanke der Beseitigung der Führung ließ mich damals nicht mehr zur Ruhe kommen, und bereits im Herbst 1938 – es war dies vor dem November 1938 – hatte ich auf Grund der immer wieder angestellten Betrachtungen den Entschluß gefaßt, die Beseitigung der Führung selbst vorzunehmen.*

Immer wieder hatte er in den letzten Wochen über die politische Situation nachgedacht und mit seinem Freund Eugen darüber geredet. Würde es zu einem Krieg kommen? Nach dem »Münchener Abkommen« fürchtete Georg Elser einen möglichen Krieg.

»Du, Eugen«, hatte er einmal gesagt, als sie zusammen spazierengingen, »die Führung wird sich nicht damit zufriedengeben, die haben es auch auf andere Länder abgesehen.« Eugen nickte nachdenklich.

Ein anderes Mal redeten sie über die Lage der Arbeiterschaft. »Den Arbeitern geht's doch heute schlechter als vor Jahren, heut sind die Abzüge höher und die Löhne niedriger«, schimpfte Georg, und Eugen zuckte mit den Schultern und sagte: »Ja, aber was willst machen, die Arbeiter wählen doch die Nazis. Alle schimpfen, aber keiner sagt mal laut seine Meinung.«

Georg nickte zustimmend. Das waren ihre Erfahrungen. Er hatte sie immer wieder gemacht. Dort, wo er als Hilfsarbeiter in der Heidenheimer Armaturenfabrik immer deutlicher vor Augen sah, wie alle seine beruflichen Vorstellungen von Tag zu Tag mehr in eine Sackgasse gerieten.

Die Gespräche der beiden hatten viel mit ihrem alltäglichen Leben zu tun. Georgs handwerkliche Fähigkeiten waren nicht mehr gefragt, seiner einzigen Möglichkeit zur Selbstbestätigung war die Grundlage entzogen. Die Wahrnehmungen und Erfahrungen an seinem Arbeitsplatz hatten ihn zunächst mutlos, später kämpferisch werden lassen. Er, der nicht gern viele Worte um ein politisches Thema machte, der aber seine Meinung stets öffentlich äußerte, auch dann, wenn er dafür Nachteile in Kauf nehmen mußte; er, der nichts so verabscheute wie kleinlauten Opportunismus, hatte in den letzten Wochen immer deutlicher gespürt: Ich muß etwas tun. Handeln. Widerstand leisten.

Nach seiner Rückkehr aus München faßte er den festen Entschluß, seine Attentatspläne in die Realität umzusetzen. Die Vorbereitungen konnten beginnen.

In den folgenden Wochen hatte ich mir dann langsam im Kopf zurechtgelegt, daß es am besten sei, Sprengstoff in jene bestimmte Säule hinter dem Rednerpodium zu packen und diesen Sprengstoff durch irgendeine Vorrichtung zur richtigen Zeit zur Entzündung zu bringen. Wie dieser Entzündungsapparat aussehen müßte, darüber war ich mir damals noch nicht im klaren. Die Säule habe ich mir deshalb gewählt, weil die bei einer Explosion herumfliegenden Stücke die Leute am und um das Rednerpult treffen mußten. Außerdem dachte ich auch schon daran, daß vielleicht die Decke einstürzen könnte. Welche Personen allerdings um das Rednerpult bei der Veran-

staltung sitzen, wußte ich nicht. Ich wußte aber, daß Hitler spricht, und nahm an, daß in seiner nächsten Nähe die Führung sitze. Bis dahin hatte ich mich weder theoretisch noch praktisch mit dem Bau irgendeines Apparates beschäftigt, mit dem man Sprengstoff zu einer bestimmten Zeit zur Entzündung bringen könnte, schilderte er bei den späteren Vernehmungen seine ersten Überlegungen. Auch gab er zu Protokoll, wie ihm seine Tätigkeit in der Armaturenfabrik hierbei hilfreich war:

In dem Armaturenwerk in Heidenheim bestand schon bei meinem Eintritt in dieses Werk eine sogenannte »Sonderabteilung«, in der Pulverkörner gepreßt und die Geschoßzünder hergestellt wurden...

Für diese Sonderabteilung gingen im Armaturenwerk oftmals Proben und Muster von Zündern und Zünderteilen ein, die von mir für die Firma in Empfang genommen und an die einzelnen Meister in der Sonderabteilung nach Kontrolle der Sendung weitergegeben wurden. Der Eingang und die Richtigkeit dieser Sendungen wurde von mir in der Versandabteilung gebucht...

In der Abteilung Pulverpresse hatte ich die eingegangenen Kisten und Tonnen, die Pulver enthielten, an einen Arbeiter abzuliefern. Der Name dieses Arbeiters ist mir augenblicklich nicht bekannt. Ein Meister war dort nicht vorhanden. Von dort habe ich auch leere Kisten und Tonnen wieder in die Versandabteilungen mitzunehmen gehabt. Diese leeren Kisten und Tonnen wurden von mir in einen Raum im Erdgeschoß gebracht, wo sie von einem Arbeiter in Empfang genommen wurden. Bei der Aushändigung des eingegangenen bestellten Materials waren auch die beiden mir zugeteilten Gehilfen behilflich. Mit den Meistern oder einem Arbeiter, der in der Sonderabteilung beschäftigt war, war ich nicht befreundet noch näher bekannt. Ich kannte diese Leute lediglich vom Sehen. Mir hat in der Sonderabteilung auch niemand gezeigt, wie Zünder zusammengesetzt und zusammengebaut werden. *Auch habe ich nie zugesehen, wie derartige Zünder zusammengebaut wurden. Dies war von der Betriebsleitung aus verboten. Ich hatte in der Sonderabteilung lediglich das eingegangene Material abzuliefern und mich sofort wieder zu entfernen...*

Obwohl ich nicht zusehen durfte, wie Zünder montiert worden sind, habe ich doch noch verschiedene Einzelteile, die durch meine Finger gegangen sind, so z. B. die Nadeln für die Zündung, gesehen und außerdem auch öfter Zeichnungen in Händen gehabt, auf denen die genauen Maße für die Kontroll-lehren angegeben waren.

Ohne daß es aufgefallen war, gelang es Georg Elser, insgesamt zweihundert Preßstückchen Pulver zu entwenden und in seiner Dachkammer zu verstecken. *Solange ich noch zu Hause wohnte, habe ich den sich ansammelnden Vorrat an Pulver in meinem Kleiderschrank in meiner Kammer aufbewahrt. Ich hatte das Pulver in ein Papier eingewickelt, unten in den Schrank hineingelegt und das Päckchen mit Wäsche zugedeckt. Von meinen Angehörigen hat nie jemand dieses Pulver entdeckt. Ich hatte mein Zimmer immer abgeschlossen.*

Für sein Mißtrauen gab es Gründe: Schon seit Monaten hing wieder einmal der Haussegen schief. Begonnen hatte alles mit der Heirat des Bruders Leonhard, der sich später an den Anlaß der Streitereien erinnerte: *Im Jahre 1938 hatte ich mich verheiratet, und ich bekam damals mit Georg Streit, weil ich zu ihm sagte, er müsse aus dem Haus hinaus. Das Haus wurde so im Grundbuch eingetragen, daß mir ein Drittel gehörte sowie meinem Vater und meiner Mutter ebenfalls je ein Drittel. Georg hatte an dem Haus keinen Anteil, und der Streit drehte sich um finanzielle Sachen, weil ich haben wollte, daß Georg uns Miete bezahlen sollte, was er aber nicht tat.*

Am meisten litt die Mutter unter den familiären Streitereien. Einige Male bemühte sie sich um einen Ausgleich, doch

Georg lehnte ab. Er fühlte sich nach allem, was er für seine Familie in den zurückliegenden Jahren getan hatte, zurückgesetzt und benachteiligt. *So kam es, daß Georg nichts mehr gesprochen hat und nicht mehr mit uns verkehrte*, erinnerte sich später die Mutter.

Georg Elser verließ schließlich im Streit sein Elternhaus. Der Bruch war endgültig. Erst bei den Gestapo-Verhören in Berlin sollte sich die Familie wiedersehen...

Am 4. April 1939 löste Georg Elser am Schalter des Königsbronner Bahnhofs eine Fahrkarte nach Ulm. Dort stieg er in den Schnellzug nach München. Seine Reise fiel auch diesmal niemandem besonders auf. Bereits im März hatte er seine Arbeitsstelle in der Heidenheimer Armaturenfabrik gekündigt.

Der Grund dieser Kündigung lag in einem Streit, den ich mit einem Meister hatte. Es war dies der Meister der Lehrlingsabteilung namens K., der mir verschiedentlich Grobheiten gesagt hatte, die ich mir nicht gefallen ließ, weil ich ihm nicht unterstellt war. Ich sollte ein Paket, das für ihn in der Versandabteilung angekommen war, vordringlich öffnen, was meines Erachtens nicht notwendig war. Es war nicht so, daß ich etwa diese Firma nur deswegen verlassen habe, weil ich befürchtete, dort nicht genügend Sprengstoff stehlen zu können. Die Kündigung wurde von dem Betriebsleiter nicht angenommen. Er wurde um diese Zeit krank, und ich wandte mich daraufhin an seinen Stellvertreter, der mir nach wiederholten Vorsprachen nach einigen Tagen meine Papiere ausgehändigt hat.

Zu Hause etwas von seiner Reise zu erzählen, dazu bestand für ihn kein Anlaß. Sobald er aus München zurück wäre, so nahm er sich vor, würde er endgültig aus dem Elternhaus ausziehen. Selbst mit seinem Freund Eugen sprach er nicht darüber – weder von seinen Plänen noch von seinen Vorbereitungen. Und mit Elsa?

In den zurückliegenden Wochen hatte er den Kontakt zu ihr sehr eingeschränkt. War es die mangelnde Zeit, hatte er das Interesse an ihrer Person verloren oder erkannte er wieder einmal die Perspektivlosigkeit, die in ihrer Beziehung lag? Zog er sich deshalb zurück, um Elsa nicht in Dinge hineinzuziehen, die sie ohnehin nicht verstehen würde? Wer aber würde ihn überhaupt verstehen?

Vor wenigen Tagen hatte er in seiner Dachkammer damit begonnen, erste Skizzen eines Sprengkörpers anzufertigen: *Als ich mir die ungefähre Konstruktion des Apparates im Kopf zurechtgelegt hatte*, sagte er später aus, *stellte ich fest, daß es notwendig sei, die genauen Maße der Säule, in der ich den Apparat anbringen wollte, zu haben.* Also mußte er erneut nach München. Dort mietete er sich in einer Gastwirtschaft in der Nähe des Rosenheimer Platzes unter richtigem Namen ein.

Der stille Gast fiel niemandem sonderlich auf. Morgens nahm er in der Ecke des Wirtsraumes allein sein Frühstück ein, danach verschwand er, um erst spät am Abend wieder zurückzukehren. Die Wirtsleute schenkten ihm kaum Beachtung. Warum auch? Solange ein Gast sein Zimmer bezahlte und sich ruhig verhielt, war er willkommen, und man fragte nicht nach seinem Woher oder Wohin. Die Übernachtungskosten von zwei Reichsmark hatte der etwas schüchtern wirkende Gast für acht Tage im voraus bezahlt – und damit gehörte der wortkarge Mann zu jenen Kunden, die den Wirtsleuten am allerliebsten waren.

Georg Elser hatte viel zu tun. Am zweiten Tag nach seiner Ankunft in München ging er wiederum hinüber zum Bürgerbräukeller, um notwendige Handskizzen anzufertigen. Die Türen zum Saal standen auch diesmal offen.

Zu überlegen, wo ich meinen Sprengkörper anbringen würde, brauchte ich mir nicht mehr. Ich war mir bereits darüber im klaren, daß ich dies oberhalb des Galerieabsatzes tun würde. Ich begab mich deshalb damals sofort auf die Galerie, und zwar, soviel ich mich erinnern kann, auf dem kürzesten Wege über die Treppe links des Einganges. Auf der Galerie habe ich dann die Maße der in Frage kommenden Säule mit einem mitgebrachten zusammenklappbaren Meterstab abgemessen und die Umrißmaße in meinem Notizbuch eingetragen, d. h., ich habe eine kleine Handskizze in meinem Notizbuch gemacht und an dieser Skizze die Maße vermerkt. Ich glaube nicht, daß sich damals jemand außer mir in dem Saal befunden hat, wenigstens kann ich mich nicht entsinnen, jemand gesehen zu haben. Den Saal habe ich durch den Hauptausgang wieder verlassen. Insgesamt dürfte ich mich ungefähr 5 Minuten darin aufgehalten haben.

Dann ging er hinüber ins »Bräustüberl«, das sich links neben dem Haupteingang befand, und bestellte sich eine Tasse Kaffee. Nach kurzer Zeit setzte sich der Hausbursche an Elsers Tisch, um eine Mahlzeit einzunehmen. Die beiden kamen ins Gespräch. Der Hausbursche erzählte ihm, daß er demnächst zum Militär müsse, wonach er sich nun wirklich nicht dränge, denn auf diese Weise verliere er sicher seine Stelle. Georg Elser nickte nachdenklich. Ihm kam der Gedanke, daß es zur Vorbereitung des Attentats günstig wäre, wenn er die frei werdende Stelle bekommen könnte. »Kann ich nicht Hausbursche werden?« fragte er seinen jungen Tischnachbarn, der überrascht versprach, den Direktor danach zu fragen.

Auf dem Rückweg in seine Unterkunft ging es Elser durch den Kopf: Das wäre ein Glück – die Stelle. Ich könnt' ja eine Menge Geld sparen. Sicher, ich hab' durch den Verkauf von Holz, einigen Werkzeugen, meiner Baßgeige und den Ersparnissen aus der Zeit in der Heidenheimer Armaturenfabrik beinah' vierhundert Reichsmark gespart, aber ich muß gut haushalten. Mit der Stelle könnt' ich mir in München die Übernachtungskosten sparen und noch etwas dazuverdienen...

Täglich ging nun Georg Elser ins »Bräustüberl«, nahm dort seine Mahlzeit ein, überprüfte anschließend, ob die Türen zum Saal geöffnet waren, ob sich Leute darin aufhielten. Sah er den Hausburschen, erinnerte er ihn an dessen Zusage, den Direktor fragen zu wollen. Als er ihm am fünften Tag noch immer keine Auskunft wegen der Stelle geben konnte, entschloß sich Georg Elser, selbst den Direktor zu fragen.

Der war sehr erstaunt zu hören, daß sein Hausbursche einen Gestellungsbefehl habe, und hat offenbar, im Anschluß an seine Unterhaltung mit mir, dem Hausburschen einen Krach gemacht, weil er ihm noch nichts gesagt hatte. Der Hausbursche erzählte mir dies danach und schimpfte mit mir, daß ich den Direktor gefragt hatte, ohne ihm vorher etwas gesagt zu haben. Wieder später kam der Direktor an meinen Tisch, als ich wieder gerade mal im Bürgerbräukeller saß, und sagte mir, daß es wahrscheinlich mit meiner Anstellung nichts werde, weil er hoffe, daß sein Hausbursche zurückgestellt werde. Daraufhin habe ich mich noch einige Male mit dem Hausburschen über diese Frage unterhalten, ihn auch mehrmals zu einem Glas Bier eingeladen und ihm schließlich 20,– RM und später schriftlich 50,– RM versprochen, wenn er mir die Stelle vermittle – für den Fall, daß er doch zum Militär einrücken müßte, gab er in seinen Vernehmungen zu Protokoll.

Der junge Hausbursche wunderte sich ohnehin: »Warum ist dir denn die Stelle so wichtig?« fragte er ihn bei ihrem letzten Zusammentreffen, und Georg Elser erzählte ihm, es sei schon immer sein großer Wunsch gewesen, nach München zu ziehen. Der Hausbursche gab sich mit der Antwort zufrieden.

Am 12. April fuhr Georg Elser mit dem Zug in der dritten Klasse nach Königsbronn zurück. Er hatte sich alles verschafft, was er sich vorgenommen hatte: brauchbare Handskizzen mit den genauen Maßen, dazu einige Fotoaufnahmen von der Säule und dem Saalinneren. Den Film wollte er gleich nach der Ankunft in Heidenheim zu einem ihm bekannten Fotografen bringen.

Im Mai 1939 zog Georg Elser nach Schnaitheim, wo er bei der Familie Sauler als Untermieter Quartier nahm, deren Tochter Maria er in der Heidenheimer Firma kennengelernt hatte. Beide verband seither eine herzliche Freundschaft, die dem Verhältnis mit Elsa bald heimliche Konkurrenz machte. Elsa wiederum, mittlerweile geschieden von ihrem Mann, lebte nun endgültig mit ihren beiden Kindern in Jebenhausen bei den Eltern.

Bei den Saulers fühlte sich Georg wohl. Sie akzeptierten einerseits seine zurückgezogene Art, doch luden sie ihn dennoch immer wieder ein, am familiären Leben teilzunehmen. An manchem Abend, freilich selten genug, nahm Georg die Einladung zum Abendessen gerne an. Dann saßen sie gemeinsam in der Küche, spielten Karten, plauderten miteinander oder hörten Radio, auch sogenannte Feindsender.

Der Apparat stand dort in der Küche. Mit diesem Apparat haben wir, d. h. wer eben gerade in der Küche war, den Straßburger Sender öfter gehört. Ebenso einen Schweizer Sender. Abends, wenn die Familie im Bett war, habe ich dann noch manchesmal allein den Moskauer Sender eingeschaltet und deutsche Sendungen gehört. Auch auf diesem Apparat war der Name »Moskau« nicht verzeichnet. Andere Sender mit Ausnahme deutscher Rundfunksender und vielleicht auch ein- oder zweimal eines englischen Senders habe ich dort nicht gehört. Den Freiheitssender 29. 8. oder andere Sender dieser Art kenne ich nicht. Im Familienkreis wurde dann auch über den Inhalt der Sendungen gesprochen. Auf Einzelheiten dieser Unterhaltungen kann ich mich heute nicht mehr besinnen. Es ist mir aber noch erinnerlich, daß bestimmte Nachrichten, die offensichtlich falsche waren, von uns abgelehnt wurden. Über andere hat man sich unterhalten, ob sie vielleicht richtig sein könnten.

Die Saulers mochten ihren Untermieter. Mit ihm ließ sich angenehm reden, er besaß ihr Vertrauen. Im Keller des Hauses hatte er sich eine kleine Werkstatt eingerichtet, in der er abends zurückgezogen arbeitete. Als sie ihn einmal fragten, was er denn da unten »herumwerkele«, antwortete er geheimnisvoll: »Ich arbeite an einer Erfindung, und die muß bis zu ihrer Patentierung unbedingt geheimgehalten werden.« Die Hausleute staunten ungläubig: Der Georg ein Erfinder? Zuzutrauen war ihm alles...

Georg Elser lebte während dieser Zeit noch zurückgezogener als zuvor. Sein ganzes Leben ordnete er den intensiven Attentatsvorbereitungen unter. Im Mittelpunkt stand sein Plan – die Bombe.

Vier Wochen bevor er nach Schnaitheim gezogen war, hatte er sich gezielt um eine Anstellung in einem Königsbronner Steinbruch beworben, da er wußte, daß dort mit Sprengstoff gearbeitet wurde.

Der Hauptgrund, warum ich mich dort um Arbeit bewarb, war der, daß ich mir dort Pulver für den geplanten Anschlag beschaffen konnte, gestand er in seinen Vernehmungen. Er bekam eine Anstellung als Hilfsarbeiter. Stundenlohn: 0,70 Reichsmark.

Im April 1939 stellte ich Elser auf sein Ansuchen hin ein. Elser war seinerzeit arbeitslos, und ich benötigte dringend Leute in meinem Steinbruch. Elser interessierte sich außergewöhnlich für die Sprengtechnik. Bei einem Gespräch mit ihm erfuhr ich, daß er Aussicht habe, in München in absehbarer Zeit eine Stellung in seinem Beruf zu bekommen, erinnerte sich Jahre danach der Steinbruchbesitzer.

Direkt mit Sprengarbeiten war Georg Elser nicht beschäftigt, doch konnte er oft genug beobachten, wie die Vorbereitungen dazu getroffen wurden, und weitaus wichtiger: Er sah, daß der Sprengstoff, völlig unzureichend nur durch ein Türschloß gesichert, in einem kleinen Betonhäuschen aufbewahrt wurde.

Bereits in der ersten Woche ging ich daran, mir Sprengstoff widerrechtlich anzueignen. Das erste Mal geschah dies, als in der Nähe meines Arbeitsplatzes Sprengungen vorgenommen wurden. Häufig war es so, daß mehr Sprengstoff aus dem Betonhäuschen geholt wurde, als zu den Sprengungen erforderlich war. Wieviel Sprengstoff zu den Sprengungen erforderlich war, konnte immer erst an Ort und Stelle festgestellt werden. Den zuviel geholten Sprengstoff hat er an den Stellen, die sich etwas entfernt von den zu sprengenden Stücken befanden, hinterlegt. Es handelte sich oftmals um 5 oder 8 oder 2 Sprengpatronen, die unbeaufsichtigt dort gelegen waren. Wenn dies von mir beobachtet war, habe ich mich eigens dorthin begeben und mir stets eine Patrone angeeignet, die ich mir in die Tasche gesteckt habe. Vorher hatte ich mich stets davon vergewissert, daß mich niemand dabei beobachtet hat. Dies habe ich ungefähr achtmal gemacht. Es war dies stets während der Arbeitszeit. Aufgefallen ist offenbar dieser Diebstahl nie...

In der Folgezeit drang Elser mehrere Male gewaltsam nachts in das Sprengstoff-Depot ein und entwendete größere Mengen Sprengstoff und Sprengkapseln, mehr, als er für den Anschlag benötigen sollte. Das Schloß des Betonhäuschens öffnete er mit alten Schlüsseln, die noch aus dem elterlichen Anwesen in Königsbronn stammten und die er für diesen Zweck zugefeilt hatte.

In den späteren Gestapo-Vernehmungen danach befragt, schilderte er detailliert den Ablauf eines seiner nächtlichen Einbrüche:

Nachdem ich die Türe zu dem Häuschen geöffnet hatte, begab ich mich in das Innere. Ich schaltete die von mir mitgebrachte Taschenlampe ein und stellte fest, daß sich in dem Häuschen zwei Holzkisten befanden, etwa 80 cm lang und 25–30 cm breit und ungefähr 35 cm hoch. Beide Kisten waren angebrochen und noch bis zur Hälfte mit Sprengstoffpatronen gefüllt. Die Patronen in der einen Kiste hatten den Aufdruck

»Donarit«, ferner war eine Zahl aufgedruckt, die mir nicht in Erinnerung ist, vermutlich war es die Zahl I. Die Patronen in der anderen Kiste hatten den Aufdruck »Gelantine«, bestimmt kann ich dies jedoch nicht angeben. Die Patronen waren nochmals in Kartons verpackt mit je 20 bis 25 Stück und so in die Kisten eingelegt.

An diesem Tage, an dem ich zum ersten Mal in diesem Häuschen war, nahm ich ein derartiges Paket mit ungefähr 20 Patronen an mich. Ob es sich um »Donarit-« oder »Gelantine-Patronen« handelte, weiß ich nicht mehr. Anschließend habe ich das Häuschen verlassen, die Türe habe ich mit dem gleichen Schlüssel zugesperrt und mich mit den Patronen nach Hause begeben.

Den gestohlenen Sprengstoff versteckte Georg Elser in einem Koffer, den er in seinem Zimmer, direkt neben dem Bett, aufbewahrte. Stets schloß er den Koffer ab, den Schlüssel trug er bei sich. Es war ein besonderer Koffer: Bei äußerer Betrachtung unauffällig, enthielt er zwei Geheimfächer sowie einen Doppelboden. Als Georg Wochen zuvor abends in seiner kleinen Werkstatt damit beschäftigt gewesen war, die Geheimfächer anzubringen, hatte Maria ihn dabei überrascht.

»Was tüftelst du denn da an dem Koffer?« hatte sie ihn verwundert gefragt.

»Ich bewahre darin Zeichnungen für meine Erfindung auf«, hatte er – zunächst erschrocken und irritiert – sich beeilt, eine plausible Erklärung zu geben.

Maria gab sich damals mit der Antwort zufrieden; vielleicht hörte sie sich deshalb halbwegs glaubwürdig an, weil er schon zuvor des öfteren der Familie von seiner »Erfindung« erzählt hatte.

Die nächtlichen Diebstähle im Sprengstoff-Depot blieben unentdeckt, da im Steinbruch weder über den Kauf noch über den Verbrauch der Sprengmaterialien Buch geführt wurde und somit niemand über die tatsächlichen Lagerbestände Bescheid wußte – eine Tatsache, die dem Steinbruchbesitzer nach dem Attentat eine mehr als einjährige Haftstrafe wegen Verstoßes gegen die Sicherheitsbestimmungen zur Aufbewahrung von Sprengstoff einbringen sollte.

Vielleicht war das der Grund dafür, daß er in seinen Vernehmungen eine Verschwörungstheorie in die Welt setzte, mit der er Georg Elser als Mitglied eines Komplotts darzustellen versuchte. In den Aussageprotokollen des Steinbruchbesitzers trat nämlich ein Mann in Erscheinung, der einst Königsbronn verlassen hatte und danach in der Schweiz zu einem vermögenden Mann geworden war. Sein Name lautete Karl Kuch. Für den Steinbruchbesitzer galt er als undurchsichtiger Spion mit allerlei Querverbindungen. In seinen Augen war er es, der Georg Elser dazu anstiftete, den Anschlag in München auszuführen:

Der Georg Elser war sehr gut bekannt mit dem »Karl Kuch«, der war Schweizer. Der Schweizer kam ein- oder zweimal im Jahr nach Königsbronn zur Erholung. Erwiesenermaßen war der Schweizer aber ein Spion. Er hat auch von hiesigen Geschäftsleuten verbotenerweise Geld in die Schweiz transferiert. Der Elser und der Schweizer haben unter dem Vorwand, der Elser mache Transportkisten, eine sehr enge Verbindung gehabt.

Der Kuch war mit meiner ersten Frau sehr gut bekannt. Er war im Mai–Juni 1939 (vor Pfingsten) längere Zeit in Königsbronn. Er erschien auch mal bei mir in meiner Wohnung und stellte mir einen Lederbeutel, der aussah wie eine Verkaufstasche, auf den Tisch und sagte zu mir: »Du bist ein blöder Kerl. Mit deinem ganzen Steinbruch verdienst du bei weitem nicht das, was ich verdiene. Da schau mal her, das verdiene ich!« Dabei zeigte er mir einen Beutel voll Juwelen in allen Arten, Ringe, Broschen usw.

Ich sagte ihm dann, daß ich mein Geld nicht auf seine Weise verdienen wolle, und darauf sagte der Kuch: »Ich weiß, du bist Nationalsozialist und hast kein Interesse an den politi-

schen Geschehnissen, aber es gibt auch noch andere Leute. Wir haben ein Interesse, daß innerhalb Deutschlands etwas geschieht. Es kann nicht sein, die Diktatur von Hitler darf nicht aufrecht erhalten werden. Der Hitler wird in diesem Herbst noch einen Krieg anfangen. Aber damit wird er keine große Freude haben, denn wir werden den Hitler noch in diesem Jahr erledigen!«

Um weitere Legenden bemüht, gab er noch eine Erinnerung zu Protokoll:

Der Kuch war dann noch längere Zeit in Königsbronn, und am Abend vor Pfingsten hat er eine Abschiedsfeier veranstaltet (1939). Er hat auch mich eingeladen, ich konnte aber nicht kommen, weil ich eine anderweitige geschäftliche Verabredung hatte. Ich habe dann erfahren, daß diese Feier im »Hirsch« ziemlich lange gedauert hat und daß dann noch ein Abstecher nach Aalen in die Bahnhofswirtschaft gemacht wurde. Dort wurde noch Kaffee getrunken, und dabei soll der Kellner an den Kuch herangetreten sein und habe ihm ein Telegramm gezeigt. Daraufhin hat Kuch fluchtartig die Bahnhofswirtschaft verlassen und ist mit seiner Frau nach Königsbronn zurückgefahren. Zwischen Oberkochen und Königsbronn ist er dann gegen einen Baum gefahren und war tot.

Eigenartigerweise hat mein Chauffeur diesen Unfall beobachten können. Er ist sofort zu dem verunglückten Wagen gesprungen und hat zuerst die Frau Kuch aus dem Wagen gezogen, dann Herrn Kuch. Dabei hat ihn der Kuch gefragt: »Ist die Gestapo schon hier?«

Hinter dem Autounfall, das versuchte der Steinbruchbesitzer mit seinen Aussagen zu suggerieren, vermutete er ominöse Drahtzieher. Vielleicht ein Komplott, hinter dem letztlich die Gestapo selbst stand?

Für ihn war klar: Kuch hatte in der Schweiz Verbindungen zu Hitlergegnern aufgenommen, die nichts gegen den Nationalsozialismus, viel aber gegen die Kriegspläne des Führers hatten; Elser, der Mann, der bei ihm im Steinbruch beschäftigt war und dessen Sprengstoffdiebstahl ihn ins Gefängnis brachte, dieser Elser war nur der Handlanger. Er führte den Auftrag aus ...

An der Richtigkeit der Behauptung, daß Elser mit Kuch überhaupt in Kontakt gestanden habe und die beiden gar gemeinsame Attentatspläne gehegt hätten, äußerte später Georgs Bruder Leonhard seine Zweifel:

Herr Kuch aus Königsbronn war mir vom Sehen bekannt. Er war gebürtiger Königsbronner, hat aber in der Schweiz gelebt. Kuch kam des öfteren besuchsweise nach Königsbronn, und es ist mir auch in Erinnerung, daß Kuch auch noch im Jahre 1939 hier in Königsbronn einige Zeit auf Besuch weilte. Ob mein Bruder Georg mit diesem Kuch befreundet war, bzw. ob er mit ihm irgendeine Verbindung hatte, ist mir nicht bekannt. Mit Bestimmtheit kann ich sagen, daß Kuch nie in unser Haus kam, um Georg hier aufzusuchen. Georg hat auch nie davon gesprochen oder erwähnt, daß er mit dem Kuch bekannt sei oder irgendwelche Geschäfte mit diesem habe. Auch später nach dem Attentat und nach dem Umsturz im Jahre 1945 habe ich nie etwas davon gehört, daß dieser Kuch meinen Bruder Georg zu dem Attentat angestiftet haben soll.

Sollte Georg Elser, der mit keinem Menschen, nicht einmal mit seiner Freundin Elsa oder mit Eugen Rau, über seine Attentatspläne sprach, ausgerechnet mit dem ihm nur flüchtig bekannten Kuch darüber reden?

Die Komplott-Theorie entsprang offensichtlich der Phantasie des Steinbruchbesitzers, der, immer noch zutiefst gekränkt darüber, daß er ungerechterweise eine Haftstrafe in Stuttgart hatte verbüßen müssen, in den Vernehmungen seinen Vermutungen und wirren Gedankenspielen freien Lauf ließ und seine eigenen Theorien konstruierte.

Nur drei Wochen hatte Georg Elser damals in seinem Betrieb gearbeitet; am 16. Mai 1939 mußte er sich in ärztliche Behandlung begeben, da ihm ein großer Stein auf den Fuß gefallen war. Diagnose: Knochenbruch. Mit einem Gipsverband, der vom Fuß bis eine Handbreit über den Knöchel reichte, lag Georg Elser die Tage nach dem Unfall auf dem Sofa, das in der Küche seiner Hausleute stand. Seine eingeschränkte Invalidität gab ihm einerseits die Möglichkeit, mehr als in den Wochen zuvor wieder am Familienleben der Saulers teilzunehmen, mit ihnen zu essen, mit ihnen darüber zu reden, wie wohl die Zukunft des nationalsozialistischen Deutschlands aussehen werde, ob es nur noch eine Frage der Zeit sei, bis ein Krieg ausbreche. Andererseits fand er jetzt genügend Zeit, um den technischen Fragen nachzugehen, die es bei der Herstellung der Höllenmaschine zu lösen galt. In seinem Verhör gab er dazu an:

Während der Tätigkeit im Steinbruch und auch schon etwas vorher waren meine Vorbereitungen für den Anschlag auch sonst weiter gediehen. Nachdem ich mir durch meine Osterreise nach München die Maße der Säule verschafft hatte, konnte ich mir zuerst rein zeichnerisch über die Konstruktion meines Apparates klarwerden. Stundenlang bin ich an einzelnen Tagen über Skizzen, die ich immer selbst fertigte, gesessen und habe mir die Möglichkeit einer Sprengwirkung überlegt, d. h. wie der Apparat aussehen könnte.

Schon vorher wußte ich natürlich, daß man mit Pulver sprengen könne. Im Steinbruch hatte ich dies genau gesehen und hatte auch beobachtet, daß man den Sprengstoff möglichst tief anbringen mußte. Außerdem hatte ich gesehen, daß man zur Entzündung des Sprengstoffes Sprengkapseln gebrauchte. Da ich bei meinem Anschlag keine Zündschnur verwenden konnte, weil ich ja nicht nebenhin stehen konnte, um diese anzuzünden, mußte ich eine andere Möglichkeit finden, die Sprengkapseln zur Entzündung zu bringen. Obwohl ich ein Gewehr innen noch nie gesehen hatte, konnte ich mir doch vorstellen, daß beim Abschuß eines Gewehres eine Feder entspannt und ein Schlag gegen den Patronenboden bewirkt werde.

Mein nächster Gedanke war also, mit Hilfe von Gewehr-
munition die Zündung der Sprengkapseln zu bewirken. Ich
ging deshalb mal wieder mit dem Fahrrad von S. (mein eige-
nes hatte ich ja inzwischen längst verkauft) nach Heidenheim
in ein Geschäft, in dem Fahrräder repariert und verkauft,
Nähmaschinen, Gewehre, Fahrradzubehörteile und Muni-
tion verkauft werden. Der Name des Inhabers dieses Geschäf-
tes ist mir nicht bekannt. Ich kann auch die genaue Anschrift
nicht angeben, bin aber in der Lage zu beschreiben, wo sich
das Geschäft befindet. Es liegt in einer Querstraße der Adolf-
Hitler-Straße, ganz nahe beim Eckhaus des Drehermeisters P.
In diesem Laden verlangte ich einfach Gewehrmunition. Der
Mann, der mich bediente, vermutlich der Inhaber (ca. 45
Jahre alt, klein, untersetzt), fragte mich nach dem Kaliber. Ich
ließ mir daraufhin sagen, was er denn alles habe. Er nannte
einige Kaliber von 6 mm bis 9 mm. Daraufhin ließ ich mir,
weil mir die größten am besten erschienen, eine volle Blech-
schachtel mit 25 oder 50 Stück 9-mm-Patronen geben. Wel-
chen Preis ich bezahlt habe, weiß ich nicht mehr. Der Verkäu-
fer fragte mich weder nach einem Jagd- noch nach einem
Waffenschein, noch zu welchem Zweck ich die Munition ha-
ben wollte. Die Patronen, die er mir gab, hatten eine ungefähr
1 cm lange Hülse, auf die eine Bleikugel (vollkommen rund)
aufgesetzt war. Dieser Kauf der Munition fiel in den Monat
Juni oder Juli. Genauer kann ich diesen Zeitpunkt nicht mehr
angeben.

Am 22. Juli 1939 wurde Georg Elser vom Arzt wieder ar-
beitsfähig geschrieben, doch für ihn war längst beschlossene
Sache, daß er nicht in den Steinbruch zurückkehren würde.
Von da an habe ich nur noch für die Vorbereitung meines
Anschlags gelebt, gab er später zu Protokoll.

Um zu prüfen, ob die gekauften Gewehrpatronen eine
Sprengkapsel auch zur Entzündung bringen können, hatte er
ein Modell gebaut, das er, in einer alten Ledertasche ver-

steckt, auf dem Gepäckträger seines Fahrrades hinaus in den Obstgarten seiner Eltern transportierte.

Es war ein heißer Julivormittag, als man unten in Königsbronn mehrere Male explosionsartige Schläge hörte. »Sicherlich kommt es vom Steinbruch drüben«, sagten die Leute in der Umgebung.

Georg Elser war mit seinen Versuchen zufrieden. Später sagte er: *Nachdem es geknallt hatte, habe ich festgestellt, daß das eine Holzklötzchen, in das ich Patronenhülse und Sprengkapsel zusammengeschoben hatte, auseinandergerissen worden war. Damit hatte ich den Nachweis, daß auf diese Weise eine Sprengkapsel auch ohne Zündschnur zur Entzündung gebracht werden konnte ... Erst als der Versuch drei- oder viermal hintereinander gelungen war, gab ich mich zufrieden. Das einmalige Explodieren der Sprengkapsel hätte mir als Beweis dafür, daß sie mit Hilfe einer Patrone zur Entzündung gebracht werden kann, nicht genügt.*

Am Abend zog er sich in seine Schnaitheimer Kammer zurück. Auf dem Tisch lagen zahllose Skizzen, daneben das von ihm gefertigte Modell, eine eigenartig wirkende Konstruktion. Auf den ersten Blick sah sie aus wie ein dilettantisches Monstrum, doch dahinter verbarg sich ein genau durchdachtes und ausgeklügeltes System.

Auf einem Brett sind zwei Holzklötzchen fest aufmontiert. Beide Klötzchen sind in derselben Richtung waagrecht durchbohrt. In diesen Bohrungen sitzt ein zylindrischer Holzstab fest, auf den eine Spiralfeder aufgeschoben ist. Diese Spiralfeder schlägt auf einer Seite an einem festen Holzklötzchen an. Auf der anderen Seite liegt sie an einem dritten Holzklötzchen, das in einer Bohrung lose über den Holzstab geschoben ist und zwischen den beiden festen Holzklötzchen bewegt werden kann. Mit diesem dritten Holzklötzchen, das auf einer Seite mit einem Nagel versehen ist, kann die Feder gespannt werden. Gegenüber von diesem Nagel befindet sich an einem der festen Klötzchen eine weitere kleinere Bohrung, in die die Patronenhülse der Gewehrmunition und in dieselbe *hineinragend eine Sprengkapsel geschoben werden kann.* Mit diesen Worten beschrieb ein Gestapo-Mann später das Modell, als Georg Elser dazu aufgefordert worden war, seine Konstruktion noch einmal vor den Augen der Vernehmungsbeamten zu skizzieren.

Immer wieder versuchte Elser an diesem Juliabend, seine Überlegungen praktisch zeichnerisch zu lösen. Das schwierigste Problem bestand in der Frage, wie er die Zündung zu einer genau vorausbestimmten Zeit auslösen konnte. Skizze um Skizze entstand, immer neue Varianten, immer genauere Konstruktionen, ausgefeiltere Details. Bis tief in die Nacht saß er am Tisch, wachgehalten vom Ehrgeiz, auch hier eine praktikable Lösung zu finden.

Es war mir von Anfang an klar, daß ich dazu ein Uhrwerk benützen würde. Ich habe immer einige Werke für Tischuhren mit Gongschlag zu Hause gehabt. Ich habe nämlich seit Jahren solche Uhrwerke von der Firma B. Ri. in Villingen/ Schwarzwald bezogen. Zu den Uhrwerken habe ich dann in meiner Freizeit schon immer Uhrengehäuse in allen möglichen Formen selbst gefertigt, gebeizt, mattiert oder poliert, die Uhrwerke eingebaut und die fertigen Tischuhren dann an Bekannte verkauft oder auch verschenkt. Ich erinnere mich auch, daß ich noch von einer anderen Firma, die mir aber im Augenblick nicht einfällt, für diesen Zweck Uhrwerke bezogen habe. Vielleicht etwa 4 solcher Uhrwerke habe ich damals beim Ausscheiden aus der Firma R. in Meersburg im Frühjahr 1932 dort mitgenommen. Als R. nämlich in Rückstand mit seinen Lohnzahlungen kam, habe ich mir von ihm wenigstens statt Bargeld irgendwelches Material ausgebeten. Er hat mir dann die 4 oder 5 Uhrwerke gegeben. Außerdem erhielt ich noch ein halbfertiges Standuhrengehäuse sowie noch einige andere Werkzeuge, die aber zu meiner späteren Tat in keinerlei Beziehung stehen. Ich hatte damals an die Fa. R. noch Lohnansprüche in Höhe von 176,– RM. Außerhalb des Kon-

kursverfahrens hat mir R. diese Dinge in einem Vergleich übereignet.

Die Art der Übertragung der Uhrbewegung auf meinen Zündmechanismus hatte ich mir ursprünglich anders gedacht, als ich ihn schließlich in der Tat ausführte. Ursprünglich, d. h., ehe ich zur Tatausführung nach München fuhr, wollte ich die Bewegung der Uhr mit Hilfe eines Autowinker-Mechanismus und einer Batterie mit der Zündvorrichtung so koppeln, daß zur bestimmten Zeit der Anschlag magnetisch ausgehoben und so der Eisenklotz mit den Zündstiften durch die Feder- spannung vorschnellen kann. Ich habe deshalb eine Batterie und 3 Autowinker, von denen ich nur einen gebraucht hätte, damals mit nach München genommen.

Kurz bevor er nach München aufbrechen wollte, hatte ihn überraschend eine fiebrige Magengrippe vier Tage lang zur Bettruhe gezwungen. Seine Hausleute pflegten ihn fürsorg- lich, vor allem Maria, die recht traurig darüber war, als Georg ihr erzählte, daß er nun nach München gehen wolle. Eine Stelle als Schreiner sei ihm dort angeboten worden, da könne er nicht nein sagen, zumal er eigentlich schon immer mal nach München übersiedeln wollte. Auch Maria träumte davon, einmal Schnaitheim zu verlassen. Hinaus in eine große Stadt, in eine »Weltstadt« wie München – das wäre etwas. Doch letztlich fehlte es ihr dann doch an Mut. Hier auf der Alb war sie aufgewachsen, hier hatte sie Wurzeln geschlagen, fühlte sie sich zu Hause. Den Georg bewunderte sie wegen seiner Entschlußkraft: Er zog nach München, brach zu neuen Ufern auf.

Georg Elser knüpfte andere Gedanken an München: Würde der Anschlag gelingen? Würde es möglich sein, unbemerkt die Höllenmaschine in eine der Säulen einzu- bauen?

Er war nervös. In den Tagen zuvor hatte er bereits alle überflüssigen Skizzen verbrannt, in seiner kleinen Werkstatt alle möglichen Spuren verwischt. Er dachte an München, an den Bürgerbräukeller, an den 8. November...

Vielleicht waren ihm die Gedanken auf den Magen geschlagen? Gerade als er damit begonnen hatte, alles, was er glaubte, für die Tatvorbereitung und die Ausführung zu brauchen, in Kisten zu verpacken, hatten ihn Schwindelgefühle überfallen, und es flimmerte vor seinen Augen. Kurz darauf hatte er Fieber bekommen. Erst einen Tag vor seiner Abfahrt aus Schnaitheim hatte er schließlich Zeit gefunden, das Material in die Geheimfächer und den Doppelboden seines Holzkoffers zu verstauen. Hinzu kamen zwei weitere Kisten, in denen sein Werkzeug untergebracht war und die ihm von seinen Hausleuten nach München nachgeschickt werden sollten.

Hatte er auch nichts vergessen? Noch einmal ging er am Abend vor seiner Abreise die Liste mit Gegenständen und Geräten sorgfältig durch:
250 Preßblättchen Schwarzpulver,
150 Sprengpatronen
mehr als 100 Sprengkapseln,
5 Uhrwerke,
1 Batterie;
außerdem mehrere Hämmer, Meißel, Zangen und Bohrer und verschiedene Holzwerkzeuge.

Am 5. August war es schließlich soweit: Georg Elser hob seinen Holzkoffer vorsichtig ins Gepäcknetz, darüber einen weiteren Koffer, in dem sich Kleider, Wäsche und persönliche Gegenstände befanden.

Er öffnete das Zugfenster und lehnte sich hinaus. »Also, mach's gut. Ich werde dir einmal schreiben. Und noch einmal – vielen Dank für alles.«

Der Zug setzte sich langsam in Bewegung. Am Bahnsteig stand Maria und hatte Tränen in den Augen. Solange er Maria sehen konnte, winkte Georg aus dem offenen Fenster. Sie

erwiderte verhalten gestikulierend seine stummen Abschieds-
grüße. Danach schloß er das Fenster.

Sein Blick verlor sich in der vorüberziehenden Landschaft.
War es ein Abschied für immer? Er wußte, es gab kein Zurück.

Elftes Kapitel

Die Nächte im Saal

Der Bürgerbräusaal lag im Dunkeln. Nur die Notbeleuchtung tauchte die Umrisse in spärliches Licht. Es
roch nach abgestandenem Bier, Zigarettendunst und Staub.
Eine penetrante Mischung. Erni Magerl ging wie an jedem
Abend um diese Zeit von der »Bräustüberl«-Küche durch den
Korridor hinüber zu einer der breiten Holztüren, die unter
der Galerie in den Saal führten. Der Schein ihrer Taschenlampe gab das Signal für die Saalkatzen: Von überallher sto-
ben die hungrigen Tiere herbei, scharten sich um den Teller
und schlangen gierig die Küchenreste in sich hinein. Seit mehr
als zehn Jahren arbeitete Erni Magerl nun schon als Zigarren-
frau im Bürgerbräu, und ebenso lange war es her, seit sie es
übernahm, die »Saalkatzl« allabendlich, jeweils kurz bevor
sie Feierabend hatte, zu füttern. Sie tat das gerne. In den
zurückliegenden Jahren hatte sie zu den Tieren eine geradezu
persönliche Beziehung bekommen; einigen von ihnen hatte
sie Namen gegeben und dafür gesorgt, daß ein Teil der neuge-
borenen Katzen in gute Hände kam, damit die Anzahl der
Saalkatzen in einem angemessenen Verhältnis zur Größe des
Saales stand.

Es war gegen halb elf, als ein ungewohntes Geräusch Erni
Magerl aufschrecken ließ. Kam es von der Galerie? War da
jemand? Für einen Augenblick hielt sie inne, lauschte in die
Stille hinein.

Vielleicht ein Betrunkener? Mit schnellen Schritten ging sie zurück zur Tür, um nach dem Hausmeister zu rufen. »Des ham mir gleich«, beruhigte der herbeieilende Xaver Hartgruber die Kollegin. Er, ein etwas untersetzter, fast rundlicher Mann von beinahe fünfzig Jahren, gehörte – so witzelten die Kellner gerne – längst zum »Inventar«. Daß Xaver Hartgruber Hausmeister des Bürgerbräukellers war, empfand er als »Berufsehre«; er, selbst Parteigänger, war stolz darauf, daß sich in »seinem« Saal jährlich die »Alten Kämpfer« trafen. Mit leuchtenden Augen erzählte er jedem unaufgefordert von dem »großen Augenblick«, als der Führer ihm einmal nach der Veranstaltung persönlich die Hand gedrückt hatte. Ein Foto habe er davon, zu Hause stehe es im Wohnzimmerschrank. Hartgruber war ein korrekter, ein national gesinnter – ein »deutscher« Hausmeister.

Gegen elf Uhr betrat er die Galerie. Der Schein seiner Taschenlampe leuchtete an der rückwärtigen Front entlang, doch konnte er nichts entdecken. Hier oben war nichts Auffälliges, kein Geräusch. Er vernahm keinen Laut. Kopfschüttelnd verließ Xaver Hartgruber die Galerie über den hinteren Treppenaufgang. Wie an jedem Abend um diese Zeit machte er sich daran, die Türen zum Saal zu schließen.

Georg Elser atmete erleichtert auf. Sein Herz pochte stark. Langsam tastete er sich aus seinem dunklen Raum, in dem er sich seit mehr als einer halben Stunde versteckt hatte; ein Abstellraum, gefüllt mit leeren Pappschachteln, dessen Eingang lediglich durch eine spanische Wand zur Galerie hin verdeckt war. Noch einmal blieb er stehen, horchte angestrengt, um sich zu vergewissern, daß sich tatsächlich niemand mehr im Saal befand. Erst dann schlich er aus seinem Versteck.

Es waren nur wenige Schritte hinüber zur Säule, vor deren Fußende er sich nun kniete und behutsam einen Teil der Holzvertäfelung öffnete. Die unauffällige Konstruktion, an der er in den letzten drei Nächten bis in die frühen Morgenstunden unter dem Schein seiner Taschenlampe gearbeitet hatte, erleichterte ihm sein weiteres Vorgehen. In dieser Nacht wollte er mit dem Aushöhlen der Säule beginnen, einer ebenso harten wie langwierigen Arbeit. Behutsam legte er den Maurermeißel an. Der Verputz ließ sich ohne Schwierigkeiten lösen, Zentimeter für Zentimeter. Für den Ablauf der gesamten Vorbereitungen hatte er sich einen zeitlichen Plan zurechtgelegt. Viele Nächte, das wußte er, lagen noch vor ihm.

Vor einer Woche war er in München angekommen. Gleich nach der Ankunft ließ er sich mit seinen Koffern von einem Dienstmann zur Blumenstraße transportieren, wo er bei einer Familie Baumann Quartier bezog. Von ihnen hatte er zuvor ein Angebot auf sein Inserat in der »Münchener Zeitung« erhalten, das er vor Wochen von Schnaitheim aus aufgegeben hatte. Das Zimmer im zweiten Stock war nicht gerade preiswert: 35 Reichsmark Monatsmiete, hinzu kamen 20 Reichsmark für das Frühstück. Trotzdem hatte er zugesagt. Die Zeit wurde knapp, er mußte nach München. Sein Entschluß drängte auf Umsetzung.

Die Baumanns waren zugängliche Leute von freundlichem Naturell und in keiner Weise aufdringlich. Erst zwei Tage nach seiner Ankunft fragten sie ihren Untermieter, was er eigentlich in München mache, und Georg Elser erzählte ihnen, daß er hier sei, um einen Polierkurs zu besuchen, denn dies sei eine sinnvolle Ergänzung für seinen Beruf als Schreiner.

Daß Georg Elser in den ersten Tagen lediglich zur Einnahme der Mahlzeiten sein Zimmer verließ und häufig nachts unterwegs war, fiel ihnen zwar auf, doch anscheinend weckte es bei ihnen keinerlei Argwohn.

Auf Befragen teilte ich ihnen mit, daß ich nachts an meiner Erfindung studiere und daß ich mich deswegen im Freien auf einer Bank aufhalte. Um welche Erfindung es sich handelte, das schien die Baumanns nicht sonderlich zu interessieren.

Weitere diesbezügliche Fragen wurden nicht an mich gestellt, äußerte sich Georg Elser später über seine Vermieter.

Sein Tagesablauf verlief nach Plan: Nach dem Frühstück zog er sich in sein Zimmer zurück, um weitere Skizzen und Zeichnungen anzufertigen. Es ging dabei um noch ungeklärte Details seiner Höllenmaschine. Am Nachmittag half er gelegentlich Frau Baumann beim Einkaufen, oder er ruhte sich auf dem Sofa für sein nächtliches Arbeiten aus. Gegen 19 Uhr verließ er sein Zimmer in der Blumenstraße in Richtung Bürgerbräukeller.

An den Tagen, an denen ich nachts im Bürgerbräukeller gearbeitet habe, begab ich mich jedesmal zwischen 20–22 Uhr in den Wirtschaftsraum des Bürgerbräukellers, um dort mein Abendbrot einzunehmen. Ich nahm dort regelmäßig an dem mittleren Tisch des Wirtschaftsraumes Platz, aß nach der Karte und habe jedesmal ein Glas Bier getrunken... Gegen 22 Uhr habe ich dort durchwegs bezahlt. Ich verließ anschließend den Wirtschaftsraum, begab mich von da aus durch den Garderobenraum in den nicht verschlossenen Saal. Im Saal brannte anfangs die Notbeleuchtung, später, d. h. nach Kriegsbeginn, war dort keine Beleuchtung mehr eingeschaltet. Um diese Zeit fiel dorthin lediglich der Lichtschein, der aus der Küche und aus dem Garderobenraum kam. In dem erwähnten Versteck hielt ich mich solange auf, bis der Saal abgesperrt worden war.

Bereits am vierten Abend nach seiner Ankunft in München hatte Elser mit den ersten Arbeiten begonnen, wie er später zu Protokoll gab:

Zuerst löste ich vorsichtig den Holzstab an der Sockelleiste der Holzverkleidung an der Säule, dann den oberen Profilstab an der Holzverkleidung ab, d. h., ich mußte von dem Sockelbrett den am oberen Teil dieses Brettes angefrästen Profilstab, der also mit dem übrigen Brett aus einem Stück bestanden hatte, abstechen. Der obere Profilstab war nur eine

Leiste, die ich ohne weiteres lösen konnte. Dadurch konnte ich ein Teilbrett der Säulenverkleidung so aussägen, daß nach Wiederanbringung der Leisten keine Sägeschnittstellen zu sehen waren. Dieses zugeschnittene Brett richtete ich zu einer Türe ein, daß ich es im Säulenwinkel durch ein je nach oben und unten angebrachtes Zapfenband drehbar machte. Die andere Längsseite des Türenbrettes fiel deswegen nicht auf, weil sie sich mit einer natürlichen Fuge, an welche überall Profilstäbe angefräst waren, deckte. An dieser Türe brachte ich innen einen Riegel an. Diesen Riegel konnte ich, ohne daß ich irgendwelche Leisten oder Profilstäbe entfernte, jeweils mit einem flachen Messer, mit dem ich in die natürliche, vertikal verlaufende Fuge einfahren konnte, öffnen. Natürlich mußte ich, um den Riegel von außen bewegen zu können, die sogenannte Feder, d. h. den vorspringenden Teil an dem Nachbarbrett, der unter dem Profilstab des abmontierten Bretts in dasselbe hineinragte, abstechen.

Zur Anfertigung der Türe brauchte ich ungefähr drei Nächte. So konnte ich aber immer sofort mit meiner Arbeit beginnen, wenn ich nur die Türe geöffnet hatte, und brauchte nach Schluß einer Nachtarbeit nur die Türe zu verschließen, um eine Tätigkeit im Innern der Säule vollständig zu verbergen. Selbst wenn jemand die Säule tagsüber ganz genau betrachtet hätte, würde er an ihr keinerlei Veränderung bemerkt haben. Meine Arbeitsstelle war nicht mit Tischen oder Stühlen verstellt, solche standen allerdings direkt daneben.

Anschließend begann Georg Elser damit, die seitlichen Fugen auszubrechen, um die Backsteine Stück für Stück zu lösen. Eine mühselige Arbeit. Er kam nur langsam voran, da er, um möglichst geräuschlos zu arbeiten, sehr vorsichtig zu Werke gehen mußte.

Die Backsteine konnte ich nur dadurch entfernen, daß ich in die mit hartem Mörtel ausgefüllten Backsteinfugen mittels Bohrwinde und Meißelbohrer nahe beieinanderliegende Lö-

cher bohrte, den stehengebliebenen Mörtel mit dem Meißel ausbrach und dann die Backsteine mittels längerem Meißel stückweise herausbrach. Da in dem Mörtel ziemlich grobe Steine enthalten waren, die jedesmal, wenn auf sie der Bohrer traf, richtig krachten, habe ich, um den Schall etwas abzudämmen, ein Stück Tuch um den hinteren Teil des Bohrers gewickelt und bei der Arbeit fest gegen den Stein gedrückt. Ich wollte so den Schall etwas abhalten, da der kleinste Laut in dem leeren Saal bei Nacht ziemlich stark widerhallte. Ich mußte überhaupt sehr vorsichtig zu Werke gehen, und deshalb hat die Arbeit auch so lange gedauert. Ich mußte bei jedem Brechen und bei jeder Drehung des Bohrers aufpassen, möglichst kein Geräusch zu verursachen.

Dabei kam ihm zu Hilfe, daß in den Toilettenanlagen des Bürgerbräukellers alle zehn Minuten die automatische Spülung einsetzte. Die wenigen Sekunden, in denen der Spülapparat die Stille unterbrach, nutzte er für einige kräftige Meißelschläge. Kniend, immer wieder mit den Händen in den größer werdenden Hohlraum tastend, arbeitete er stundenlang im schwachen Schein seiner Taschenlampe, die er – um das Licht zusätzlich zu verdunkeln – mit einem Taschentuch bedeckt hatte.

Den beim Ausbrechen entstandenen Schutt, das Bohrmehl und die Steine fing er in einem Sack auf, den er aus einem Handtuch selbst gefertigt hatte und den er an einem Drahtring hängend in die Öffnung der Säule klemmte. *Wenn der Sack voll war, er war verhältnismäßig klein, habe ich den Inhalt in einen Pappkarton, der mit einem Pappdeckel zu verschließen war, geleert. Diesen Karton ließ ich immer in meinem Versteck auf der Galerie bei den dort stehenden anderen Schachteln stehen.*

In dieser Nacht arbeitete Georg Elser bis halb drei, danach legte er sein Werkzeug in die Säulenöffnung, schloß die Wandverkleidung und wischte die neben den Sack gefallenen Schutt- und Staubreste säuberlich auf. Er ging hinüber in sein

Versteck, zog seine blaue Arbeitshose aus, die er während der Arbeit an der Säule über der Straßenbekleidung trug, und legte sie in einer Ecke des Raumes ab. Vor Müdigkeit fielen ihm die Augen zu. Er versuchte, auf dem Boden einige Stunden lang zu schlafen, doch es gelang ihm nicht. So wartete er bis zum Morgen. Wie immer wurden die Saaltüren zwischen sieben und acht Uhr geöffnet. Danach verließ er den Saal entweder durch den Garderobenraum oder durch den rückwärtigen Ausgang. Zu Hause zog er sich übermüdet in sein Zimmer zurück und schlief sofort ein.

Erst am Nachmittag verließ er mit einem braunen Handkoffer wieder die Wohnung. Zu Fuß ging er zum Bürgerbräu. Über den hinteren Eingang wollte er sein Versteck aufsuchen, um den mittlerweile angehäuften Mauerschutt unauffällig aus dem Versteck zu holen. Ungehindert konnte er auch diesmal den Saal betreten. Nach wenigen Minuten verließ er mit dem gefüllten Koffer den Bürgerbräu und ging hinunter zu den Anlagen hinter dem Volksbad, wo er im Flußbett der Isar den Schutt abkippte. Er nahm sich vor, auf die gleiche Weise den Schutt auch in den kommenden Wochen aus dem Saal zu entfernen.

Danach kehrte er in die Blumenstraße zurück. Er hatte zu tun: *Während ich nachts im Saal des Bürgerbräukellers arbeitete, habe ich tagsüber mich mit der endgültigen genauen Konstruktion meiner Maschine und dem Bau derselben beschäftigt.*

Eine komplizierte Konstruktion: Zwei eingebaute Uhren sollten die drei Sprengladungen zu einem vorausberechneten Zeitpunkt zur Explosion bringen. Immer wieder hatte er über den Plänen gesessen, Details verworfen, verbessert, überprüft. Schließlich sollte ihm seine Höllenmaschine dermaßen perfekt gelingen, daß ihre Funktionsweise später selbst die Gestapo in Erstaunen versetzte.

Nichts überließ Elser dem Zufall, alles durchdachte er. Ein weiteres Beispiel seiner Akribie: Während seiner Arbeiten im

Bürgerbräu fand eine Reihe von Tanzveranstaltungen im Saal statt, der für diesen Zweck häufig geschmückt wurde. Um zu verhindern, daß beim Einschlagen von Nägeln in die Säulenverkleidung der Hohlraum entdeckt werden könnte, schlug er die Tür an der Holzverschalung innen mit einem zwei Millimeter starken Eisenblech aus. So konnte auch bei einem eventuellen Abklopfen der Säule niemand den Hohlraum entdecken.

Trotz aller Vorsichtsmaßnahmen wurde er schließlich doch einmal beim Verlassen seines Verstecks von einem Mann überrascht.

Dieser Mann wollte in meinem Versteck eine Pappschachtel holen und bemerkte mich dabei. Nachdem er eine Schachtel an sich genommen hatte, ging er, ohne irgend etwas zu mir zu sagen, weg und kam anschließend mit dem Direktor auf die Galerie. Der Mann kam dorthin von links und der Direktor von rechts. In der Zwischenzeit hatte ich mein Versteck verlassen und an einem Tisch auf der östlichen Galerie Platz genommen, wo ich pro forma einen Brief schrieb. Auf Befragen des Direktors erklärte ich ihm, daß ich an einem Oberschenkel einen Furunkel habe, den ich mir ausdrücken möchte. Auf sein Befragen, was ich in dem rückwärtigen Raum gemacht hätte, gab ich ihm an, daß ich dort das Öffnen des Furunkels habe vornehmen wollen. Ferner sagte ich ihm, daß ich an dem Tisch einen Brief aufsetzen wollte. Der Direktor forderte mich lediglich auf, den Brief im Garten zu schreiben, nachdem ich auf der Galerie nichts zu suchen hätte. Ich habe mich darauf in den Garten des Bürgerbräukellers begeben, wo ich, um keinen Verdacht zu erregen, Kaffee getrunken habe. Es war der gleiche Direktor, mit dem ich bereits zu Ostern 1939 dort gesprochen habe.

Doch der Direktor schien sich nicht mehr an Georg Elsers Gesicht zu erinnern, nicht mehr daran, daß er wegen dieses Mannes einst seinen Hausburschen gemahnt hatte, sich aus Personalangelegenheiten herauszuhalten. Damals – das war, als Georg Elser versucht hatte, die Stelle als Hausbursche zu bekommen. Von dem Hausburschen hatte er nie mehr etwas gehört.

Zu Hause in seinem Zimmer der Baumannschen Wohnung war Georg Elser vor solchen unangenehmen, ja für seine Pläne ausgesprochen gefährlichen Überraschungen sicher. Trotzdem kündigte er Ende August sein Quartier bei den Baumanns. Am 1. September, einem Freitag, bezog er ein anderes Zimmer bei der Familie Lehmann im Stadtteil Schwabing, Türkenstraße 94.

Auf dieses Zimmer wurde ich durch ein Inserat in den »Münchener Neuesten Nachrichten« aufmerksam, das ich Ende August 1939 dort einsetzen ließ. Die Familie L. war mir damals, wie auch früher die Familie B., gänzlich unbekannt. Dort hatte ich ein kleines Zimmer, wofür ich 17,50 RM ohne Frühstück bezahlen mußte. Auch dort habe ich mich polizeilich unter meinen richtigen Personalien angemeldet. Auch der Familie L. gab ich auf Befragen Auskunft über meine Herkunft und über meinen Beruf. Auch diesen teilte ich mit, daß ich an einer Erfindung arbeite und daß ich mich deswegen nach München begeben habe. Näheres über diese Erfindung gab ich auch hier nicht an. Auch dort habe ich mich tagsüber die meiste Zeit im Zimmer aufgehalten. Ich habe dieses Zimmer ebenfalls nur zur Einnahme des Mittagessens und des Abendessens und zur Verrichtung der Vorarbeiten im Bürgerbräukeller, die nur zur Nachtzeit vorgenommen wurden, verlassen. Hier und da begab ich mich auch zur Familie B., wo ich Holz gespalten habe. Dafür erhielt ich Mittag-, Abendessen und noch etwas Trinkgeld. Zu dem Umzug habe ich ebenfalls einen Dienstmann, der mir unbekannt ist, in Anspruch genommen. Auch dort hielt ich meinen Holzkoffer ständig versperrt, so daß niemand in denselben Einsicht nehmen konnte.

Am selben Tag, als Georg Elser bei der Familie Lehmann einzog, begann um zehn Uhr vormittags im Berliner Reichstag eine Sitzung, auf der Hitler – in Soldatenuniform – den ohne vorherige Kriegserklärung erfolgten Angriff auf Polen legitimierte.

In seiner Rede, die von allen deutschen Sendern übertragen wurde, vermied Hitler das Wort »Krieg«. Ziel des Einmarsches in Polen sei allein die Lösung der Probleme von Danzig und die Schaffung eines »polnischen Korridors«. Seinen Angriff auf Polen rechtfertigte Hitler mit dem Überfall polnischer Soldaten auf den Sender Gleiwitz – der in Wirklichkeit von SD-Beamten in polnischer Uniform fingiert war.

Auch bei der Familie Lehmann in der Schwabinger Türkenstraße plärrte die Stimme des Führers an diesem Vormittag aus dem Volksempfänger:

Abgeordnete, Männer des Deutschen Reichstages. Seit Monaten leiden wir alle unter der Qual eines Problems, das uns einst das Versailler Diktat beschert hat und das nunmehr in seiner Ausartung und Entartung unerträglich geworden war. Danzig war und ist eine deutsche Stadt. Der Korridor war und ist deutsch...

Ich habe mich daher nun entschlossen, mit Polen in der gleichen Sprache zu reden, die Polen seit Monaten gegen uns anwendet...

Polen hat nun heute nacht zum ersten Mal auf unserem eigenen Territorium auch durch reguläre Soldaten geschossen. Seit 5.45 Uhr wird jetzt zurückgeschossen.

Hitler log, doch das deutsche Volk brach in »Sieg-Heil«-Rufe aus. Von Krieg sprach fast niemand, erst recht nicht von einem Angriff auf Polen; es ging allein um den »aktiven Schutz des Reiches«, wie der Überfall in einem Wehrmachtsbericht genannt wurde. Auch das Reichspropaganda-Ministerium hatte die Parole ausgegeben: »Keine Überschriften, in denen das Wort Krieg vorkommt.« Die gleichgeschaltete Presse folgte dieser Linie.

Georg Elser war an diesem Tag damit beschäftigt, seine Koffer in dem neuen Zimmer auszupacken. Seinen großen Holzkoffer, in dem sich neben mehreren Uhrwerken, Uhrgewichten und einer Granathülse die gesammelten Preßstücke Pulver, die Sprengkapseln und Patronen, verschiedene Kabel und Schrauben, darunter im Doppelboden schließlich die letzte detaillierte Zeichnung seiner Höllenmaschine, befanden, schob er ungeöffnet unter sein Bett. Den Schlüssel des Holzkoffers trug er wie immer bei sich. Über den Wohnungswechsel war er froh. Hier hatte er mehr Platz zum Basteln, mußte nicht, wie in dem Zimmer bei den Baumanns, auf die edlen Möbel Rücksicht nehmen. Das Zimmer war zwar schlicht und funktional eingerichtet, doch für seine Pläne reichte es aus – und schließlich war der Mietpreis hier nur halb so hoch wie in der Blumenstraße.

Georg Elser legte sich auf das schmale Bett und blickte durch das große Fenster hinaus in den Hof. Die Rede Hitlers, die er nur kurz hatte mit anhören können, ging ihm durch den Kopf. Einmarsch in Polen? Das war der Anfang – das war der Krieg. In diesem Augenblick war er mehr als je zuvor von der Notwendigkeit seines Attentats überzeugt. Es mußte gelingen, nur so war diese kriegslüsterne Führung zu beseitigen, nur auf diese Weise ein Krieg zu verhindern.

Schon die nächsten Tage bestätigten seine Prognosen. Am 3. September übergab Botschafter Robert Coulondre die französische Kriegserklärung an Reichsaußenminister Joachim von Ribbentrop. Damit befand sich Frankreich im Kriegszustand mit dem Deutschen Reich. Zuvor war in Berlin bereits eine Note der britischen Regierung überreicht worden, in der mit Erfüllung der britischen Verpflichtungen gegenüber Polen gedroht wurde, sofern die Deutschen nicht bereit wären, *ihre Truppen unverzüglich aus polnischem Gebiet zurückzuziehen.*

Der Einmarsch in Polen und die Kriegserklärungen Frankreichs und Großbritanniens veränderten das Alltagsleben im

Deutschen Reich schlagartig. Schon ab dem 1. September war die vollständige Verdunkelung angeordnet und die Bevölkerung dazu aufgerufen worden, bei Fliegeralarm die Luftschutzkeller aufzusuchen. Noch fielen keine Bomben auf die Städte, noch waren es nur britische und französische Propagandaflugblätter.

Seit den ersten Septembertagen drohten jedem, der Feindsender hörte, Zuchthaus oder Todesstrafe, weil – so argwöhnte die NS-Führung – jedes Wort dazu bestimmt sei, »dem deutschen Volke Schaden zuzufügen«. Vor allem für die politisch und rassistisch Verfolgten bedeutete der Kriegsausbruch neue, immer stärkere Repressionen: Juden mußten abendliche Ausgehverbote beachten, im Sommer ab 21 Uhr, im Winter ab 20 Uhr; zahlreiche Gewerkschafter, Sozialdemokraten und Kommunisten wurden als »Staatsfeinde« verhaftet. Wer öffentlich am deutschen Sieg zweifelte, konnte auf Anordnung des Chefs der Sicherheitspolizei und des Sicherheitsdienstes (SD), Reinhard Heydrich, »liquidiert« werden. Doch die Nationalsozialisten brauchten sich nicht zu sorgen: Noch jubelte die Mehrheit des deutschen Volkes, noch richtete es den Arm zum Hitlergruß – noch gab es »ein Volk, ein Reich, ein Führer«.

Georg Elser war in diesen Nächten damit beschäftigt, den Hohlraum der Säule voranzubringen, damit er endlich genaue Maße bekam, um die letzten Arbeiten an seiner Höllenmaschine abschließen zu können. Dazu brauchte er die Hilfe von Handwerkern, bei denen er unter dem Vorwand, an einer Erfindung zu arbeiten, mehrere kleine Arbeiten in Auftrag gab oder Material kaufte. Zu Karl Bröger, einem Schreinermeister, in dessen nahe gelegener Werkstatt Elser das Gehäuse seiner Höllenmaschine bauen konnte, entwickelte sich ein engerer Kontakt. Später erinnerte er sich: *Er hat mich natürlich im Laufe der Zeit öfter gefragt, an was ich denn arbeite oder zu was ich denn das eine oder andere brauche. Ich*

sagte ihm immer, das gäbe eine Erfindung. Auf seine weiteren
Fragen sagte ich ihm, das sei vorerst geheim. Auf eine spätere
Frage von ihm, ob das, was ich mache, denn so ein Uhrwerk
gäbe, das morgens beim Wecken gleichzeitig auch das Licht
anzünde, sagte ich: »Ja, so ähnlich!«

Bei seinen Vermietern, den Eheleuten Lehmann, be-
schränkte Georg Elser seinen Kontakt auf das Notwendigste.
Auch sie hatten sich mittlerweile an die etwas sonderbaren
Gepflogenheiten ihres Untermieters gewöhnt: dessen Eigen-
art, ständig sein Zimmer zu verschließen, die Tatsache, daß er
nachts nie zu Hause war. Es mußte tatsächlich eine unge-
wöhnliche »Erfindung« sein, woran ihr wortkarger Untermieter arbeitete. »Vielleicht ist er gar kein Erfinder, sondern
ein Spinner«, sagte Herr Lehmann, ein praktisch denkender
Mann, der das Tapezierhandwerk ausübte. »Aber er zahlt
immer pünktlich seine Miete, ist freundlich und hilfsbereit«,
entgegnete ihm seine Frau. Beide schüttelten den Kopf. Aus
diesem Georg Elser wurden sie nicht schlau...

Anfang Oktober, als er einige Tage im Bett verbringen
mußte, weil sein rechtes Knie stark angeschwollen und vereitert war, hatte Frau Lehmann ihn gepflegt, und Georg hatte
darüber gestöhnt, daß durch die Krankheit der Zeitplan für
die Vorarbeiten an seiner Erfindung durcheinanderkäme.
Richtig nervös sei er gewesen, erzählte sie ihrem Mann. Als
Elser dann Mitte des Monats zum 1. November mit dem
Hinweis, er ginge wieder zurück in die Heimat, sein Zimmer
kündigte, waren die Lehmanns der Meinung, dies habe mit
der »Erfindung« zu tun. Vielleicht, so dachten sie, war ihr
Untermieter damit nicht fertig geworden. »Der hat sich übernommen, und jetzt ist ihm das Geld ausgegangen«, spottete
Herr Lehmann.

An diesem Samstag nachmittag, es war der 28. Oktober, lag
Georg Elser auf dem Bett seines Zimmers und dachte an Elsa.
Nur zwei Briefe hatte er ihr aus München geschrieben, we-
nige Zeilen nur, Belangloses obendrein. Auf ihre Briefe hatte

er nicht geantwortet. Er wußte, es gab keine gemeinsame Zukunft für sie. Vor ihm lag das Attentat, die letzten entscheidenden Vorbereitungen dazu, da war kein Platz für Elsa. War da überhaupt noch Platz für einen Menschen?

Selbst zu seinem Freund Eugen war der Kontakt verlorengegangen. Das letzte Mal hatte er ihn im Juli in Königsbronn gesehen. Damals traf er ihn mit seiner Frau, und sie sprachen über seine Pläne, nach München zu gehen. Auch über Politik redeten sie kurz, über die Nazis, die Führung. Man müsse die Führung abschaffen, war ihm damals über die Lippen gerutscht, und Eugen hatte ihn überrascht angeschaut. Seitdem hatten sie sich nicht mehr gesehen. Einmal, im September, schickte er Eugen einen Brief mit seiner Münchener Adresse und der Bitte, diese seinem Vater weiterzugeben. Um zu verhindern, daß seine Mutter oder sein Bruder Leonhard seine Anschrift erfuhr, wollte er sie ihm nicht direkt nach Hause schicken.

Trotz der schwierigen und oft demütigenden Erfahrungen, die er mit seinem Vater in den zurückliegenden Jahren gemacht hatte, fühlte er sich seit den Streitereien um das Hauserbe zu ihm hingezogen. Er war es, der für ihn Partei ergriff, als er das Haus verlassen sollte. Zu seiner Mutter und zu seinem Bruder Leonhard hatte er jeglichen Kontakt abgebrochen. Allein zu seiner Schwester Maria, die mit ihrem Mann und ihrem kleinen Sohn in Stuttgart lebte, hielt er Verbindung. Vor wenigen Tagen noch hatte er ihr einen kurzen Brief geschrieben:

Liebe Schwester, Karl und Franzle!
Wie geht es Euch. Ich werde Euch wahrscheinlich anfangs November einen Besuch abstatten. Bitte schreibe mir, ob Du folgende Gegenstände brauchen kannst: Anzüge, Hemden, Socken, Pullover, Photoapparat, 2 Paar Schuhe, mein Schreinerhandwerkzeug, Schirm, 3 Hüte. Bitte schreibe mir sofort, ob Du Verwendung dafür hast. Es grüßt Dich herzlichst
Georg.

Schon nach wenigen Tagen erhielt er Antwort: *Über Deinen Brief bin ich erstaunt. Ich verstehe diesen Brief nicht. Ich freue mich, daß du mich besuchst.* Die Sachen kann man heutzutage notwendig brauchen, schrieb seine Schwester und fragte erstaunt: *Gehst Du zum Militär oder ins Ausland?*

»Ins Ausland . . .« sinnierte Georg Elser, als er die Zeilen überflog. »Bis dahin ist es noch eine lange Zeit. Erst das Attentat – dann die Flucht.«

Es ging gegen Abend zu. Er fühlte sich einsam. Er lebte in einer Stadt, die ihm fremd war und in der er niemanden kannte. Über die psychische Belastung, die aus der Isolation während seiner Attentatsvorbereitungen entstand, konnte er mit niemandem reden. Er war allein. In der letzten Woche hatte er sogar nach langer Zeit wieder erstmals einen Gottesdienst besucht.

Im Laufe des Jahres ging ich wieder öfter in die Kirche, nämlich bis heute vielleicht seit Jahresbeginn ungefähr dreißigmal. Ich bin in letzter Zeit auch öfters werktags in eine katholische Kirche gegangen, wenn gerade keine evangelische Kirche da war, um dort mein Vaterunser zu beten. Es spielt meines Erachtens keine Rolle, ob man dies in einer evangelischen oder katholischen Kirche tut. Ich gebe zu, daß diese häufigen Kirchenbesuche und dieses häufige Beten insofern mit meiner Tat, die mich innerlich beschäftigte, in Zusammenhang standen, als ich bestimmt nicht soviel gebetet hätte, wenn ich die Tat nicht vorbereitet bzw. geplant hätte. Es ist schon so, daß ich nach einem Gebet immer wieder etwas beruhigter war.

Mit Hilfe seiner anerzogenen Frömmigkeit war es ihm möglich, Kraft für sein Vorhaben zu schöpfen. Nein, ein religiöser Mensch war er nicht, doch sein Weltbild war vom christlichen Glauben stark geprägt. *Ich glaube, daß die ganze Welt und auch das menschliche Leben von Gott geschaffen wurden. Ich glaube auch, daß sich nichts in der Welt abspielt, von dem Gott nichts weiß. Die Menschen werden wohl einen freien Lauf haben, aber Gott kann sich dreinmischen, wann er will,* sagte er später in seinen Vernehmungen.

Daß Gott sich in dieser Zeit nicht einmischte, daß er untätig blieb und den Krieg nicht einfach beendete, daß er eine diktatorische Führung und einen grausamen Unrechtsstaat duldete, brachte Georg Elser in Konflikte. Seine religiösen Wertmaßstäbe brachen an der sozialen und politischen Wirklichkeit. Gab es nicht ein Widerstandsrecht? Nicht die Pflicht, einen Tyrannen wie Hitler zu töten?

Seine Zweifel schob er beiseite. *Wenn ich gefragt werde, ob ich die von mir begangene Tat als Sünde im Sinne der protestantischen Lehre betrachte, so möchte ich sagen, »im tieferen Sinne, nein!« Ich glaube an ein Weiterleben der Seele nach dem Tode und ich glaubte auch, daß ich einmal in den Himmel kommen würde, wenn ich noch Gelegenheit gehabt hätte, durch mein ferneres Leben zu beweisen, daß ich Gutes wollte. Ich wollte ja auch durch meine Tat ein noch größeres Blutvergießen verhindern,* äußerte er sich später. Trotzdem ist seinen Äußerungen zu entnehmen, daß er sich lange mit dem Gedanken quälte, vielleicht den Tod unschuldiger Menschen in Kauf nehmen zu müssen. Würde die Bombe tatsächlich Hitler treffen, die Führung?

Es war dunkel geworden, als Elser zum Bürgerbräu aufbrach. Gegen halb neun betrat er das »Bräustüberl«, bestellte sich – wie an den Abenden zuvor – seine Mahlzeit und begab sich gegen halb elf durch den Garderobenraum in den Saal. Er ging hinauf auf die Galerie, um in dieser Nacht die letzten Arbeiten an dem Hohlraum, den er in die Säule gemeißelt hatte, zu verrichten.

Die voraufgegangenen Nächte hatte er bis in die frühen Morgenstunden an der Öffnung gearbeitet. Er mußte die Zeit aufholen, die er wegen seines lädierten Knies verloren hatte. Auch jetzt noch schmerzte es. Abwechselnd hockend und kniend entfernte er den letzten Schutt aus der Säule. Er war froh, die lauten Meißelarbeiten längst erledigt zu haben, denn seit Kriegsbeginn war eine Luftschutzwache im kleinen unteren Saal, dem »Alt-Münchener-Saal«, untergebracht, und so mußte er besonders leise und unauffällig vorgehen. Doch die letzten Mauerarbeiten stellten kein Problem mehr dar. Jetzt konnte die Höllenmaschine eingebaut werden.

Um 6.30 Uhr verließ er sein Versteck wie gewohnt durch den rückwärtigen Ausgang in Richtung Kellerstraße. Keinem fiel der kleine Mann im dunkelblauen Kammgarnanzug, in schwarzen Halbschuhen und kaffeebraunem Pullover auf.

Beim Verlassen des Saales habe ich, um mich nicht irgendwie verdächtig zu machen, keinerlei besondere Vorsicht angewandt. Ich habe den Saal stets nur auf die angegebene Weise betreten und verlassen, eingestiegen bin ich nie, erklärte Elser später auf Befragen.

Es war ein Mittwoch, der erste Novembertag, als Georg Elser sich von den Lehmanns verabschiedete. Seine Sachen hatte er zusammengepackt, um sie in der Werkstatt von Karl Bröger unterzustellen, dessen Schreinerei nur wenige Häuser weiter unten in der Türkenstraße in einem Hinterhaus lag. Seine restliche Habe, drei Koffer und Kisten, gefüllt mit Wäsche und Werkzeug, brachte er zum Hauptbahnhof, um sie an seine Schwester Maria nach Stuttgart zu schicken, die er vor seiner Flucht in die Schweiz noch besuchen wollte.

Am Abend begann Georg Elser mit den letzten, den entscheidenden Vorbereitungen. *Als ich alles zusammengebaut und die Einzelteile einschließlich der Uhren auf ihre Wirksamkeit und Funktionieren mehrmals ausprobiert hatte, ohne natürlich Zündhütchen und Sprengkapseln oder gar Sprengstoff einzusetzen, habe ich am Abend die Sprengstoffbehälter zu Hause mit dem Sprengstoff, d. h. nur mit Schwarzpulver, gefüllt, die Deckel zugeschraubt, in die Bohrung die Sprengkapsel eingesetzt und diese Sprengstoffbehälter sowie den Zündapparat in meinen Handkoffer gepackt und so in den »Bürgerbräu-Saal« verbracht...*

Auf der Galerie des Bürgerbräukeller-Saales öffnete ich auf die übliche Weise und unter dem Schein meiner mit blauem Taschentuch verhängten Taschenlampe die Tür zu dem von mir geschaffenen Hohlraum. In die hinterste Ecke dieses Hohlraumes legte ich zuerst die Granathülse, um die ich bereits zu Hause schon auch den Bandeisenrahmen gezogen hatte. Auf der Granathülse hatte ich auch bereits zu Hause schon mit einem Blechstreifen eines der gefüllten Uhrengewichte befestigt, so daß dieser zweite Sprengstoffbehälter auf der Granathülse lag.

In der nächsten Nacht füllte er den Sprengstoff in die Behälter ein; ebenfalls brachte er das übriggebliebene Schwarzpulver sowie die restlichen Sprengpatronen in dem Hohlraum unter. Wiederum blieb er unbeobachtet.

Am Abend des 3. November schließlich packte er die Uhren in Packpapier, verschnürte sie sorgfältig und ging zu Fuß zum Bürgerbräukeller. Doch es gab unerwartete Komplikationen: Die Saaltüren waren aus irgendeinem Grund verschlossen. Wohin nun? Da auch der Lagerraum der Schreinerei wegen eines Durchganges, den Karl Bröger nachts absperrte, als Übernachtungsort ausfiel, blieb Georg Elser nur noch eine Möglichkeit: Er schlief im Garten des Bürgerbräukellers, dort, wo die Bierfässer gelagert waren. Erst am folgenden Tag, dem 4. November, konnte er drangehen, die Uhren in die Säule einzubauen.

Nachdem mir bekannt war, daß an diesem Abend, es war ein Samstag, in dem Saal eine Tanzveranstaltung stattfindet, habe ich den Bürgerbräukeller von der Rosenheimer Straße aus betreten, löste mir eine Eintrittskarte, ging in den Saal und begab mich auf die Galerie, wo ich die mitgeführten Uhren in meinem Versteck hinterstellt habe. Ich nahm auf der Galerie Platz, in der Nähe des Musikpodiums, und sah von dort aus der Tanzveranstaltung zu. Gesellschaft hatte ich nicht. Bei Schluß der Tanzveranstaltung, es war dies am 5.11. gegen 1 Uhr, begab ich mich von meinem Platz aus in mein Versteck und wartete dort ab, bis der Saal geleert und abgesperrt worden war. Durch ein etwa noch halbstündiges Warten habe ich mich davon vergewissert, daß sich tatsächlich niemand mehr im Saale befand. Ich wollte sodann in die Säule die Uhren einbauen, mußte aber feststellen, daß der Vorraum, wo das Gehäuse eingesetzt werden sollte, zu schmal war. Trotzdem ich den Vorraum weiter ausgebrochen hatte, gelang es mir nicht, das Uhrengehäuse einzusetzen. Ich habe deshalb die Tür wieder geschlossen, verpackte wiederum meine Uhr und wartete in meinem Versteck den Taganbruch ab. Den Saal habe ich in der Frühe durch den seitlichen Notausgang bei der Küche, der inzwischen aufgesperrt worden war, verlassen.

Ich ging durch die Brauhausanlagen zur Kellerstraße und von da aus in den Lagerraum des Bröger. Dort habe ich die rückwärtigen Ecken des Uhrenkastens durch Absägen und Abraspeln abgerundet, meiner Schätzung nach mußte somit der Uhrenkasten in den Vorraum der Höhlung in der Säule des Bürgerbräusaales passen.

Sein planmäßiges Vorgehen kam dadurch nicht in Gefahr. Schon am nächsten Abend ging er mit den verpackten Uhrengehäusen wieder zum Bürgerbräu. Wie schon am Vorabend fand im Saal wiederum eine Tanzveranstaltung statt. Auch diesmal löste Georg Elser eine Eintrittskarte und begab sich auf die Galerie.

An diesem Tag war die Tanzveranstaltung bereits gegen 24 Uhr geschlossen worden. Nach ungefähr einer Stunde begab ich mich mit den Uhren von meinem Versteck aus an die Säule, öffnete die Türe und stellte durch Einsetzen des Uhrgehäuses in den Vorraum der Höhle fest, daß dieses nunmehr passend war. Das Uhrengehäuse habe ich, wie bezeichnet, mit Blechstreifen befestigt. Anschließend habe ich die Drahtseile, die ich bereits, wie schon erwähnt, in der Nähe ihrer Enden leicht zusammengeklemmt hatte, in die Öse des Haltebolzens eingeführt und durch Zusammendrehen des *freien Endes festgemacht. Die Drahtseile waren also leicht gespannt. Zum Schluß mußte ich noch die beiden Uhren, die auf dem Transport selbstverständlich stehen geblieben waren, wieder in Gang setzen und die Uhrzeit auf diesen Uhren durch Vergleich mit einer Taschenuhr wieder richtigstellen. Dazu habe ich die Vorderseite des Uhrenkastens, die ich vorsorglich ebenfalls als Türe ausgebaut hatte, geöffnet, später wieder verschlossen und damit der Sache ihren freien Lauf gelassen.*

Um sechs Uhr früh war er fertig damit. Er hatte es endlich geschafft! Drei Monate waren vergangen, seit er damit begonnen hatte, die ersten Backsteine aus der Säule zu lösen. Mehr als dreißig Nächte hatte er auf der Galerie des Bürgerbräukellers gearbeitet. Immer allein, immer im Dunkeln. Immer in Gefahr, entdeckt zu werden. Jetzt hatte er sein Ziel erreicht!

Als er an diesem Morgen den Saal ein letztes Mal durch den seitlichen Notausgang bei der Küche verließ, wich der psychische Druck von ihm – wenigstens für Minuten. Zufrieden ging er hinunter zum Isartorplatz, um an einem Kiosk eine Tasse Kaffee zu trinken. Von jetzt an läuft die Zeit, von jetzt an tickt die Bombe, die das Nazi-Deutschland wachrütteln wird, ging es ihm durch den Kopf. Er nahm einen kräftigen Schluck.

Noch am selben Tag verließ Georg Elser München. Kurz vor zehn Uhr bestieg er, bekleidet mit einem graublauen Anzug und einem doppelreihigen Mantel, auf dem Kopf einen grauen Hut, den Personenzug nach Ulm, um von dort weiter nach Stuttgart zu reisen. Als Handgepäck trug er einen braunen Reisekoffer und zwei Pakete bei sich.

Er zog seinen schweren Mantel aus, legte ihn sorgfältig auf den Koffer im Gepäcknetz und nahm Platz. Bald danach setzte sich der Zug in Bewegung. Georg dachte an seine Schwester Maria. Wann hatten sie sich eigentlich zum letzten Mal gesehen? Seit vier Jahren war sie mit Karl verheiratet, und damals nach der Hochzeit hatte er den beiden beim Einrichten der Wohnung und Aufstellen der Möbel geholfen. An einer Standuhr war durch den Transport ein Gongstab abgebrochen, und er reparierte die Uhr. Im Januar, an die genaue Zeit konnte er sich jetzt nicht mehr erinnern, hatte er Maria und Karl dann das letzte Mal gesehen. Ja, überrascht waren die beiden gewesen, als er sie ohne jeglichen Anlaß und Anmeldung besuchte. Damals, es war ein Wochenende, fuhr er mit der Bahn zuerst nach Esslingen, wo er sich mit Elsa traf, die dort mittlerweile Arbeit gefunden hatte. Er erzählte ihr von seinen Plänen, nach München zu gehen. Immer wieder hatte sie ihn gefragt, warum es ausgerechnet München sein müsse. Weil es eine schöne Stadt sei, hatte er gelogen. In einem Gasthof in der Nähe des Bahnhofs verbrachten sie gemeinsam die Nacht, und er wußte schon damals, daß es ihre letzte gemeinsame Nacht sein würde. Danach war er weiter nach Stuttgart gefahren.

Zu Fuß war er in die Lerchenstraße gegangen, wo Maria mit ihrem Mann und dem kleinen Franz wohnte. In der Wohnung traf er nur seinen Schwager Karl und den kleinen Franz an. Da ihr Mann arbeitslos war, hatte Maria eine Stelle in der Kleiderfabrik angenommen. Gemeinsam unternahmen sie später einen langen Spaziergang und holten Maria nach Feierabend ab. Nach dem Abendessen war er zurückgefahren nach Königsbronn. Seine Schwester hatte noch zu ihm gesagt: »Komm uns doch öfter mal besuchen. Stuttgart ist doch net aus der Welt.«

Jetzt, zehn Monate später, sollten sie sich wiedersehen. Langsam fuhr der Zug in Stuttgart ein. Die Uhr zeigte kurz vor halb drei. Georg Elser verließ den Waggon, brachte sein Gepäck zur Aufbewahrung, die gleich gegenüber dem Bahnsteig lag, und ging über den Bahnhofsplatz zum »Württemberger Hof«, um seinen Schwager Karl zu treffen, der dort mittlerweile eine Anstellung gefunden hatte.

Ein Hotelbediensteter sagte mir, daß seine Arbeitsstelle sich einige Häuser weiter in derselben Straße befinde. Wie be-

zeichnet, fand ich meinen Schwager, mit Hilfsarbeiten be-
schäftigt, da er offenbar als Metzger gerade wenig zu tun
hatte. Mein Schwager begleitete mich zum Bahnhof zurück,
war mir beim Abholen meines Gepäcks behilflich, rief einen
Dienstmann mit Dreiradwagen herbei und ging dann wieder
an seinen Arbeitsplatz zurück. Ich fuhr mit dem Dienstmann
auf dessen Wagen in die Lerchenstraße 52, wo ich meine
Schwester zu Hause antraf.

Am Abend saßen sie in der Wohnstube beisammen und
sprachen von Königsbronn, ihrer Familie, dem Gesundheits-
zustand des Vaters. »Ich will noch einmal in die Alb«, sagte
Georg, »um Vater zu sehen; auch die Familie Sauler in
Schnaitheim will ich noch mal besuchen.«

Maria und ihr Mann machten nachdenkliche Gesichter.
»Mußt du denn ins Ausland gehen?« fragte Maria.

»Ja, ich muß über den Zaun«, antwortete Georg knapp.
»Es ist nicht zu ändern.«

Weder die Schwester noch der Schwager stellten weitere
Fragen. Wollten sie nicht mehr wissen? Georg nahm an,
Maria sei der Meinung, daß er wegen seiner Alimentenzahlungen ins Ausland wolle. Der Verdacht störte ihn, doch er
schwieg.

Bald danach zog er sich in das Schlafzimmer zurück, wo
ihm Maria eine Hälfte des Ehebettes zurechtgemacht hatte.
Zuvor verabschiedete sich sein Schwager von ihm. »Danke
für die Sachen, ich werd' sie gut pflegen, und wenn du mal
was brauchst, dann kannst du es gerne wiederhaben«, sagte er
und gab Georg die Hand. Der schüttelte den Kopf. »Behalt's
nur – ich werd' es nicht mehr brauchen.«

Alles, was Georg Elser besaß, vermachte er an diesem Tag
seiner Schwester und seinem Schwager:

Sämtliche Gegenstände in den Koffern, Kisten und Paketen
habe ich meiner Schwester und meinem Schwager geschenkt.
Darin befanden sich Schrauben, Nägel, Werkzeug, mit dem
ich zu Hause gearbeitet und gebastelt habe. In der großen

Holzkiste befanden sich meine Anzüge, saubere Unterwä-
sche, 2 halbfertige Uhrengehäuse, ferner befand sich darin
eine Pappschachtel, die 3 oder 4 Uhrwerke enthielt. Diese
Werke waren für Tischuhren bestimmt...
   Der Koffer, die Pakete und die Kisten habe ich in Gegen-
wart meiner Schwester und meines Schwagers geöffnet. Die
Gegenstände wurden von beiden in Verwahrung genommen.
Den in der großen Holzkiste befindlichen Doppelboden habe
ich meiner Schwester gezeigt. Ich habe diesen Doppelboden
lediglich auf- und wieder zugeschraubt, ohne hierzu eine
weitere Erklärung abzugeben.

Am nächsten Morgen frühstückte er mit Maria und seinem
Neffen Franz in der Küche. Seine Schwester ging an diesem
Tag nicht in die Fabrik. Noch einmal sprachen sie über Kö-
nigsbronn und die damit verbundenen familiären Probleme,
auch davon, daß wegen der Streiterei um das Haus die ganze
Familie untereinander zerstritten sei. Georg vertraute Maria
an, wie tief noch immer seine Verärgerung über die erlittene
Ungerechtigkeit in ihm sitze. Außer zu ihr habe er jeglichen
Kontakt zu den Geschwistern abgebrochen. »Entweder es
gibt eine Gerechtigkeit, oder es gibt keine«, sagte er zu ihr.
Maria nickte nachdenklich.
   Am Nachmittag, nach einem kleinen Spaziergang, begleitete Maria ihren Bruder zum Bahnhof. Der Abschied fiel kurz
aus. »Bleib gesund und schreib auch einmal«, sagte sie zu
ihrem Bruder und reichte ihm die Hand. »Euch das Beste«,
erwiderte Georg kurz. Danach stieg er in den Zug nach
München.
   Den Entschluß, nochmals nach München zurückzufahren,
hatte ich bereits einige Tage früher, nämlich schon in Mün-
chen, ehe ich nach Stuttgart fuhr, gefaßt. Ich wollte unter
allen Umständen, nachdem ich mit dem Einbau der Uhr so
spät, nämlich zwei Tage später, als ich ursprünglich geglaubt
hatte, fertig geworden war, noch einmal nachsehen, ob die

Uhr nicht vielleicht doch stehengeblieben war. Nach dem
Aufstellen der Uhren hatte ich ja am 6. 11. 1939, nachdem ich
sie wieder in Gang gesetzt und gerichtet hatte, nur noch eine
halbe Stunde Zeit, ehe ich den Saal des Bürgerbräukellers
wieder verlassen mußte. Ich wollte aber sicher gehen und bin
deswegen nochmals nach München gefahren.

Da von seinen Ersparnissen ganze zehn Reichsmark übrig-
geblieben waren, hatte er Maria noch beim Frühstück um
fünfzehn Reichsmark gebeten mit der Zusicherung, das Geld
rasch zurückzuzahlen. Maria hatte ihm daraufhin dreißig
Reichsmark geschenkt.

Jetzt, während der Zug in Richtung München fuhr, versuchte er die Augen zu schließen. Er sah die Säule vor sich,
den Führer... Würde der Anschlag gelingen? Die Führung
zu Tode kommen? Seine anschließende Flucht in die Schweiz
gelingen?

Ich wollte, schon ehe meine Uhren die Explosion auslösten,
in der Schweiz sein. Für die Schweiz habe ich mich lediglich
deshalb entschieden, weil es mir als das Nächstliegende
erschien. In anderen Ländern, wie etwa Italien, hätte ich
mich gar nicht ausgekannt. Die Grenzübergangsstellen zur
Schweiz in der Nähe von Konstanz kannte ich dagegen von
meinem mehrjährigen Aufenthalt in Konstanz her sehr gut.
Damals hatte ich mich allerdings noch nicht mit einem Grenz-
übertritt über die grüne Grenze beschäftigt. Ich hatte es ja
nicht notwendig, da ich seinerzeit im Besitz eines kleinen
Grenzscheins war. Nach meinem illegalen Grenzüberschritt
(nach Ingangsetzen der Uhren) wollte ich in der Schweiz
Arbeit als Schreiner oder auch sonst irgendwelcher Art su-
chen...

Ich hatte außerdem die Absicht, und dies mir schon einge-
hend überlegt, von der Schweiz aus an die deutsche Polizei
ausführlich zu schreiben, zu erklären, daß ich der Alleinschul-
dige an dem Attentat sei, keine Mitwisser oder Mittäter ge-
habt habe. Ich hätte außerdem eine genaue Zeichnung meines

Apparates sowie eine Beschreibung über die Ausführung der Tat mitgeschickt, damit man meine Behauptung hätte nachprüfen können. Mit einer solchen Mitteilung an die deutsche Polizei wollte ich lediglich bezwecken, daß keinesfalls irgendwelche unschuldigen Personen auf der Suche nach dem Täter verhaften würden. Ich hatte mir auch überlegt, daß es unter Umständen möglich sein könnte, daß ich von der Schweiz an Deutschland ausgeliefert werden würde. Dem wollte ich dadurch vorbeugen, daß ich bestimmtes Material, von dem ich glaubte, daß es für die Schweizer militärischen Stellungen interessant sei, mitnahm.

Während meiner Tätigkeit in der Versandabteilung der Armaturenfabrik in Heidenheim habe ich pflichtgemäß ein Notizbuch über Eingänge, z. B. leere Pulverkisten, die wir voll an eine bestimmte Firma geschickt hatten, geführt. Obwohl dieses Buch seinerzeit von der Fa. zur Verfügung gestellt worden war, habe ich es nach Lösung des Arbeitsverhältnisses damals mit nach Hause genommen, da erst einige Seiten beschrieben waren. Ob ich es mir damals schon überlegt habe, daß ich diese Eintragungen später gebrauchen könnte, weiß ich heute nicht mehr.

Bei meinem Austritt aus der Firma wurde mir dieses Notizbuch nicht abverlangt. Ich habe dieses Notizbuch vollständig am 5. August mit meinen übrigen Sachen mit nach München genommen und es dort zu gelegentlichen Eintragungen weiter benutzt. Es war aber nicht dasselbe Notizbuch wie jenes, in das ich während meines Osterbesuchs die Maßskizze der Säule eingezeichnet habe. Es mag sein, daß ich am 5. 8. das Notizbuch schon in Gedanken mit nach München nahm, die Eintragungen darin später in der Schweiz nutzbar machen zu können. Die Seiten, die ich mit in die Schweiz nehmen wollte, enthielten, wie bereits angedeutet, Eintragungen, aus denen für eine Reihe von deutschen Firmen zu entnehmen war, daß sie für die deutsche Rüstung tätig sind. Ich hoffte bestimmt, daß mich die Schweizer nicht ausweisen würden, wenn ich *ihnen diese Mitteilungen überbringen würde. Hätten sie mich trotzdem aus der Schweiz abgeschoben, so hätte ich gebeten, nach Frankreich überstellt zu werden. Aber auch dafür hatte ich keinerlei bestimmten Grund. Ich wollte lediglich einer festen Arbeit nachgehen. Es ist mir nicht bekannt, daß die Franzosen sogenannte Emigranten in die Konzentrationslager stecken. An eine Belohnung habe ich auch bezügl. Frankreich nicht gedacht. Ich hoffte nur, die Aufenthaltsbewilligung zu erhalten.*

Wenn mir die Schweizer für diesen Fall der Abschiebung nicht schon die Mitteilungen über die deutschen Rüstungsfirmen abgenommen hätten, würde ich diese Aufzeichnung den Franzosen abgegeben haben. Ich muß zugeben, daß ich mich daran erinnere, beim Eintritt in die Firma oder vielleicht auch etwas später über die Geheimhaltungsbedürftigkeit jeglicher Einzelheiten bezügl. der Pulverfabriken hingewiesen worden zu sein. Soviel ich weiß, wurde uns allen damals ein Zettel vorgelegt, den man unterschreiben mußte. Ob darauf etwas von Landesverrat, Spionage oder Todesstrafe stand, weiß ich nicht mehr.

Mit der anderen Möglichkeit, daß es mir etwa nicht gelingen sollte, in die Schweiz zu gelangen, habe ich kaum gerechnet, d. h. ich hoffte bestimmt, daß mir dies gelingen würde. Wenn sie mich erwischen, dachte ich, muß ich eben die Strafe auf mich nehmen.

Am Abend des 7. November, es war gegen halb zehn, kam Georg Elser in München an. Da er nur selten Tageszeitungen las und Rundfunk hörte, konnte er nicht wissen, daß sein Vorhaben mehr als gefährdet war.

Einen Tag zuvor hatte die Gauleitung München-Oberbayern bekanntgegeben, daß das alljährliche Gedenkprogramm zum 8. November im Bürgerbräukeller wegen der Erfordernisse des Krieges eingeschränkt werden müsse. Statt des Führers werde dessen Stellvertreter Rudolf Heß sprechen, auf den Gedenkmarsch am 9. November solle ganz verzichtet werden. Statt dessen habe man sich für eine eingeschränkte Kranzniederlegung entschieden. Heute, am 7. November, verbreitete der »Völkische Beobachter« diese Meldung.

Georg Elser wußte davon nichts, als er durch die große Bahnhofshalle ging, um draußen in die Straßenbahn Richtung Bürgerbräukeller zu steigen. In seinen Taschen hatte er ein Kippmesser, eine Beißzange, verschiedene Federn und Spiralen – für alle Fälle. Außerdem trug er noch ein Paket bei sich, in dem sich ein Stück Wurst befand. Es war gegen 22 Uhr, als er am Bürgerbräukeller eintraf.

Durch den Haupteingang in der Rosenheimer Straße ging ich durch den Garderobenraum in den Saal, der leer und nicht beleuchtet war. Ich bemerkte nicht, daß ich von irgend jemand beobachtet worden wäre. Ich habe niemanden gesehen. Die Saaltür war nicht versperrt. Im Saal begab ich mich sofort auf die Galerie und horchte an der Türe der Säule, ob die Uhrwerke sich noch im Gang befinden. Das Ticken der Uhren konnte ich dadurch, daß ich mein Ohr an die Tür gepreßt hatte, ganz leise hören. Darauf öffnete ich mit dem Klappmesser die Türen, öffnete die Tür zu dem Uhrgehäuse und vergewisserte mich mit meiner Taschenuhr, ob die Uhrwerke nicht vor- oder nachgehen. Die Uhr ging richtig.

Georg Elser verschloß die Wandverkleidung und versteckte sich wie schon in den Nächten zuvor in seinem alten Versteck. Nach dem Aufsperren der Saaltüren verließ er morgens kurz nach sechs Uhr den Saal noch einmal durch den seitlichen Notausgang.

Draußen in der Rosenheimer Straße stach ihm ein Plakatanschlag in die Augen, und er ging direkt darauf zu: DER FÜHRER SPRICHT war in großen Lettern zu lesen. Darunter: *Treffen der alten Kämpfer am 8. November im Bürgerbräukeller, Einlaß 18 Uhr – Es spielt der Musik- und Spielmannszug der Standarte »Adolf Hilter«.* Georg Elser las den Text zweimal, auch die kleingedruckten Zeilen:

Teilnahme:
* *Die alten Kämpfer*
* *Die Hinterbliebenen der 16 Gefallenen*
* *Die Gäste des Führers*
* *Die Reichs- und Gauleiter*
* *Die Obergruppen- und Gruppenführer der SA, SS*
* *Die Obergebiets- und Gebietsführer*
* *Die Hauptdienstleiter der Reichsleitung*
* *Die Arbeitsgauführer des Reichsarbeitsdienstes*

Elser drehte sich um und blickte noch einmal hinüber zum Bürgerbräukeller. In diesem Augenblick überfiel ihn eine eigenartige Stimmung: Waren es Stolz und Genugtuung? Waren es Einsamkeit und Angst? Bis zum Hals spürte er sein Herz klopfen, und in seinem Hirn tickte synchron dazu die Bombe. »Es muß gelingen«, sagte er leise zu sich selbst.

Kurz vor zehn Uhr löste er am Schalter im Hauptbahnhof eine Fahrkarte 3. Klasse für die Strecke München–Ulm–Friedrichshafen–Konstanz. Mit dem Personenzug fuhr er bis Ulm, danach stieg er in den Schnellzug nach Friedrichshafen, wo er gegen sechs Uhr abends ankam. Bis zur Abfahrt des Anschlußdampfers nach Konstanz war noch eine Dreiviertelstunde Zeit, die er dazu nutzte, einen Frisör aufzusuchen, um sich rasieren zu lassen. Während ihm das Gesicht eingeseift wurde, blickte er vor sich in den großen Spiegel. Der weiße Schaum hatte ihm eine Maske verliehen. Für einen Moment kam sie ihm wie ein weicher warmer Schutz vor. Als der Frisör mit geübtem Griff sein Rasiermesser durch den Schaum gleiten ließ, fiel das angenehme Gefühl rasch von Georg Elser ab. Er dachte an die Bombe, an seine Flucht, an die Schweiz. An morgen.

Zwölftes Kapitel

»Verschärfte Vernehmung«

Von einem jähen Schreck wie elektrisiert, schoß Georg Elser hoch. Zupackende Hände hatte ihn aus dem Schlaf gerissen. War es ein Traum? Die Zelle lag im Dunkeln. Nur das Scheinwerferlicht vom Hof her zeichnete eine vage Silhouette von seiner Pritsche. Er stand auf, tastete sich die drei Schritte zum Waschbecken und drehte den Hahn auf. Er ließ das Wasser einen Augenblick lang durch seine gespreizten Finger fließen und schöpfte sich dann mit beiden Händen die prickelnde Kälte ins Gesicht. Danach drehte er sich langsam um. Seine Gedanken krochen über die Wände, Bilder bohrten sich in sein Gehirn: die Verhaftung an der Grenze, die Verhöre in Konstanz und München, der Transport hierher zur Gestapo nach Berlin. Stundenlange Vernehmungen. Immer wieder die gleichen Fragen, die gleichen Antworten.

Er setzte sich auf die Pritsche. Sein Atem ging schwer. Ein Berg von Verzweiflung, Schuldgefühlen und Wut schien ihn zu erdrücken.

Mittwoch, 22. November: Berlin, Prinz-Albrecht-Staße 8. Ein Ort der Planung und der Verwaltung des nationalsozialistischen Terrors, ein Ort der Schreibtischtäter, die sich auf die »ordnungsgemäße Abwicklung« von »Vorgängen« konzentrierten und den Orten des Schreckens in der Regel fernblieben. Ein Ort, an dem aber auch unmittelbar gequält, geprügelt, gefoltert wurde. In den Büros der Gestapo, die in den oberen Stockwerken lagen, fanden die »verschärften Vernehmungen« statt, wie die Folterungen im Bürokratendeutsch genannt wurden. Ihre Opfer: Kommunisten, Sozialdemokraten, Gewerkschafter, Mitglieder oder vermeintliche Mitglieder von Widerstandsorganisationen. Hinzu kamen jene, die sich dem Machtanspruch des Nazi-Staates nicht unterwerfen wollten, wie Zeugen Jehovas oder einzelne Vertreter der Kirchen. Die Verhöre waren für alle gleichermaßen erniedrigend, quälend, nicht selten tödlich. Wer wie Georg Elser im Hausgefängnis inhaftiert war, der hatte um sein Leben zu fürchten.

Neun Uhr morgens. Die beiden Riegel an der Zellentür wurden krachend zurückgestoßen, ein Gestapo-Mann öffnete die Tür. »Elser, komm mit!« Der Befehl klang laut und knapp. Der Beamte, der ihn aussprach, trug Uniform, stand mit gespreizten Beinen und auf dem Rücken verschränkten Händen in der Tür. Links neben ihm stand ein weiterer Uniformierter, lehnte mit der Schulter an der Wand und musterte Georg Elser teilnahmslos. Wortlos gingen sie durch lange Gänge, über Treppen und breite Flure. Dann standen sie vor dem Verhörzimmer. Georg Elser kannte die Tür mittlerweile. Sie führte geradewegs in das Herz des Terrors. Drinnen warteten schon seine Peiniger, bereiteten sich auf die Fortsetzung der »verschärften Vernehmungen« vor. Es war ihr Job, und sie erledigten ihn so, wie man es von ihnen erwartete.

Die Tür flog auf. *Er hatte einen kahlgeschorenen Kopf und ein vollkommen geschwollenes Gesicht*, beschrieb später seine Schwester Maria das Aussehen ihres Bruders. Hatten die Gestapo-Schergen Georg Elser so zugerichtet, um von ihr endlich das Geständnis zu bekommen, sie habe von den Attentatsplänen gewußt? Oft schon war sie in den letzten Tagen verhört worden; allein, mit ihrem Mann Karl, in Anwesenheit ihres Bruders. Stets die gleichen Fragen: »Haben

Sie davon gewußt? Hatten Sie Kontakt zu Ihrem Bruder? Hat er Sie nicht vor seinem Fluchtversuch besucht? Hat er Ihnen dabei nichts erzählt? Schöpften Sie keinen Verdacht?«

Die Gestapo-Beamten waren kalt und aggressiv, ein anderes Mal packten sie ihre Fragen in freundliche Floskeln. Alles hatte Methode. Maria und ihr Mann gaben immer die gleichen Antworten: »Nein, davon haben wir nichts gewußt! Nein, das ist uns nicht aufgefallen! Nein, wir haben mit dem Attentat nichts zu tun!«

Das hatten die beiden auch schon nach ihrer Verhaftung in Stuttgart gesagt, doch wer glaubte ihnen? Ihre Wohnung war durchsucht, sie selber immer wieder verhört worden. Dann hatte man sie mit dem Sonderzug nach Berlin gebracht. *Die Fahrt habe ich unter Bewachung von zwei Kriminalbeamten, zusammen mit meinem Mann, in einem Abteil durchgeführt,* erinnerte sich Maria später. *Während der ganzen Fahrt bekam ich niemanden von meinen Angehörigen zu sehen. In Berlin wurde ich zunächst ins Gefängnis Moabit gebracht und kam einige Tage später ins Hotel »Kaiserhof«. Nach einigen Tagen konnten meine Angehörigen wieder nach Hause fahren, mein Mann und ich wurden aber wieder ins Gefängnis Moabit verbracht.*

Länger als alle anderen Familienangehörigen sollten die beiden in Berlin festgehalten werden. Mit allen Mitteln versuchten die Gestapo-Beamten, von ihnen ein »Geständnis« zu bekommen. Vergeblich. Ihre Standfestigkeit mußten sie teuer bezahlen: Erst am 18. Februar 1940 sollten sie nach zahllosen zermürbenden Verhören wieder aus der Haft entlassen werden.

An diesem Mittwoch vormittag ahnte Maria noch nichts von ihrem langen Leidensweg. Seit zehn Tagen waren sie in dieser Stadt, von der sie nur das Gefängnis, das Hotel und die Büroräume der Gestapo zu sehen bekamen. Bereits dreimal war sie Georg gegenübergestellt worden – doch heute war es am schlimmsten.

Die Gestapo-Folterer demonstrierten grausam, was sie unter »verschärfter Vernehmung« verstanden. Was aber wollten sie damit bezwecken? Georg hatte doch längst gestanden, in den nächtelangen Vernehmungen seinen Plan, die Vorbereitungen und die Ausführung des Anschlages bis ins kleinste Detail zu Protokoll gegeben. Glaubten sie immer noch an Hintermänner, an Auftraggeber und Drahtzieher? Die ganze Familie Elser als Verschwörung gegen die NS-Führung?

Beinahe kam es Maria so vor, als wolle die Gestapo mit Gewalt ein Schuldgeständnis von ihr erzwingen. Warum sonst sollten sie ihren Bruder in der letzten Nacht so mißhandelt haben, um sie jetzt mit seinem jämmerlichen Zustand zu konfrontieren? Eine ihrer Absichten jedoch erfüllte sich: Maria erlitt einen Nervenzusammenbruch.

Am Ende ihrer Kräfte war auch die Mutter von Georg Elser. Schon in Stuttgart waren sie und ihr Mann immer und immer wieder vernommen worden. Jetzt in Berlin mußten sie erneut strenge Verhöre über sich ergehen lassen. *In Berlin wurde ich zunächst wieder in ein Gefängnis gebracht und eingesperrt, und es begannen dann von neuem die Vernehmungen. Von wem ich in Berlin vernommen wurde, weiß ich nicht, ich habe die Herren nicht gekannt. Auch hier wurde ich jeden Tag vernommen, und zwar fast jedesmal von einem anderen Beamten. Hier in Berlin wurde ich auch einmal in ein großes Zimmer geführt, wo an einem langen Tisch mein Sohn Georg saß. Er hat geweint, als ich zu ihm hereingeführt wurde: Ich wurde ihm gegenübergesetzt und gefragt, ob dies mein Sohn Georg sei und ob ich glaube, daß dieser das Attentat ausgeführt habe. Auch hier brachte ich wieder meine Überzeugung zum Ausdruck, daß ich nicht glaube, daß Georg so etwas getan habe. Mit Georg selbst habe ich nicht gesprochen, weil ich nicht wußte, ob ich mit ihm sprechen durfte oder nicht, weshalb ich mich nicht traute, etwas zu ihm zu sagen,* erinnerte sie sich später an das Wiedersehen mit ihrem Sohn.

Jeden Tag wurden die Familienmitglieder verhört, oft stundenlang. Mal in freundlichem, mal in barschem Ton. Mal von einem Gestapo-Beamten, ein anderes Mal von zweien, manchmal auch von vieren. Einmal fand eine Vernehmung statt, an der alle teilzunehmen hatten. Sie saßen an einem großen Tisch und wurden gemeinsam verhört. Alle waren froh, als es endlich vorbei war und sie zurück in das Hotel »Kaiserhof« gefahren wurden.

Jeder einzelne Familienangehörige bekam ein Zimmer für sich, wir bekamen eine ordentliche Verpflegung, durften aber unsere Zimmer nicht verlassen. Im Flur vor unseren Zimmern patrouillierten immer einige Polizeibeamte, damit wir uns nicht entfernen konnten. Hier im Hotel durfte die Familie dann auch wieder unter tags zusammenkommen und die Mahlzeiten gemeinsam einnehmen. Nachts kam dann jedes wieder in sein Einzelzimmer, äußerte sich die Mutter später über die Verhältnisse im Hotel.

Von Schnaitheim kamen auch Georgs Schwester Friederike und ihr Mann Willy, nachdem sie dort festgenommen und in Stuttgart zunächst inhaftiert und verhört worden waren. Von Stuttgart wurden sie schließlich weitergeschickt zu den Gestapo-Verhören nach Berlin. Später schilderte Friederike die Tage, die ihr Leben veränderten:

Von dem Attentat im Bürgerbräukeller am 9. 11. 1939 erfuhren ich und mein Mann erst durch eine Meldung des Rundfunks. Vorher wußten wir nichts davon, daß sich Georg mit solchen Plänen trug und daß er vorhatte, auf Hitler ein Attentat zu unternehmen. Abends wurde im Radio noch eine Beschreibung des vermutlichen Täters durchgegeben, ich sagte noch zu meinem Mann, daß man gerade meinen könnte, daß er der Georg sei, weil die Beschreibung auf ihn paßte. Am anderen Morgen kamen gleich drei Kriminalbeamte von Stuttgart, die mich und meinen Mann festgenommen und zunächst nach Heidenheim gebracht haben, es wurde dann auch bei uns eine Hausdurchsuchung durchgeführt, wobei jedoch nichts gefunden und auch nichts mitgenommen wurde. Am gleichen Tag noch gegen Abend wurden wir mit einem Kraftwagen von Heidenheim nach Stuttgart gebracht, wo ich eingesperrt wurde und zwar in das Gefängnis in der Büchsenstraße. Mein Mann hatte keinen Platz mehr im Auto, weshalb er am nächsten Tag erst nach Stuttgart gebracht wurde. In Stuttgart wurde ich von den anderen Familienangehörigen getrennt und bin mit diesen überhaupt nicht mehr zusammengekommen. In Stuttgart war ich ungefähr 10 oder 12 Tage eingesperrt, in welcher Zeit ich jeden Tag, manchmal auch des Nachts, verhört wurde. Auch bei den Vernehmungen wurde mir immer noch nicht gesagt, was eigentlich richtig los ist, und ich konnte mir gar nicht denken, was richtig los ist. Ich wurde über meinen Bruder ausgefragt, und die Beamten wollten alles genau wissen, über sein früheres Leben, mit wem er zusammengekommen sei usw.

Von Stuttgart aus wurde ich dann zusammen mit meinem Ehemann, meiner Mutter und meinen Geschwistern nach Berlin transportiert. In Berlin kamen wir in das Hauptquartier der Gestapo, in das Hotel »Kaiserhof«, wo wir jeder ein Zimmer bekamen. Die Behandlung war dort sehr gut, dort erhielten wir ein sehr gutes Essen und hatten uns überhaupt über nichts zu beklagen. Wir wurden allerdings auch dort noch von den Kriminalbeamten bzw. von den Gestapo-Beamten auf das Strengste bewacht. In Berlin waren wir auch noch einmal sechs oder sieben Tage lang und wurden in dieser Zeit auch des öfteren vernommen. Auch in Berlin wurde ich immer wieder dasselbe gefragt, und eben über das ganze Leben meines Bruders Georg von Kindheit an ausgefragt. Auch wurden wir gefragt, ob uns etwas von dem Attentat bekannt gewesen sei, aber ich konnte nichts anderes angeben als die Wahrheit und mußte sagen, daß ich keine Ahnung von dieser Sache hatte. Nach sechs oder sieben Tagen wurden wir alle entlassen, mit Ausnahme meiner Schwester Maria, die noch dort behalten wurde. Bei der Entlassung wurde uns ein

Schriftstück vorgelegt, welches jeder Einzelne unterschreiben mußte und in welchem wir verpflichtet wurden, über diese Sache nichts auszusagen und nicht darüber mit anderen Leuten zu reden.

Auch Georg Elsers Bruder Leonhard, der zusammen mit seiner Frau Erna ebenfalls zu diesen Gestapo-Vernehmungen nach Berlin gebracht worden war, bestätigte später: *Bei der Entlassung wurde uns gesagt, daß wir über die Sache nichts reden dürften.*

Verhört wurde in Berlin neben den Familienangehörigen auch eine junge Frau, die in Georg Elsers Leben lange Zeit eine zentrale Rolle gespielt hatte: seine frühere Geliebte Elsa Heller. An diesem naßgrauen Mittwoch sahen sie sich erstmals nach zehn Monaten wieder. Jahre später erinnerte sich Elsa an ihr letztes Zusammentreffen:

Er saß in der Mitte des Zimmers auf einem Stuhl, und ich hätte ihn in seinem Zustand bestimmt nicht als meinen früheren Geliebten erkannt. Sein Gesicht war verschwollen und blau geschlagen. Die Augen traten aus den Höhlen, und er machte auf mich einen furchtbaren Eindruck. Auch seine Füße waren geschwollen, und ich glaube, daß er nur deshalb auf einem Stuhl saß, weil er kaum mehr stehen konnte…

Vor der Beendigung der Gegenüberstellung sagte ein Kriminalbeamter zu mir, ich könne nun selbst Elser etwas fragen. Ich konnte aber nur fragen: »Georg, hast du das getan?« Zunächst hatte Elser nicht geantwortet, sondern mich nur mit einem Blick angesehen, den ich nie vergessen werde. Ganz langsam öffnete er dann den Mund und sagte: »Elsa.« In demselben Augenblick bekam er von dem hinter ihm stehenden Beamten einen Schlag ins Genick und durfte nicht mehr reden. Ich war damals schon und bin heute noch fest davon überzeugt, daß Elser sagen wollte, er sei unschuldig. So viel konnte ich als seine frühere Geliebte aus seinen Zügen und aus seinen Gesten entnehmen.

Völlig verstört verließ Elsa an diesem Nachmittag des 22. November die Verhörräume. Gestapo-Beamte brachten sie zurück ins Hotel »Kaiserhof«, wo sie unter besonderer Bewachung stand:

Die Türen waren immer verschlossen, und davor standen Posten. Von den Angehörigen der Familie Elser, die auch in diesem Hotel untergebracht waren, habe ich niemand gesehen. Aus gelegentlichen Äußerungen und aus dem Verhalten der mich vernehmenden Beamten habe ich geschlossen, daß ich anscheinend neben Elser als besonders verdächtige Person galt. Man wollte mir einfach nicht glauben, daß ich mit Elser keine Verbindung hatte und von dem Attentat nichts wußte.

Nach wie vor wollten die Gestapo-Beamten nicht glauben, daß es sich bei Elser um einen Einzeltäter handelte. Gut, es gab ein Geständnis von ihm, er hatte vor ihren Augen in den letzten Tagen die Konstruktion der Höllenmaschine skizziert und ein Modell angefertigt, und alle Angaben, die er in den Vernehmungen bislang gemacht hatte und die sofort überprüft worden waren, stimmten. Handelte es sich bei ihm tatsächlich um einen Einzeltäter? Einen Mann ohne Hintermänner, ohne Mitwisser und Auftraggeber? Ohne Zugehörigkeit zu einer Widerstandsgruppe oder Untergrund-Organisation? Man hatte ihn stundenlang verhört. Am Tage, nachts. Gestern abend schließlich war ihre Geduld am Ende gewesen. »Verschärfte Vernehmung« wurde durchgeführt – doch der schmächtige Mann mit dem schwäbischen Dialekt hatte nur immer wiederholt, er habe alles zu Protokoll gegeben, mehr wisse er nicht. Auch eine letzte Gegenüberstellung mit seiner Schwester Maria und seiner früheren Geliebten Elsa hatte ihn nicht gesprächiger gemacht. Und die Rechnung, eine der Frauen würde unter dem Eindruck des jammervollen Aussehens von Georg Elser zusätzliche Informationen zum Attentat preisgeben, war nicht aufgegangen.

Doch morgen war auch noch ein Tag, und die Gestapo-Beamten nahmen sich vor, den oppositionellen Einzelgänger in ein *reumütiges Mitglied der Volksgemeinschaft umzuwandeln*. Die notwendigen Methoden dazu beherrschten sie. Es war ihr Handwerk.

Die Tür flog schwer ins Schloß. Mit einem kräftigen Ruck wurden draußen die Riegel vorgeschoben. Georg Elser legte sich auf die Pritsche. Er fror, fühlte sich schwach und elend. Die schmutzigen Wände rahmten sein Blickfeld ein. Mittlerweile kannte er jeden Fleck und jeden Kratzer, jeden winzigen Riß. In diesem Moment kamen ihm die Wände bedrohlich vor, es schien ihm, als hätten sie sich mit seinen Peinigern verbündet. Warum boten sie ihm keinen Schutz? Warum war er vor den greifenden Händen, den schlagenden Fäusten nicht sicher, nicht einmal hier in seiner Zelle? Georg Elser war müde. Die langen Verhöre, dazu die beiden Gegenüberstellungen mit Maria und Elsa hatten ihn zermürbt. Seine Müdigkeit erreichte das Stadium, in dem sich die Sinne ein letztes Mal gegen den Schlaf aufbäumen und für einen Augenblick noch einmal in Bewegung geraten. »Hoffentlich hat alles bald ein Ende«, murmelte er, dann kippte sein Kopf zur Seite.

Nur wenige Kilometer vom Hausgefängnis der Gestapo entfernt betraten zur gleichen Zeit vier Männer in Zoll-Uniform das Reichsfinanzministerium. Xaver Reitlinger, jener Zöllner, der Georg Elser am Abend des 8. November beim Versuch, in die Schweiz zu flüchten, festgehalten hatte, und seine drei Kollegen, der junge Zapfer, Postenführer Trabmann sowie Zollinspektor Straube, waren zum abendlichen Empfang geladen. Staatssekretär Reinhard, ebenfalls in Uniform, lobte die vier Männer vom Bodensee: »Sie haben dem Zoll einen sehr großen Dienst erwiesen. Wir können Ihnen nicht genug danken.« Dann drückte er jedem die Hand, heftete ihnen das Zollgrenzschutz-Ehrenzeichen an die Uniform und bedachte sie mit einem Geldpräsent. Als Anerkennung für ihre »vorbildliche Berufsauffassung« wurden sie außerdem befördert: Zapfer zum Zollassistenten, Reitlinger vom Zollassistenten zum Zollinspektor, Trabmann vom Sekretär zum Inspektor und Straube vom Zollinspektor zum Zollamtmann. Alle vier waren mächtig stolz.

Anschließend, während eines kleinen Umtrunks, nahm der Staatssekretär Reitlinger zur Seite. »Ich habe vorgesehen, daß Sie über die Festnahme einen Vortrag in der Zollschule halten«, sagte er zu ihm, und es hörte sich wie ein Befehl an.

Reitlinger erwiderte verwirrt: »Aber ist das nicht geheime Reichssache? Die Gestapo in Karlsruhe hat uns verboten, darüber zu reden.«

Reinhard legte seine Hand auf Reitlingers Schulter: »Ja, aber vor Kameraden dürfen Sie schon sprechen. Sie wissen ja, den Zoll würde die SS am liebsten übernehmen. Da ist es gerade an der Zeit, einmal Flagge zu zeigen. Schließlich haben Sie und Ihre Kollegen den Attentäter gefaßt – und nicht die SS.«

Am nächsten Tag hielt Reitlinger vor über hundert Zollanwärtern einen kurzen Vortrag, für den er sich noch nachts im Hotel rasch Notizen zusammengestellt hatte. Ihm war nicht wohl in seiner Haut. Schließlich, so dachte er, war es nur eine übliche Festnahme gewesen. Wer konnte schon wissen, daß dieser illegale Grenzgänger der Bürgerbräu-Attentäter war?

Nein, ein Held war er wirklich nicht. Er hatte seine Pflicht getan, nichts sonst. Zugegeben, etwas stolz war er schon. Der »Völkische Beobachter« hatte in seiner heutigen Ausgabe die Wachsamkeit des Konstanzer Quartetts gerühmt und sogar ein Foto gedruckt, das ihn und seine Kollegen mit Staatssekretär Reinhard zeigte. Am Nachmittag kaufte Reitlinger in einem Zeitschriftenladen zwei Ausgaben des »Völkischen Beobachters«. »Ein schönes Andenken an Berlin«, sagte er zu Zapfer, der ebenfalls stolz auf den Artikel war.

Am Abend mußten sich beide in der Prinz-Albrecht-Straße melden. Noch einmal sollten sie zu den Vorgängen an der

Grenze von Gestapo-Beamten verhört werden. Schnell wurde ihm klar: Bei der Gestapo herrschte ein anderer Ton als beim Zoll. Hier interessierte niemanden, daß sie am Tag zuvor für »besondere Verdienste« befördert und mit einem Orden dekoriert worden waren, hier ging es um Fakten, zusätzliche Informationen. Reitlinger hatte zu antworten – nichts sonst. Später erinnerte er sich:

Es war im Reichssicherheitshauptamt. Ich kam in ein Büro zu einigen Herren in Zivil, von denen ich annahm, daß sie höhere Beamte des Sicherheitsdienstes sind. Ich wurde hier nochmals über den ganzen Vorgang der Festnahme des Elser vernommen. Ich konnte hier auch keine anderen Angaben machen, wie bei meinen früheren Vernehmungen in Konstanz. Ich gewann hier den Eindruck, als würde ich in die Rolle des Beschuldigten gedrückt. Mein abgegebenes Protokoll mußte ich hier ebenfalls unterschreiben. Zapfer wurde von mir getrennt vernommen. Hinterher haben wir uns über unsere Vernehmung ausgetauscht, und dabei habe ich von ihm erfahren, daß er den gleichen Eindruck bei der Vernehmungstaktik empfunden habe wie ich.

Nach dem Verhör wurde ihnen mitgeteilt, SS-Führer und Polizeichef Reinhard Heydrich wolle sie ebenfalls noch einmal sprechen. »Ich freue mich, daß ich Sie empfangen kann«, begrüßte er Reitlinger und Zapfer in seinem riesigen Büro. Danach wurde seine Miene ernster. *Heydrich erklärte, er habe uns hierherkommen lassen, und verpflichtete uns auf Handschlag zum Schweigen über alles, was wir über den Fall Elser wissen. Er sagte ausdrücklich, daß wir dafür haften. Wir haben dann unsere Schweigepflicht ihm gegenüber durch Handschlag versichern müssen,* schilderte Reitlinger das kurze Zusammentreffen mit Heydrich.

Bei Dunkelheit verließen die beiden unter Begleitung zweier Gestapo-Beamter das Reichssicherheitshauptamt. Als sie die Treppen zum wartenden Auto hinuntergingen, das sie zum Hotel zurückbringen sollte, dachte Reitlinger für einen

Augenblick an den Mann, den er fünfzehn Tage zuvor an der Grenze gestellt hatte. Irgendwo in diesem Gebäude mußte er untergebracht sein, in einer Zelle des Hausgefängnisses auf seine Verhöre warten. Mein Gott, er wollte nicht in dessen Haut stecken. Sicherlich würde er angeklagt, und mit einem Mann, der Hitler töten wollte, würde die Justiz kurzen Prozeß machen: Todesstrafe!

Nein, er wollte wirklich nicht mit dem Burschen tauschen. Ein Verrückter mußte er sein, ein Verblendeter oder ein gekaufter Attentäter. Reitlinger mutmaßte letzteres.

Zapfer holte ihn aus seinen Gedanken. »Xaver«, sprach er ihn an, »heut abend trinken wir noch ein Viertele, und morgen geht's heim.« Reitlinger nickte: »Gott sei Dank.«

Während das Konstanzer Quartett am Abend feucht-fröhlich seinen Abschied von der Reichshauptstadt feierte, wurde Georg Elser von Gestapo-Beamten aus seiner Zelle geholt. Daß Verhöre erst am späten Abend begannen, war weder außergewöhnlich noch Zufall, sondern Programm. Die Vorgeführten kämpften gegen ihre Müdigkeit, mangelnde Konzentration verleitete sie zu unachtsamen Aussagen, ihre Widerstandskraft ließ nach. Die Gestapo-Beamten nutzten diese Situation. Auch Georg Elser war schon häufig nachts vernommen worden. Nicht selten dauerte die Befragung bis in die Morgenstunden. Jetzt, die Zeiger der Uhr rückten auf Mitternacht, hatte er Mühe, den Schritten seiner Bewacher zu folgen. Die Haft, die Verhöre, die Mißhandlungen hatten ihn mürbe gemacht. Georg Elser war ein gebrochener Mann.

Die Tür zum Vernehmungszimmer wurde geöffnet. Die Bewacher führten Georg Elser in die Mitte des Raumes. »Setzen Sie sich auf diesen Stuhl«, befahl schroff eine Stimme aus dem Hintergrund. Georg Elser blickte auf eine kleine Leinwand, die drüben vor den Aktenschränken aufgestellt worden war. »Licht aus!« befahl die Stimme. Über die Leinwand flimmerten Bilder von der Trauerfeier für die Opfer des

Bürgerbräu-Anschlages, die am 11. November in einem Staatsakt in München beigesetzt worden waren: sieben Särge, flankiert von Ehrenwachen, davor ein Meer von Blumengebinden und Kränzen. Die Kamera schwenkte hinüber zu den Angehörigen – weinende Gesichter in Großaufnahme. »Das hab' ich nicht gewollt...« Schluchzend brach Georg Elser unter dem Eindruck der Bilder zusammen.

»Licht!« befahl erneut die Stimme, die einem großgewachsenen Gestapo-Mann gehörte, der jetzt aus dem Dunkel heraustrat und hinüber zum Schreibtisch ging. Er nickte auffordernd einem zweiten Beamten zu, der sich nun neben Georg Elser stellte. Der Protokollant griff nach seinem Bleistift.

Frage: Was haben Sie gedacht, als Sie in der Nacht vom 7. auf 8. November zum letzten Mal Ihr Werk in Augenschein genommen und die Türen verschlossen haben?
Antwort: Da kann ich mich nicht mehr daran erinnern.
Frage: Wie hatten Sie sich damals die Auswirkungen des Anschlags vorgestellt?
Antwort: Das hatte ich mir schon vorher einige Male überlegt.
Frage: Dachten Sie daran, daß eine Reihe von Personen getötet werden könnten?
Antwort: Ja.
Frage: Wollten Sie das? Und wen wollten Sie treffen?
Antwort: Ja. Ich wollte die Führung treffen.
Frage: Blieb in Ihnen dieser Wille während der ganzen Ausführung bzw. Vorbereitung der Tat bestehen oder kamen Ihnen zwischendurch auch Zweifel über Ihre Handlungsweise?
Antwort: (Nach langem Überlegen) Das weiß ich nicht mehr, ob mir einmal Zweifel kamen oder nicht. Ich glaube aber, es kamen mir keine.
Frage: Wie stellen Sie sich heute zu dem, was Sie getan haben, nachdem Sie, obwohl Ihr Plan fehlschlug, acht Menschen getötet haben?

Antwort: Ich würde das nie mehr tun.
Vorhalt: Das ist keine Antwort auf meine Frage.
Antwort: Der Zweck ist nicht erreicht.
Frage: Ist es Ihnen denn gleichgültig, ob Sie acht Menschen vom Leben zum Tode gebracht haben?
Antwort: Nein, das ist mir nicht gleichgültig.
Frage: Was würden Sie machen, wenn Sie heute aus irgendeinem Grunde freigelassen würden?
Antwort: Ich würde versuchen, wieder gut zu machen, das, was ich Schlechtes getan habe.
Frage: Wodurch und wie?
Antwort: Indem ich mich bemühen würde, mich in die Volksgemeinschaft zu finden und mitzuarbeiten.
Frage: Könnten Sie das?
Antwort: Ich habe meine Ansicht geändert.
Frage: Dadurch, daß Sie festgenommen worden sind?
Antwort: Nein, ich glaube bestimmt, daß mein Plan gelungen wäre, wenn meine Auffassung richtig gewesen wäre. Nachdem er nicht gelungen ist, bin ich überzeugt, daß es nicht gelingen sollte und daß meine Ansicht falsch war.

Die letzte Vernehmung hatte keine halbe Stunde gedauert, kurze Zeit danach lag das Protokoll maschinengeschrieben vor. Ein Beamter gab es Georg Elser, der den Text nur überflog. Er war unfähig, den Inhalt zu lesen. *Selbst gelesen, genehmigt und unterschrieben*, hieß es in der letzten Zeile. Der Protokollant reichte ihm einen Füller. Wortlos unterschrieb er.

Als SS-Gruppenführer Heinrich Müller am nächsten Tag die umfangreichen Vernehmungsprotokolle durchlas, überfielen ihn zwiespältige Gefühle. Er, der für die Untersuchungen verantwortlich war, konnte mit der Arbeit seiner Beamten einerseits zufrieden sein, doch Tatsache war auch, daß dieser Elser trotz »verschärfter Vernehmungen« bei seinen früheren

Aussagen geblieben war. Nicht nur aus propagandistischen Erwägungen würde die NS-Führung mit dem Ergebnis nicht zufrieden sein, das wußte er. Was nutzte es da, daß der Attentäter zuletzt vom Zweifel an der Richtigkeit seines Tuns befallen wurde? Hitler, Himmler und Heydrich hielten an ihrer »Hintermännertheorie« fest und wollten eine Urheberschaft des britischen Geheimdienstes bewiesen haben. Doch dafür lieferten die Untersuchungsergebnisse keinerlei Anhaltspunkte. Mit einer kurzen Aktennotiz reichte Müller die Untersuchungsergebnisse an die NS-Spitze weiter. Wenige Tage später erhielt er von Heydrich einen Anruf: »Der Führer hat angeordnet, daß der Prozeß erst nach dem Kriege stattfinden soll, um zu beweisen, mit welchen perfiden Mitteln der Secret Service gearbeitet hat.«

Georg Elser wurde Schutzhäftling des Reichssicherheitshauptamtes. In einem Schauprozeß sollte er als Kronzeuge gegen den britischen Geheimdienst aussagen. Bis dahin, dachte SS-Mann Müller, werden wir den Burschen schon noch präparieren...

Wenige Stunden nach Heydrichs Anruf hielt ein grauer Wagen im Hof der Prinz-Albrecht-Straße 8. Zwei Gestapo-Beamte holten Georg Elser aus der Zelle. »Wohin geht es?« fragte er, als die Gestapo-Beamten ihn durch die langen Flure des Hauptgefängnisses führten.

»Wir machen einen Ausflug«, antwortete einer der Beamten. Belustigt fügte der andere hinzu: »Ja, ins Lager.« Ihr Lachen schallte über den Flur.

Dreizehntes Kapitel

Der Tod des Schutzhäftlings E.

Franz Fachner war ein großgewachsener, schlanker Mann; er trug streng gescheiteltes blondes Haar und hatte wache blaue Augen. Im Mai 1939 war er zur Wehrmacht einberufen worden. Den Vorgesetzten fiel gleich das geradezu vorbildlich »arische« Erscheinungsbild des jungen Rekruten auf. Nach nur vier Wochen wurde er zu einer neugeschaffenen »SS-Polizeidivision« versetzt, einer Division, die sich aus aktiven Polizeikräften zusammensetzte und als Elitetruppe galt. Große junge Männer, »deutsches Aussehen«, gut ausgebildet im Polizeidienst, gedacht für spezielle Einsätze im Frontbereich.

Franz Fachner machte den Frankreich-Feldzug mit, danach ging es nach Rußland. Im ersten schweren Winter 1941 wurde er als Mitglied eines Stoßtrupps vor Leningrad bei 44 Grad Kälte schwer verwundet. Ein Jahr lag er im Lazarett, doch richtig erholt hatte er sich davon nie mehr: Sein rechter Arm blieb gelähmt.

Trotz seiner Verwundung fand die SS für ihn Verwendung. Nach einem längeren Erholungsaufenthalt wurde er nach München versetzt. In der SS-Kaserne Freimann bekam Franz Fachner eine neue Uniform, und man nannte ihm seinen neuen Einsatzort: das KZ Dachau.

Das Konzentrationslager Dachau bei München war das erste »offizielle« Lager, das die Nationalsozialisten bauen ließen. Auf dem Gelände einer ehemaligen Munitionsfabrik sollten 5000 Menschen untergebracht werden. Dachau hatte Modellcharakter. Hier wurden alle Nuancen der Unterdrükkung und Ausschaltung des politischen und ideologischen Gegners ausprobiert, die später in den anderen Lagern Anwendung finden sollten. Dachau wurde zur »Grundschule« der SS: Ein Großteil der Lagerleiter, die in Deutschland und den überfallenen Ländern über Jahre hinweg Angst und Schrecken verbreiteten, war durch Dachau gegangen. Sie alle hatten hier ihr blutiges Handwerk »erlernt«.

Franz Fachner wurde zur Bewachung der Häftlinge abkommandiert. Zunächst war ihm bei dem Gedanken, in einem Konzentrationslager seinen Dienst zu tun, nicht wohl. Er hatte schon einiges über das Lager gehört. Am 22. März 1933 war es »in Betrieb genommen« worden, wie ihn ein älterer SS-Mann informierte. Vom ersten Tag an war Hitlers Drohung, nach der Machtübernahme mit seinen politischen Gegnern aufräumen zu wollen, hier in die Tat umgesetzt worden. Beinahe alle Kommunisten, derer man habhaft werden konnte, wurden nach Dachau gebracht. Es folgten Gewerkschafter, Sozialdemokraten und schon nach kurzer Zeit auch jüdische Bürger. Kamen prominente Neuankömmlinge ins Lager, so dachten sich die SS-Bewacher für jeden der Häftlinge ein »Sonderprogramm« aus, um sie zu demütigen und zu foltern.

Politische Funktionäre bekamen Schilder um den Hals, die sie als »Schwätzer« und »Arbeiterverräter« bezeichneten, andere mußten vor SS-Uniformierten, die in Hohngelächter ausbrachen, Spießruten laufen, oder man teilte Akademiker zu schwersten körperlichen Arbeiten ein, wohl wissend, daß sie bald zusammenbrechen würden, da sie diese nicht gewöhnt waren. Viele überlebten diese Schikanen nicht und starben einen qualvollen Tod.

Von Anfang an, später in immer perverseren Formen, gab es in Dachau auch eine »Strafkompanie«, die nach 1940 in zwei Sonderblocks untergebracht war. Diese Blocks waren durch Stacheldraht vom übrigen Lager abgeteilt. Der Umgang dort war besonders brutal, die Ernährung noch schlechter als im restlichen Lager. Hier gab es außerdem den sogenannten »Bunker«, ein Gebäude mit dunklen, modrigen Arrestzellen, in denen Häftlinge, oft noch zusätzlich an den Wänden angekettet, Monate verbringen mußten. Besonders gefürchtet waren hier die »Stehbunker«, eine besonders quälende Erfindung der SS: Auf einem Quadrat von nicht mehr als 60 Zentimern mußten die Gefangenen darin ihren Arrest tagelang stehend verbringen. In diesem Lager trat Franz Fachner im Sommer 1944 seinen Dienst an, zu einem Zeitpunkt, als Dachau völlig überbelegt war.

Bereits vom Jahr 1939 an spiegelten die Häftlingstransporte die faschistische Eroberungspolitik wider. Neben Gefangenen aus Deutschland wurden hauptsächlich polnische, sowjetische, ungarische, tschechische und französische Häftlinge in den Lagerlisten geführt. Aus Polen waren die Angehörigen ganzer Universitäten dorthin verfrachtet worden – im Zuge der Ausrottung der polnischen Intelligenz, die von der nationalsozialistischen Führung angeordnet worden war. Aus Frankreich kamen viele Widerstandskämpfer, über deren weiteres Schicksal ebenso niemand etwas erfuhr wie über das der über tausend anderen Häftlinge.

Das Lager war zwar in den zurückliegenden Jahren enorm vergrößert worden, eine Arbeit, die vor allem von den Inhaftierten selbst verrichtet werden mußte. Trotz des Ausbaues war das Lager hoffnungslos überbelegt. Nicht selten teilten sich drei oder mehr Gefangene die als »Bett« bezeichneten Verschläge; unzureichende Ernährung und Hygiene brachten Krankheiten und Seuchen. Aus Dokumenten sollte später hervorgehen, daß allein im Jahre 1944 im Hauptlager über 30 000 Menschen gefangengehalten wurden – in einem Lager, das einst für 5000 Häftlinge konzipiert worden war.

Fachner stand vor dem Lagertor und zeigte unaufgefordert seine Papiere. Der diensthabende Posten winkte beinahe teilnahmslos ab und forderte ihn auf, mit hinüber zur Kommandantur zu kommen. Es waren nur wenige hundert Meter. Fachner sah den elektrisch geladenen Zaun, dahinter die uniformen Baracken – das eigentliche Lager.

Ein Hauptfeldwebel begrüßte ihn: »Also, da sind Sie ja. Sie haben viele Auszeichnungen, ich heiße Sie willkommen hier. Gestern war ein ganz tolles Ding bei uns, da ist ein Häftling Amok gelaufen und dann noch einer. Es war ein schrecklicher Tag für uns, da haben wir einige aufhängen müssen, aber da brauchen Sie sich nicht zu wundern, Sie werden noch ganz andere Sachen erleben. Jetzt lesen Sie das durch« – er drückte ihm ein Schriftstück über Geheimhaltung in die Hände – »und unterschreiben es dann.«

Fachner war zu aufgeregt, um den Text zu begreifen, den er las. Seine Augen huschten über das Papier. Dann unterschrieb er.

»Sie kommen in die Zensur-Stelle«, fuhr der SS-Mann fort, »dort müssen Sie die Briefe der Häftlinge zensieren, alle Briefe, die ein- und ausgehen. Die Häftlinge dürfen in den Briefen beispielsweise keine Rasierklingen und auch keine Fotos von ihren Familienangehörigen empfangen. Vor allem dürfen sie über das Lager Dachau nicht schlecht schreiben. Seien Sie aufmerksam.«

Vier Wochen lang kontrollierte Franz Fachner die ein- und ausgehende Post der Häftlinge. Seine Kollegen, meist ältere SS-Männer, erledigten ihre Arbeit routiniert und emotionslos. Daß die Briefe von Menschen in Not und Angst geschrieben wurden, nahmen sie längst nicht mehr zur Kenntnis. Ihnen ging es allein um ihre eigene Sicherheit, nicht um Schicksale.

Dann, an einem Donnerstag, wurde Fachner aufgefordert, sich bei einem Oberleutnant im ersten Stock zu melden. »Kommen Sie mit«, winkte ihm der Uniformierte, ein Mann mit kurzgeschnittenem Oberlippenbart und tiefliegenden Augen, nach der Begrüßung zu sich. Sie verließen das Gebäude, in dem sich die Zensurstelle befand, und gingen die wenigen Meter hinüber zum eigentlichen Lagertor. Sie durchschritten das Tor, überquerten einen kleinen Platz, bogen dann nach rechts, vorbei an unzähligen Baracken, hinter denen in regelmäßigen Abständen Wachtürme aufragten. Vor einem schweren Eisentor blieb der Oberleutnant stehen. »Sehen Sie dort drüben den Zellenbau?« fragte er Fachner und zeigte auf einen einstöckigen langen Steinbau mit vergitterten Fenstern. »Da machen Sie ab heute Dienst.«

In den nächsten Tagen gab ihm sein neuer Vorgesetzter, ein ständig mißgelaunter SS-Mann im Rang eines Obersturmführers, einen Lagerschlüssel, mit dem er auch alle Zellentüren öffnen konnte.

Fachner war zuständig für den sogenannten Prominentenflügel; zwei langjährig Inhaftierte wurden ihm als Kalfaktoren unterstellt. Beide waren wegen »religiöser Opposition« als Zeugen Jehovas in das Lager gekommen. Im »Prominentenflügel« wurde Fachner mit Menschen konfrontiert, die trotz ihrer prominenten politischen, gesellschaftlichen oder wirtschaftlichen Stellung von den Nationalsozialisten als Gegner, Kollaborateure und Verschwörer eingestuft und nun als »Schutzhäftlinge« – freilich oft unter privilegierten Bedingungen – gefangengehalten wurden. So bewohnte der ehemalige österreichische Bundeskanzler Schuschnigg mit seiner Frau und Töchterchen Sissy zwei Zellen; der ehemalige Reichsbankpräsident Schacht brauchte auch hier nicht auf seinen gewohnten Stehkragen zu verzichten und der Geopolitiker Karl Haushofer sich nicht über mangelnde Fachliteratur zu beklagen. Mißliebige Militärs wie der ehemalige Generalstabschef Halder oder der Militärbefehlshaber von Belgien, Generaloberst von Falkenhausen, standen ebenso unter Fachners Aufsicht wie kirchliche Würdenträger. Der Abt von Kloster Metten, ein griechischer Erzbischof, Pastor

Martin Niemöller – sie alle waren als Oppositionelle in das Lager gekommen. Über ihr weiteres Schicksal konnten sie nur spekulieren. Selbst die Nazis waren sich bei vielen ihrer prominenten Häftlinge noch unschlüssig, was mit ihnen passieren sollte: jahrelange Absonderung oder Vernichtung.

Franz Fachner hatte sich mit dem Terrorsystem mittlerweile arrangiert. Manchmal überfielen ihn leise Zweifel, wenn er daran dachte, was man im Lager Menschen antat: Erniedrigung, Folter, Erschießen, Erhängen. Der Tod gehörte zum Alltag. Im Krematorium verrichteten Todeskommandos rund um die Uhr grausame Arbeit. In Sonderabteilungen wurden medizinische Experimente durchgeführt: Man infizierte Menschen mit Malaria-Erregern, legte sie stundenlang in Becken mit Eiswasser, um zu beobachten, welche Belastungen ein menschlicher Körper aushalten kann. Der Tod der Versuchspersonen war von vornherein einkalkuliert. Aber was galt hier ein Menschenleben?

Franz Fachner schob aufkommende Zweifel zur Seite. Schließlich war Krieg, beruhigte er sich, da mußte durchgegriffen werden, das hatten ihm seine Vorgesetzten immer wieder gesagt. »Wo gehobelt wird, fallen eben Späne«, hieß es unter den KZ-Bewachern, und mit Spänen meinten sie den Tod – den tausendfachen Tod. Eigentlich war Fachner froh, im sogenannten »Kommandanturarrest« Dienst zu tun, hier, wo in einem »kleinen Lager« innerhalb des Lagers für die prominenten Häftlinge »Sonderbedingungen« bestanden. Vielleicht will man ihnen nach dem Krieg den Prozeß machen, dachte Fachner, das muß die Führung entscheiden, nicht wir. Es war nicht seine Aufgabe, darüber nachzudenken. Er tat nur seine Pflicht – nichts sonst.

An einem eiskalten Mittwoch brachten ihm vier SS-Bewacher einen kleinen unscheinbaren Mann in den Kommandanturarrest. »Ein Transport aus Sachsenhausen, Anruf folgt«, sagte einer der vier, ehe sie sich verabschiedeten. Fachner führte den Neuankömmling in die Wachstube. Das Telefon

klingelte. »Der neue Häftling bezieht die Zelle Nummer
sechs, alles Weitere erfahren Sie«, befahl die Stimme barsch.
Fachner hatte sich mittlerweile an den rüden Umgangston
gewöhnt, der innerhalb der Lagerverwaltung herrschte. Die
Sprache hatte sich dem System angepaßt; sie war effizient.
Kein Wort zuviel. Die Befehle kamen knapp und aggressiv,
meistens laut und unüberhörbar. In den Worten lagen Ver-
achtung und Zynismus. Vor allem, wenn sie Häftlingen
galten.

Fachner brachte den Mann hinüber zur Zelle Nummer
sechs. Er sah krank aus. Sein Gesicht wirkte eingefallen, sein
Körper ausgemergelt. Ein Wrack, dachte Fachner. »Wie hei-
ßen Sie?« fragte er den Häftling.

Die Antwort kam leise und zögernd: »Elser... Georg
Elser.«

Fachner schloß mit seinem großen Schlüssel die Zellentür
auf und sagte: »Ich lasse Sie dann später holen und trage Ihre
Daten ein.«

Doch dazu sollte es nicht kommen. Wenig später erfuhr
Fachner, daß dieser unscheinbare Häftling in Zelle sechs jener
Mann war, der damals im Münchener Bürgerbräukeller das
Attentat auf den Führer ausgeführt hatte. Man teilte ihm mit,
daß Elser als »Sonderhäftling des Reichssicherheitshauptamtes« die letzten fünf Jahre im Konzentrationslager Sachsenhausen inhaftiert gewesen war.

Dorthin, 35 Kilometer nördlich von Berlin, hatte ihn die
Gestapo 1939 nach Abschluß der Vernehmungen gebracht.
Unter den KZ-Bewachern galt der schmächtige Mann mit
dem schwäbischen Dialekt als ein gutmütiger Kerl, als zurückhaltender, stiller Häftling; einer, der niemals Be-
schwerde führte, sich auflehnte oder Ärger machte. Täglich
traf man ihn in seiner kleinen Lagerwerkstatt, die ihm auf
Anordnung aus Berlin eingerichtet worden war. Georg Elser
war in den letzten Jahren zum starken Raucher geworden,
aber Zigaretten waren Mangelware. Sie zu besitzen war, als

habe man Bargeld zur Verfügung, denn Zigaretten waren längst zur inoffiziellen Lagerwährung geworden. Damit bezahlten Aufseher bei ihm ihre kleinen Aufträge: Buchregale und Stühle, Schubladen und Kerzenhalter, die ihnen Georg Elser hin und wieder in seiner Werkstatt schreinerte.

Das Rauchen geriet zur einzigen Freude, die ihm neben dem Zitherspiel geblieben war. Er fügte sich ohne Klagen seinem Schicksal: ein gebrochener, einsamer Mann, ein Häftling, dessen »besondere Verwendung« im Sinne der NS-Machthaber noch ausstand. Ein Gefangener, der zwar unter besonderem Schutz stand, freilich einem zweifelhaften Schutz. Manchmal fühlte er sich wie ein eingesperrter Vogel in einem luxuriösen Käfig. Zwar verfügte er über eine Zelle, die der dreifachen Größe einer normalen entsprach, besaß darin seine kleine Werkstatt, bekam eine bessere Verpflegung als die übrigen Lagerinsassen, und seine Bewacher hatten Anweisung, ihn gut zu behandeln – zu der Sonderbehandlung zählte aber auch die vollständige Isolierung von den anderen Häftlingen sowie die permanente Bewachung durch zwei Aufseher, die sich rund um die Uhr in der Zelle aufhalten mußten.

Georg Elser war der bestbewachte Gefangene im Lager Sachsenhausen. Ein Gefangener ohne Chance auf Entlassung, ohne Zukunft, von der Außenwelt völlig abgeschnitten. Selbst vereinzelte Briefe, die er an seine Schwester Maria und an Elsa geschrieben hatte, blieben ohne Antwort. Sie waren im Reichssicherheitshauptamt in Berlin ebenso beschlagnahmt worden wie die an ihn adressierte Post.

Fachner brauchte an diesem Nachmittag für seinen neuen Häftling, der jetzt, wie andere prominente Häftlinge auch, wegen des Vormarschs der russischen Armee von Sachsenhausen nach Dachau gebracht worden war, nicht die obligate Häftlings-Karteikarte anzulegen. »Der untersteht direkt der Gestapo in Berlin«, hatte der Obersturmbannführer zu ihm gesagt, deshalb sei der Mann besonders sorgsam zu bewachen. »Nicht daß der sich was antut, und wir haben dann die Sauerei und den Ärger.«

Fachner fand die Sorge seines Vorgesetzten ein wenig übertrieben, ja angesichts des täglichen Mordens im Lager beinahe zynisch. Ein Menschenleben war hier nur etwas wert, wenn es dem System zu irgend etwas nützlich war – und sei es als tragische Figur in einem Schauprozeß. Die Häftlinge, die in den Schutzhaft-Zellen gefangengehalten wurden, hatten eines gemeinsam: Sie hatten den Tod nicht unmittelbar zu fürchten, ihr Status garantierte ihnen vorerst das Überleben inmitten einer Todesmaschinerie.

Georg Elser bekam, wie schon im Lager Sachsenhausen, eine Werkstatt in seiner Zelle eingerichtet. Tagsüber führte er wiederum Holzarbeiten für die Lagerverwaltung aus und tat das mit derselben handwerklichen Sorgfalt und Akribie, die seine Arbeit schon immer ausgezeichnet hatte.

Abends spielte er auf einer selbstgebauten Zither. Schwer und melancholisch klangen die Lieder, die aus seiner Zelle drangen. Fachner setzte sich manchmal zu ihm, schaute ihm beim Spielen über die Schulter und genoß die Wiener Melodien, die er ebenso ins Herz geschlossen hatte wie sein Häftling. Manchmal kamen sie ins Gespräch und redeten über Musik und Notenblätter. Fachner hatte seinem Häftling versprochen, einige Blätter zu besorgen. Selten sprachen sie über Politik, noch seltener über den Krieg, schon gar nicht über die Zustände im Lager. Als Insasse durfte Georg Elser nicht davon sprechen; als KZ-Bewacher war es Fachner strengstens untersagt, mit Häftlingen darüber zu reden. Das wußte er, aber wer hielt sich in dieser Zeit schon an die Dienstordnung? Jeder seiner Kollegen war Herr über Leben und Tod, unumschränkter Herrscher seines kleinen, ihm unterstellten Bereichs. Fachner kannte viele, die diese Rolle exzessiv ausnutzten. Sie gefielen sich als »lebendige Teufel«, sie erkannten keine anderen Gesetze an als ihre eigenen.

Das Lagersystem billigte ihre Brutalität, ihren unnachgiebigen Vernichtungsdrang. Die rigorose Menschenverachtung der einzelnen Aufseher fügte sich nahtlos zu einem Gesamtsystem staatlichen Terrors. Fachner war Teil dieses mörderischen Systems. Er versuchte immer wieder sein Gewissen damit zu beruhigen, nicht eigenhändig an der Tötungsmaschinerie beteiligt zu sein und den ihm unterstellten Häftlingen Schläge und Quälerei zu ersparen. Er gab sich Mühe, sich ihnen gegenüber »menschlich« zu verhalten. War das möglich inmitten eines unmenschlichen Systems?

Einmal, nachdem er Georg Elser wieder beim Zitherspielen zugehört hatte, überfiel ihn die Neugier. »Haben Sie das eigentlich allein gemacht, das mit dem Attentat in München«, war es plötzlich aus ihm herausgebrochen, »ich meine, ohne Helfer?«

Elser setzte sich auf seine Pritsche. »Ich kann es Ihnen ja sagen, steht ja sowieso schon in jedem Protokoll: Ich hab's ganz allein getan. Ich hab's tun müssen, denn Hitler war und ist der Untergang Deutschlands.«

Er stand auf und ging hinüber zum Zellenfenster. Dann drehte er sich Fachner zu. »Wissen Sie, ich bin kein eingefleischter Kommunist. Ich hab' gewußt, daß ich ein großes Risiko eingehe – jetzt sitz' ich hier und wart' drauf, daß sie mich hinrichten.«

Fachner sah, daß Elsers Hände zitterten, und gab ihm eine Zigarette. Elser griff gierig danach. Dann ging er zurück zum Tisch, setzte sich und zündete sich die Zigarette an.

»Ich hätte jetzt eine Frage an Sie«, überraschte er Fachner. »Sie kennen sich doch bestimmt aus. Was ist eigentlich einfacher zu ertragen: das Vergasen, das Aufhängen oder der Genickschuß? Ich meine, wobei leidet der Mensch am wenigsten?«

Fachner war entsetzt und suchte nach Worten: »Aber, Herr Elser, Sie sind doch schon so lange inhaftiert. Sie werden doch wie ein rohes Ei behandelt. Ihnen passiert doch nichts.«

Elser unterbrach ihn: »Erzählen Sie mir nichts. Ich weiß es besser, ich leb' nicht mehr lange.«

Fachner verließ schweigend die Zelle. War es nicht sonderbar? Da starben Tausende in diesem Lager durch medizinische Experimente, da wurde nur wenige hundert Meter vom Kommandanturarrest entfernt täglich zu Tode geprügelt und gefoltert. Und doch prallte diese fürchterliche Realität an Fachner ab. Er verdrängte die brutale alltägliche Wirklichkeit, schob sie von sich weg. Hier, im Zellenhaus aber, hatte er zu den Häftlingen eine unmittelbare Beziehung; mit ihnen redete er, mit deren Ängsten, Sehnsüchten und Hoffnungen wurde er konfrontiert. In ihnen sah er keine anonymen Gefangenen, sondern einzelne Häftlinge. Vor vielen hatte er heimlichen Respekt, zu einigen hegte er sogar Sympathien. Georg Elser war einer von ihnen. Dessen Frage wirkte auf ihn.

Fachner ging zurück in sein Dienstzimmer. Er dachte an Elsers Worte: »Ich hab' geglaubt, was Gutes zu machen, jetzt muß ich die Konsequenzen tragen«, hatte er zu ihm beim Verlassen der Zelle gesagt.

Georg Elser hatte, wie die meisten im Block der »Sonderhäftlinge«, Angst. Angst vor dem Ende. Angst um sein Leben. Obwohl die Lagerleitung alles tat, um die Häftlinge über die wahre Kriegslage im unklaren zu lassen, wußten mittlerweile auch im Lager viele, wie es um Deutschland stand. Einige SS-Bewacher hatten Andeutungen gemacht, Häftlinge des sogenannten »Pfarrerblocks«, in dem oppositionelle Priester aus aller Welt inhaftiert waren, hatten über geheime Wege des Lager-Widerstands Informationen darüber erhalten, daß der Krieg bald zu Ende sei und die Amerikaner nur mehr hundert Kilometer vor Dachau stünden.

Die Häftlinge mußten befürchten, die SS würde, um jegliche Spuren der Vernichtung zu verwischen, nun verstärkt Massentötungen anordnen. Deutschlands Städte lagen längst in Schutt und Asche, das »Tausendjährige Reich« versank von Tag zu Tag tiefer in Trümmern. Hitler und die National-sozialisten hatten Elend, Leid und Tod über Millionen Menschen gebracht. Nicht nur im Reich – in ganz Europa. Aus dem nationalen Freudentaumel war längst ein grausamer Totentanz geworden.

Und doch gab es immer noch fanatische Anhänger des Nationalsozialismus, Menschen, die auch jetzt noch unter dem Bombenhagel der feindlichen Flugzeuge jeden »Volksgenossen« denunzierten und damit die Gefahr des Todes für jeden beschworen, der sich öffentlich diesem Wahnsinn entgegenzustellen wagte. Sie saßen in Rathäusern und Verwaltungen, in Polizeidienststellen und Gerichten. Sie wirkten auf der Schwäbischen Alb ebenso wie in Stuttgart oder Berlin. Aus einem Volk enthusiastischer Jubler war ein Volk desillusionierter, identitätsloser, verunsicherter Menschen geworden. Doch in den Augen der Nationalsozialisten galt es auch jetzt noch zu retten, was zu retten war. Hier in Dachau hieß das konkret, die Spuren zu verwischen.

Kurz vor Kriegsende, am 5. April 1945, erreichte – eingetragen unter der Tagebuchnummer 42/45 – ein Schnellbrief vom Chef der Sicherheitspolizei in Berlin den Kommandanten des Konzentrationslagers Dachau. Darin hieß es unter anderem:

...Auch wegen unseres besonderen Schutzhäftlings Elser wurde erneut an höchster Stelle Vortrag gehalten. Folgende Weisung ist ergangen: Bei einem der nächsten Terrorangriffe auf München bzw. auf die Umgebung von Dachau ist angeblich Elser tödlich verunglückt. Ich bitte zu diesem Zweck, Elser in absolut unauffälliger Weise nach Eintritt einer solchen Situation zu liquidieren. Ich bitte besorgt zu sein, daß darüber nur ganz wenige Personen, die ganz besonders zu verpflichten sind, Kenntnis erhalten. Die Vollzugsanzeige hierüber an mich würde dann etwa lauten: Am ... anläßlich des Terrorangriffs auf ... wurde unter anderem der Schutzhäftling Elser tödlich verletzt.

In Dachau wurde genau nach diesen Anweisungen verfahren.

»Sie müssen zur Vernehmung«, sagte Fachner am Abend des 9. April zu Georg Elser, als er ihn aus der Zelle holte.

»Muß ich etwas mitnehmen?« fragte Elser, überrascht von dieser Aufforderung.

»Nein, Sie sind ja gleich wieder zurück«, stellte sich Fachner ahnungslos. Er wußte von seiner Lüge. Vor wenigen Minuten hatte ein SS-Mann ihm den Befehl gebracht, Elser »zur Vernehmung« zu holen. Dabei hatte er ihm lächelnd zugeblinzelt. Fachner ahnte: Das war Elsers Tod.

Nach dem Krieg – auch Fachner sollte als KZ-Bewacher zur Verantwortung gezogen werden und eine Haftstrafe verbüßen – erinnerte er sich an Elsers letzten Gang:

Er wurde von uns weggeführt, entlang des elektrisch geladenen Zauns. Er kam am Lagertor vorbei, und dann ging's quer durch das Lager. Dann kam eine Steinmauer mit einer kleinen Eisentür. Dahinter befand sich das Krematorium. Das war ein unscheinbarer Bau. In dem Krematoriumsvorbau saß ein SS-Unterscharführer, der zu den Eintretenden sagte: »Kommen Sie mit.« Dann führte er sie in den Hinrichtungsraum. Jeder, der bei uns hingerichtet wurde, mußte sich ausziehen. Man sagte den Betreffenden, es sei, um zu baden. Wenn dann der Häftling nackt war und zufällig einmal den Rücken hindrehte, wurde er, ohne es zu ahnen, erschossen. Elser wird sicher auf die gleiche Weise umgebracht worden sein.

Ich selbst bin nicht dabeigewesen, aber man hat sich im Lager darüber unterhalten. Oberscharführer Fritz, den ich nach den letzten Minuten Elsers befragte, sagte jedoch, Elser sei am Fleischerhaken aufgehängt und dann im Krematorium verbrannt worden. Übrigens: Kurz nachdem Elser hingerichtet war, kam Oberscharführer Fritz zu mir in den Kommandanturarrest; er holte sich die Zither, die sich Elser gezimmert hatte. Ich sah ihn über den Gang gehen. Beim Hinausgehen streifte er mit dem Daumen über die Saiten.

Am 29. April 1945, gegen 17.15 Uhr, fuhren die ersten amerikanischen Soldaten – unter ihnen eine Reporterin der »New York Times« – mit einem Jeep auf das Gelände des Konzentrationslagers Dachau. Dem im Auftrag des geheim tagenden Lagerkomitees geflüchteten Häftling Karl Riemer war es gelungen, sich zu den bei Pfaffenhofen an der Ilm stehenden US-Truppen durchzuschlagen und den US-Kommandanten zum Vorrücken nach Dachau – statt nach München – zu bewegen. 32 332 Häftlinge, auch aus anderen Lagern, warteten auf die Erlösung von ihrer Leidenszeit.

Von 1933 bis 1945 waren mindestens 31 000 Menschen im Lager umgekommen. Tausende rangen seit November 1944 mit Fleckfieber und Hungertod. Etwa 7000 Häftlinge waren am 26. und 27. April zum berüchtigten Todesmarsch in Richtung Ötztaler Alpen getrieben worden. Sie sollten die Alpenfestung bauen. Und es gab Himmlers Befehl, kein Häftling dürfe den Alliierten in die Hände fallen. Die 7000 in fünf »Marschblöcke« eingeteilten Menschen wußten, daß sie von der SS keine Gnade zu erwarten hatten. Den Plan, das Lager mit allen Insassen zu vernichten, ließ die SS fallen. Statt dessen ordnete sie die von Himmler befohlene Evakuierung an. In fünf »Marschsäulen« machten sich die Häftlinge auf den Weg. Wer liegenblieb, wurde erschossen, zahlreiche Häftlinge konnten fliehen. Die meisten SS-Leute waren geflohen, ein Teil von ihnen wurde – in Häftlingsuniform – gefangengenommen.

Der 29. April war für Tausende der erlösende Tag der Befreiung. Doch für Georg Elser kamen die Befreier zwanzig Tage zu spät.

Vom Erinnern und Vergessen –
Wohin mit Georg Elser?

»Der deutsche Täter war kein besonderer Deutscher. Was wir über seine Gesinnung auszuführen haben, bezieht sich nicht auf ihn allein, sondern auf Deutschland als Ganzes«
(RAUL HILBERG)

1. Ob es sinnvoll sei, heute noch über die nationalsozialistische Vergangenheit zu schreiben, wurde ich in den zurückliegenden Jahren während der Arbeiten an Büchern wie diesem immer wieder gefragt. Von Leuten, die der Meinung sind, diese Vergangenheit sei nunmehr – nach mehr als fünfzig Jahren – tatsächlich »vergangen«. Von Bekannten, die argumentierten, auch eine so belastende Geschichte wie die unsere »dürfe« einmal zu Ende sein. Ich wies darauf hin, daß die meisten Deutschen – und es handelt sich hierbei keineswegs um die ältere Generation – noch immer nicht wahrhaben wollen, was ihre Väter und Großväter zwischen 1933 und 1945 angerichtet und zugelassen haben. Und ich versuchte zu zeigen, welche kollektiven und individuellen Anstrengungen unternommen wurden, um der belasteten Geschichte zu entkommen. Dafür erntete ich Zweifel, Unverständnis, nicht selten Protest. Nicht alle seien Nazis gewesen, nicht alle hätten Schuld auf sich geladen, nicht allein die Deutschen Greueltaten begangen.

2. Die Täter, die Wegschauer, die Mitwisser, die Mitläufer, die Nutznießer. Wer heute über Hitlers Deutsche reden möchte, findet nicht viele Zuhörer. Wer nicht aufhört, danach zu fragen, gilt beinahe schon als Querulant. Diejenigen, die das »Tausendjährige Reich« er- und überlebt haben, geben immer die gleichen Antworten: Man war selbst kein Täter, sondern passiver Zeitzeuge und wurde infolge Fremdverschulden in die Verbrechen des Regimes mit hineingezogen. Verantwortlich für die Verbrechen waren andere, nämlich Hitler und seine Bösewichte. Sie verlangen nach ihrer Seelenruhe – und unsere permissive Gesellschaft gibt sie ihnen.

3. Die Nachkriegsgeneration, jene Generation also, die, um den deutschen Ex-Kanzler Helmut Kohl zu zitieren, mit »der Gnade der späten Geburt« gesegnet ist, geht derzeit daran, endgültig einen Schlußstrich unter eine nicht allzu lang zurückliegende, belastete Vergangenheit zu ziehen. Ist sie, die politisch und moralisch schuldlose Generation, für immer entlassen aus der Auseinandersetzung mit dem Nazi-Regime und dessen Erbe? Oder liegt die Veranwortung für die heutige Generation gerade darin, sich zu befragen, wie sie zur Schuld ihrer Großeltern und Eltern steht? Erinnern oder Vergessen?

4. Das Vergessen, das den Nazi-Opfern noch die Erinnerung verweigert, begann mit der Gründung der Bundesrepublik. »Wir haben von nichts gewußt«, war eine der Lebenslügen der Adenauer-Republik und zugleich ihr sozialpsycholgisches Fundament. Nach 1945 hatte diese Version die Funktion einer einzigen, großen kollektiven Waschmaschine: die Erinnerung an eine schuldbeladene, grausame Wirklichkeit wandelte sich in eine Erinnerung an eine unabänderliche, also verzeihbare Wirklichkeit. Auf diese Weise wurden aus Tätern, Mittätern und Mitwissern ein einzig Volk gefesselter, verblendeter, getäuschter, ja wehrloser Opfer einer übermächtigen Kraft.

Sicher: Am Tag Null nach Hitler gab es auch hierzulande Menschen, die Scham und Trauer empfanden, über das, was in den Jahren zuvor geschehen war. Doch es gab schon damals weit mehr Menschen, die, gerade der Katastrophe entkommen, das Erlebte und Geschehene verdrängten, statt es im Bewußtsein der Verantwortung als eigene Geschichte anzunehmen.

Erinnerungen und Ruinen wegräumen – das war das Gebot der Stunde.

Anpacken und Aufbauen, Fußballweltmeister werden, Wirtschaftswunder sichern, Demokratie spielen. Die Politik, ob christ- oder sozialdemokratisch, begnügte sich mit hohlen Erinnerungsritualen. Ein Volk auf der Flucht vor der eigenen Vergangenheit.

5. Es war Ex-Bundespräsident Richard von Weizsäcker, der in seiner vielbeachteten Rede am 8. Mai 1985 eine klare Sicht und Sprache anmahnte. Jeden, der behaupte »nichts gewußt oder auch nur etwas geahnt zu haben«, forderte er auf, sich »im Stillen selbst nach seiner Verstrickung zu fragen«. Denn: »Schonung unserer Gefühle durch uns selbst oder durch andere hilft nicht weiter. Wir brauchen und wir haben die Kraft, der Wahrheit, so gut wie wir es können, ins Auge zu sehen, ohne Beschönigung und ohne Einseitigkeit.«

Deutliche Sätze für einen Bundespräsidenten – und doch strapazierte auch Richard von Weizsäcker nur einmal mehr das nebulös-schicksalhafte Bild von der »schuldhaften Verstrickung« in Krieg und Gewalt. »Verstrickung«, als Synonym einer schicksalhaften, also vom Einzelnen nicht zu verantwortenden Verursachung.

6. »Wir sind ein ganz normales Volk«, sagen die Deutschen. Und sie sagen es oft. Hitler, Nazi-Deutschland, Auschwitz? Ein Thema für Geschichtsbücher und für Menschen, die uns Deutsche nicht mögen. So denkt die Kriegs-Generation, so

denkt die Nachkriegs-Generation, so denkt die Enkel-Generation, so denkt die »neue Mitte« im Schröder-Land. Und wo die Mitte ist, da liegt das gesunde Volksempfinden.

7. Der Schriftsteller Martin Walser hat in seiner Friedenspreisrede im Oktober 1998 von einer »Moralpistole« gesprochen und von einem »aufgesetzten Moralismus«, mit dem selbsternannte »Meinungssoldaten« und »Moralgiganten« das deutsche Volk seit Jahren malträtierten. Nach der Rede in der Frankfurter Paulskirche erhielt er dafür vom anwesenden Honoratioren-Publikum standing ovations. Dabei hatte Walser nur das gesagt, was Politiker und Bürger »draußen im Lande« denken: daß doch mal endlich Schluß sein muß mit der deutschen Vergangenheitsbewältigung.

Daß seine »Friedensrede« mit einem Tabu gebrochen hatte, Dinge benannte, die zuvor nur in der rechtsradikalen »Deutschen Soldatenzeitung« so genannt worden waren, schien kaum jemanden zu stören. Ein Protest der Politik blieb aus. Bundespräsident Roman Herzog und Kanzler Gerhard Schröder nahmen im Gegenteil Walser gegen die Kritik, er habe für Vergessen und Verdrängen plädiert, in Schutz. Einen genauen Blick auf die provokatorische Wucht seiner Formulierungen zu werfen, in denen etwa vom »grausamen Erinnerungsdienst« die Rede war, schien überflüssig. Ignoranz oder Einverständnis? Einzig der Vorsitzende des Zentralrats der Juden in Deutschland, Ignaz Bubis, erregte sich öffentlich. Er blieb allein. Daß in zeitlicher Nähe zu Walsers Rede auf einem jüdischen Friedhof in Berlin das Grab seines Vorgängers Heinz Galinski zum zweiten Mal geschändet und beschmiert wurde – bot keinen Anlaß, sonderlich nachdenklich zu werden.

Nachdem das Hitler-Regime in den letzten fünfzig Jahren erfolgreich in die leere Allgemeinheit der »Schande« und des »Bösen« gebannt worden ist, werden nun – so scheint es – die Moralbegriffe selbst denunziert, auch dank Martin Walser.

8. Walsers Postulat einer Normalität unseres Landes ist verstanden worden. Auschwitz – Schluß damit, fordert das gesunde Volksempfinden. Die Deutschen haben den Blick nach vorne gerichtet, für die Rückschau auf eine belastete Vergangenheit, fühlt sich niemand verantwortlich. Endlich sind sie dort angekommen, wohin sie sich nach dem Zusammenbruch der Hitler-Diktatur so sehnlichst wünschten: ins einig Vaterland, dessen Hauptstadt Berlin heißt und dessen Politiker wieder im Reichstag sitzen. Die Deutschen fühlen sich als ganz normales Volk und wer sich besonders normal fühlt, klebt sich einen Aufkleber »Ich bin stolz, ein Deutscher zu sein« in die Heckscheibe seines Autos.

9. Auch Hitlers Deutsche waren ganz normale Leute. Ganz normale Täter, ganz normale Zuschauer, normale Wegseher. Was aber ist normal? Die deutsche Maßeinheit, der Duden, definiert das Normale als geistig gesund – die denkbar schlimmste Definition. »Normal« ist schon deshalb eines der barbarischsten Wörter die es gibt, weil es zwingend das Wort »anomal« fordert. Mit dem Wort »anomal« wurden im Nazi-Deutschland ganze Völker in den Tod geschickt. Der normale und gesunde, also deutsche Menschenverstand wußte recht schnell, was abnorm und krankhaft, was entartet und nicht lebenswert war und daher ausgemerzt werden mußte. Juden, Minderheiten, Andersdenkende.

10. Es gab auch Widerstand. Hitlers Gegner wurden verfolgt, verhaftet und ermordet – vor den Augen der Öffentlichkeit. Ihr Schicksal interessierte die meisten Volksgenossen nicht. »Die deutsche Geschichte ist eine Geschichte des versäumten Widerstands«, schrieb Günter Grass.

Und nach dem Krieg? Hinter der Mystifizierung der »Männer des 20. Juli«, jener Offiziere und Adeligen, die dem braunen Terror-Regime lange Jahre treu gedient hatten, ehe sie, als schon nichts mehr zu retten war, versuchten, ein Ende des

NS-Regimes herbeizuführen, gab es keinen Raum für die zahllosen Widerstandskämpfer aus den Reihen der Kommunisten, Sozialdemokraten, Gewerkschaftler und Freidenker. Jegliche öffentliche Anerkennung blieb ihnen versagt. Im Gegenteil: ihr alltäglicher Widerstand gegen das barbarische NS-Regime wurde mit Etiketten wie Volksverräter, Fahnenflüchtige und Deserteure denunziert. Ihr mutiger Kampf erinnerte viele Deutsche an ihre eigene Mitschuld – an Feigheit, Opportunismus und Gleichgültigkeit.

11. Auch ein Mann wie Georg Elser konfrontierte sie mit ihrem schlechten Gewissen – sofern sie eines hatten. Daran hat sich bis heute wenig geändert. Im einseitigen Bild vom Widerstand im Dritten Reich ist für Georg Elser kein Platz. Joachim Fest schreibt in seiner Hitler-Biographie von einem »namenlosen Einzelgänger«, ohne sich auf Elsers politische Motivierung festzulegen. Die Widerstandsgeschichte hierzulande hat für Georg Elser keinen Platz.

Wohin also mit Georg Elser? Weder den konservativ-deutschnationalen »Widerstandskämpfern«, noch dem organisierten kommunistischen Widerstand (eines seiner Tatmotive war ja gerade auch die als schmerzvoll empfundene Passivität der Arbeiterorganisationen, die Elser beim kommunistischen Rotfrontkämpferbund erlebt hatte), noch der gewerkschaftlichen oder kirchlichen Opposition ist er zuzurechnen. Wohin also mit diesem Einzelgänger?

12. Das deutsche Drama um die Person Georg Elsers besteht nicht nur darin, daß sein Attentat mißlang, sondern vor allem darin, daß die Person des Attentäters beinahe schockierend unbekannt ist. Ein Grund für seine Unbekanntheit mag darin liegen, daß die Historiker-Zunft ihn lange Zeit nicht anders eingeschätzt hat als die Gestapo: Ein individueller Attentäter muß entweder gekauft oder verrückt sein.

Tatsächlich war Georg Elser alles andere als ein Fanatiker

oder ein Spinner – er war ein zurückhaltender Individualist, der ein gewöhnliches Leben führte. Politik, sobald sie seinen Alltagsrahmen verließ oder zu ideologischen Höhenflügen abhob, interessierte ihn nicht. Politik verstand er nie abstrakt. Aber er spürte, daß die Bedingungen in Deutschland »sich nur durch eine Beseitigung der augenblicklichen Führung ändern ließen«, womit er Hitler, Göring und Goebbels meinte und hoffte, daß nach einer Beseitigung dieser »Obersten« gemäßigtere Männer auftreten würden, die keine anderen Länder erobern, sondern das Los der Arbeiterklasse verbessern würden. Ein Attentat auf die »höchste« Führung – das war der Sinn seiner Tat.

13. Georg Elser stammte von der Ostalb, einer württembergischen Region, die als Hochburg des Pietismus gilt. Fromm war er insofern, als er über einen ausgeprägten Gerechtigkeitssinn verfügte. Wenn er Gottesdienste besuchte – gleich, ob katholische oder evangelische –, dann, um sich im Gebet Ruhe und Kraft zu holen. Die Kirche war für ihn ein Ort der Meditation. In den Tagen seiner Attentatsvorbereitungen hat er in München häufig Kirchen aufgesucht. Allein für sich, in Zwiesprache mit Gott.

So einer wie er will am liebsten sein eigener Herr sein; für Anpassung und Begeisterung an der nationalen Hysterie fehlte hier die Voraussetzung. Das alles, seine politische Opposition, sein Gerechtigkeitssinn, sein tiefverwurzelter pietistischer Glauben gaben ihm die Energie, von Herbst 1938 an über ein Jahr lang mit der ihm eigenen Umsicht und Pedanterie das Attentat zu planen. Eine besonders schwierige Entscheidung war dem vorausgegangen: Dem Pietisten ist gewaltsamer Widerstand zutiefst suspekt und Tyrannenmord kein Weg, den ihm seine Religiosität zu gehen erlaubt.

Elser entschied sich *für* den Anschlag – und *gegen* dogmatische Hürden seines Glaubens. Ein Mann mit Eigensinn, Gerechtigkeitsgefühl und Mut in einem Ozean von Feigheit.

14. Georg Elser läßt sich nicht als Held schildern. Seine Biographie ist die Geschichte eines einfachen mutigen Mannes, der sich gegen das Terror-System der Nazis zur Wehr setzte. Ein Mann, der *es* tat. So etwas provoziert Legenden. Dabei hatte die Münchener Staatsanwaltschaft bereits von 1946 bis 1950 ermittelt, um die Umstände der Ermordung Elsers in Dachau gegen Ende des Krieges zu klären. Sie kam zu der Erkenntnis, daß Georg Elser keinerlei Auftraggeber hatte. Das erbrachten nicht nur die intensiven Befragungen seiner Angehörigen, sondern vor allem die Auswertungen der in der Ruine des Reichministeriums gefundenen Protokolle der Vernehmung Georg Elsers im Berliner Reichssicherheitshauptamt, die heute im Koblenzer Bundesarchiv liegen. Diese Akten wurden Ende der 60er Jahre von den beiden Münchener Historikern Anton Hoch und Lothar Gruchmann nochmals minutiös und vorbehaltlos studiert, so daß Elser nun endlich gegen alle Versuche rehabilitiert schien, ihn zu einem pathologischen Herostraten oder zu einem von den Nationalsozialisten »gekauften« Agenten zu machen. Ihre Forschungsergebnisse veröffentlichten die Historiker 1970 unter dem Titel »Autobiographie eines Attentäters« (Neuauflage 1989); ein Jahr zuvor wurde der Fernsehfilm »Der Attentäter« gedreht, der seitdem mehrere Male ausgestrahlt wurde. Jeder Interessierte konnte sich also davon überzeugen: Georg Elser hat aus eigenem Antrieb, auf eigenes Risiko, ohne irgendwelche Mitwisser und Helfer gehandelt. Warum dann immer noch die Vermutung, Elser habe im Auftrag der Gestapo das Attentat ausgeführt?

Gewiß, die Nationalsozialisten haben Elser nie den Prozeß gemacht; statt dessen wurde er als »Sonderhäftling« in die Konzentrationslager Sachsenhausen und Dachau überstellt. Da die NS-Führung plante, ihn nach Kriegsende in einem Schauprozeß einzusetzen – gedacht war an ein propagandistisches Tribunal im »befreiten« London, um die Beteiligung des britischen Geheimdienstes anzuprangern –, genoß der Sonderhäftling Elser über Jahre hinweg besondere Privilegien während seiner Lagerzeit. Erst am 9. April 1945 – als die bevorstehende Niederlage einen Schauprozeß illusorisch werden ließ – wurde Elser »auf Befehl von höchster Stelle« in Dachau ermordet. So blieb über das Ende des Krieges hinaus unbekannt, zu welchem Ergebnis die Vernehmungen in München und Berlin letztlich geführt hatten.

Aus dem kleinen schweigsamen Mann waren selbst Mithäftlinge nicht schlau geworden. Was sie, sofern sie das Lager überlebten, nach ihrer Befreiung 1945 über Elser sagten, war offenkundig eine Mischung aus Gerücht und Vermutung aufgrund von Andeutungen und ausweichenden Antworten, wie es sie in jedem Gefängnis gibt. Auch Martin Niemöller mußte später eingestehen, daß er damals einem Gerücht und seiner Projektion gefolgt war, als er öffentlich die Vermutung äußerte, Elser sei von der Gestapo zur Tat angestiftet worden.

Spätestens 1950 nach den staatsanwaltschaftlichen Ermittlungen und mehr noch 1970 nach den umfangreichen Forschungsarbeiten der beiden Münchener Historiker Hoch und Gruchmann hätte aber mit dem Mutmaßungen über den »gekauften« Handlanger der Gestapo Schluß sein müssen. Dennoch: Es blieben Spekulationen, Zweifel, Legenden.

15. Frühjahr 1999: Königsbronn, hoch oben auf der schwäbischen Alb. Samstag nachmittag. Ein Dorf hat dichtgemacht. Vom Leben der etwa 6000 Einwohner dringt nur spärlich etwas nach draußen. Nichts, so scheint es, kann hier die altdeutsche Heimeligkeit durcheinanderbringen. Alles hat seine Akkuratesse. Die Dorfstraßen sind blank gekehrt. Gartenzwerge zieren den Vorgarten um das Einfamilienhäusle, vom Kirchturm läutet es träge. High-noon zwischen Butzenscheiben und Eternitfassaden. Selbst der Autolärm von der Bundesstraße, die mitten durch den Ort führt und werktags das Dorf mit Motorengeräusch überzieht, ist heute kaum störend.

Seit mehr als fünf Jahrzehnten durchleidet das Dorf unter

der beschaulichen Oberfläche seine eigene Vergangenheit. Und keiner will gerne darüber sprechen. Georg Elser ist hier aufgewachsen, hier ist er zur Schule gegangen, hier hat er seine Jugend verbracht und den Plan für sein Attentat gefaßt. Alte Königsbronner erinnern sich noch an ihn, den »Schorsch«. Aber es sind wenige. Der Hartnäckigkeit eines »Georg-Elser-Arbeitskreises« ist es zu verdanken, daß die Gemeindeverwaltung eine kleine Gedenkstätte eingerichtet hat – mehr als fünfzig Jahre nach Elsers Tod. Keine Dorfstraße trägt seinen Namen.

Im nahen Hermaringen, dort wo Georg Elser geboren wurde, hatte vor Jahren der Vorschlag einer Bürgerinitiative, die Durchgangsstraße des Ortes in »Georg-Elser-Straße« umzutaufen, eine heftige Debatte ausgelöst. Schließlich konnten sich die Gemeinderatsmitglieder dazu durchringen, eine Straße im Neubaugebiet nach Georg Elser zu benennen. Immerhin.

Im nahen Heidenheim, dem Mittelpunkt der Region, findet sich eine Gedenkstätte, die dagegen kaum zu übersehen ist. Sie erinnert an einen anderen Heidenheimer »Widerstandskämpfer«: Erwin Rommel. Zu Hitlers Generalfeldmarschall, 1891 in Heidenheim geboren, später Kommandeur des Afrikakorps und als »Wüstenfuchs« schon zu Lebzeiten eine Legende, heißt es in einer Inschrift: »Aufrecht ritterlich und tapfer bis zu seinem Tod als Opfer der Gewaltherrschaft«. Rommel, der im Frühjahr 1943 das längerfristige Halten einer Stellung in Tunesien für fragwürdig hielt und trotz Hitlers Parole »Halten um jeden Preis« den Rückzug mit seiner Armee antrat, fiel danach bei Hitler in Ungnade und beging im Oktober 1944 (»veranlaßten«) Selbstmord. Jahrelang führte Rommel an exponierter Stelle für Hitler Eroberungsfeldzüge, ein Mal verweigerte er den Befehl. Das reicht aus, um in Deutschland als Widerstandskämpfer geehrt zu werden.

An Georg Elser, der lange Jahre seines Lebens in Heidenheim verbrachte, erinnern zwei bescheidene Gedenktafeln: eine in der Nähe des Rathauses, eine andere im Pfarrgarten des Stadtteils Schnaitheim. Hier, nur wenige Kilometer von Königsbronn und Hermaringen entfernt – hatte Elser eine Zeitlang als Untermieter gewohnt und dort hatte er auch die Bombe gebastelt. Wer zur Gedenktafel möchte, muß Geduld mitbringen. Nur wenige Einheimische können Auskunft geben, wo die Elser-Gedenktafel zu finden ist. Vor allem ältere Bürger geben sich verschlossen. Noch heute, so scheint es, empfinden viele von ihnen den Namen Georg Elser als Belastung.

16. Georg Elser ergeht es wie anderen Attentätern aus dem Volk: ihr mutiger Widerstand wird kaum gewürdigt und dauerhaft vergessen. Ein einfacher Schreinergeselle, neben den Großen des 20. Juli?

Der Londoner Literaturhistoriker Joseph Peter Stern nannte Georg Elser in seinem 1987 erschienen Buch »Hitler – der Führer und sein Volk« Hitlers »wahren Antagonisten« und einen »Mann ohne Ideologie«. In der Galerie des deutschen Widerstandes findet man ihn erst auf den hinteren Rängen – und dies auch erst seit den letzten Jahren. In unseren Schulbüchern sucht man den Namen Georg Elser noch immer vergeblich.

Darmstadt, Juni 1999

Anhang

Zeittafel

1903 Johann Georg Elser wird am 4. Januar in Hermatingen/Kreis Heidenheim als erstes von vier Kindern der Holzhändlerleute Ludwig und Maria Elser geboren.

1904 Übersiedlung der Familie nach Königsbronn bei Heidenheim.

1910–1917 Besuch der Volksschule in Königsbronn.

1917–1919 Beginn einer Eisendreherlehre im Hüttenwerk Königsbronn; aus gesundheitlichen Gründen Abbruch der Lehrzeit.

1919–1922 Schreinerlehre in Königsbronn.

1922 Gesellenprüfung an der Gewerbeschule in Heidenheim als Bester seines Jahrgangs. Arbeit als Schreinergeselle in der Werkstatt seines Lehrmeisters.

1923 Schreinergeselle in einer Möbelfirma in Aalen.

Herbst 1923 Elser kündigt der Inflation wegen seinen Arbeitsplatz und hilft den Eltern gegen freie Unterkunft und Verpflegung bei Wald- und Feldarbeiten.

Sommer 1924–Frühjahr 1925 Arbeit in einer Möbelschreinerei in Heidenheim.

Februar 1925 Elser geht auf Wanderschaft und arbeitet als Schreiner in Bernried.

August 1925–Frühjahr 1930 Schreiner in der Konstanzer Uhrenfabrik »Oberrheinische Uhrenindustrie«.

1928/1929 Eintritt in den Rotfrontkämpferbund.

1930 Eintritt in den Trachtenverein »Oberrheintaler« in Konstanz.

1930–1932 Schreiner in einer Uhrenfabrik in Meersburg/ Bodensee. Im Frühjahr 1932 Entlassung wegen eines Vergleichsverfahrens der Firma.

Frühjahr 1932 Rückkehr nach Königsbronn, um seiner Mutter in der Landwirtschaft zu helfen.

1933 Eintritt in den Königsbronner Musikverein.

1936 Arbeit in einer Königsbronner Schreinerei, in der u. a. Schreibtische für die Wehrmacht hergestellt werden. Elser kündigt wegen zu geringen Stundenlohns.

Dez. 1936–März 1939 Arbeiter in einer Armaturenfabrik in Heidenheim; zuerst Hilfsarbeiter in der Großputzerei, dann Prüfer für Materialeingänge in der Versandabteilung; er erfährt von der »Sonderabteilung« der Firma, in der für die Rüstung produziert wird.

Herbst 1938 Während der Sudetenkrise Entschluß, auf die Führung der NSDAP einen Anschlag zu verüben.

8. Nov. 1938 Fahrt nach München und Teilnahme als Zuschauer an den Veranstaltungen in der Innenstadt und im Bürgerbräukeller, um die örtlichen Gegebenheiten für seinen Plan zu recherchieren.

April 1939 Hilfsarbeiter im Königsbronner Steinbruch; er beschafft sich Sprengkapseln.

Mai 1939 Arbeitsunfall: Knochenbruch des linken Fußes. Während des Krankenurlaubs Beschäftigung mit dem technischen Problem der Übertragung einer Uhrbewegung auf einen Zündmechanismus. Experimente mit Sprengstoff im elterlichen Obstgarten.

Juli 1939 Konstruktionsplan der »Höllenmaschine« fertiggestellt.

August 1939 Übersiedlung nach München in die Blumenstraße 19. Umzug in die Türkenstraße 94.

Sept./Nov. 1939 Elser arbeitet 30–35 Nächte auf der Galerie des Bürgerbräusaales, um die Säule über dem Rednerpult für den Einbau des Zündapparates zu präparieren. Tagsüber Arbeit an der Konstruktion des Apparates; die dazu nötigen Teilstücke läßt er in verschiedenen Werkstätten anfertigen.

1. Nov. 1939 Unterbringung des Apparates in der ausgemeißelten Höhlung der Säule.

2. Nov. 1939 Unterbringung von restlichem Schwarzpulver, Sprengpatronen, Sprengkapseln und Gewehrmunition in der Säulenhöhlung.

5. Nov. 1939 Teilnahme an einer Tanzveranstaltung im Bürgerbräusaal; anschließend Fertigstellung des Einbaus und Einstellung der Uhrzeit für die Zündung auf den 8. 11. 1939, 21.20 Uhr.

6. Nov. 1939 Besuch seiner Schwester in Stuttgart, um bei ihr seine Habe unterzustellen.

7. Nov. 1939 Fahrt nach München; Überprüfung der Sprengstoffkammern und des Uhrwerks.

8. Nov. 1939 Fahrt nach Konstanz.

  20.45 Festnahme im Garten des Wessenbergschen Erziehungsheimes.

  21.20 Explosion der Bombe.

  22.00 Elser wird zum Grenzkommissariat Konstanz gebracht und nach München überstellt.

13./14. Nov. 1939 Elser legt ein volles Geständnis im Beisein von Nebe (Reichskriminaldirektor), Huber (SS-Obersturmbannführer, Regierungs- und Kriminalrat) ab.

14. Nov. 1939 Überstellung nach Berlin ins Reichssicherheitshauptamt/Gestapo.

19.–23. Nov. 1939 Vernehmung.

1939–1944 Sonderhäftling im KZ Sachsenhausen.

Ende 1944/April 1945 KZ Dachau – Abteilung für begünstigte Häftlinge (»Kommandantur-Arrest«).

5. April 1945 Weisung Himmlers, den »Schutzhäftling« Georg Elser umzubringen.

9. April 1945 Ermordung Georg Elsers.

Quellen- und Literaturverzeichnis

In vorliegendem Buch habe ich versucht, die Lebensgeschichte Georg Elsers in dokumentarisch-erzählerischer Form möglichst authentisch zu schildern. Dort, wo Dialoge verwendet wurden, entspringen sie, ebenso wie die Beschreibung von Gedanken und Gefühlen, der Phantasie des Autors. Die kursiv gedruckten Textstellen sind sämtlich dokumentarisch.

Aus Gründen des Persönlichkeitsschutzes wurden alle Namen – außer denen zeitgeschichtlicher Personen und der Familienangehörigen Georg Elsers – geändert und mit Pseudonymen versehen.

Zur Rekonstruktion des Lebens und der Zeit Georg Elsers habe ich eine Fülle von Archivmaterial, Aufsätzen und Büchern benutzt. Auf jene Bücher und Unterlagen, die mir bei meiner Arbeit besonders hilfreich waren, möchte ich gerne verweisen:

Albrecht, Ulrike: *Das Attentat. Über Georg Elser und das Attentat auf Hitler im Bürgerbräukeller am 8. November 1939. Mit einem Vorwort zum Hitlerputsch im November 1923 von Hermann Wilhelm*, München 1987

Antoni, Ernst: *KZ – von Dachau bis Auschwitz*, Frankfurt 1979

Davidson, Eugene: *Wie war Hitler möglich?* Rastatt 1987

Domarus, Max: *Hitler, Reden und Proklamationen 1932–1943*, München 1965

Fest, Joachim C.: *Hitler – Eine Biographie*, Berlin 1973

Graml, Hermann (Hrsg.): *Widerstand im Dritten Reich. Probleme – Ereignisse – Gestalten*, Frankfurt am Main 1984

Gruchmann, Lothar: *Georg Elser: Autobiographie eines Attentäters*, Stuttgart 1989 (Neuausgabe)

Janßen, Karl-Heinz: *30. Januar – Der Tag, der die Welt veränderte*, Rastatt 1988

Majer, Gerhard: *Schorsch – Der Attentäter aus dem Volk*, Heidenheim o. J. (Theaterstück-Szenenbuch)

Peters, Lothar: *Der Hitler-Attentäter Georg Elser. Eine biographische Studie*, Köln 1987 (unveröffentlichtes Manuskript, Historisches Seminar der Philosophischen Fakultät, Universität Köln)

Roon, Ger van: *Widerstand im Dritten Reich*, München 1987 (Überarbeitete Neuauflage)

Rürup, Reinhard (Hrsg.): *Topographie des Terrors. Gestapo, SS und Reichssicherheitshauptamt auf dem »Prinz-Albrecht-Gelände« – Eine Dokumentation*, Berlin 1987

Tuchel, Johann/Schattenfroh, Reinhold: *Zentrale des Terrors. Prinz-Albrecht-Str. 8: Hauptquartier der Gestapo*, Berlin 1987

Zahl, Peter Paul: *Johann Georg Elser: Ein deutsches Drama*, Berlin 1982

Hilfreich für meine Arbeit war ebenfalls der Fernsehfilm *Der Attentäter* von Rainer Erler, Bavaria Film GmbH, München 1969.

Im einzelnen habe ich stellenweise aus folgenden Quellen zitiert oder mich an Schilderungen und Ausführungen orientiert bzw. sind folgende Anmerkungen zu den Kapiteln zu machen:

Kapitel 1
Grundlage der Schilderungen sind die Zeugenaussagen des Zollbeamten Xaver R. vom 23. 10. 1950; vgl. Institut für Zeitgeschichte, München (IfZ), Signatur ZS/A 17-30.

Kapitel 2
Die Berichte der Augenzeugen sowie die Rede Hitlers vom 8. 11. 1936 nach Domarus, *Hitler*. Die Schilderungen der Münchener Ereignisse am 8. 11. 1923 sind dem Aufsatz *Der Hitlerputsch* von Hermann Wilhelm entnommen, in: *Das Attentat* von Ulrike Albrecht. Als Quelle wurde auch benutzt: Davidson, *Wie war Hitler möglich?*

Kapitel 3
Weite Teile basieren auf Aussagen des Kriminalmeisters a. D. Otto G. (IfZ, Signatur ZS/A 17-11). Die Aussagen der Kellnerin Maria S. finden sich ebenfalls im IfZ, München.

Kapitel 4
Die Textpassagen aus den »Münchner Neuesten Nachrichten« vom 9. 11. 1939 sind zitiert nach »Zeitmagazin« Nr. 46/

1979. Meldungen des »Deutschen Nachrichtenbüros« sind auszugsweise zitiert nach IfZ, Signatur ZS/A 17-6. Die »Berichte zur innenpolitischen Lage« vgl. IfZ, München, Signatur ZS/A 17-5. Die innenpolitische Bestandsaufnahme ist eine Zusammenfassung aus Ulrike Albrecht, *Das Attentat*; ebenso der Querschnitt durch Meldungen der Auslandspresse.

Kapitel 5
Die Schilderung des Verhörs basiert auf dem Bericht »Der Attentäter«, STERN vom 3. 5. 1964, ebenso die Aussage der Vermieterin. Hinweise auf Spekulationen über Kontakte zwischen Otto Strasser und Georg Elser basieren auf der Arbeit von Lothar Peters, *Der Hitler-Attentäter Georg Elser*.

Kapitel 6
Foltermethoden der Gestapo beschreiben Johannes Tuchel und Reinhold Schattenfroh in ihrem Buch *Zentrale des Terrors*. Das Vernehmungsprotokoll von Georg Elsers Mutter vom 19. 6. 1950 findet sich unter der Signatur ZS–A 17-9 im IfZ, München, ebenfalls die auszugsweise zitierten Aussagen seines Bruders Leonhard (IfZ, ZS/A 17-8).

Kapitel 7
Alle auszugsweise dokumentierten Aussagen Georg Elsers finden sich in den Abschriften des Vernehmungsprotokolls, das als »Geheime Reichssache« in den Akten des NS-Reichsjustizministeriums aufbewahrt war und später im Bundesarchiv Koblenz unter der Signatur R22/3100 archiviert wurde. Die in diesem Buch verwendeten Protokollaussagen Georg Elsers bei der Gestapo in der Zeit vom 19. bis 23. 11. 1939 wurden erstmals vollständig in dem Buch *Autobiographie eines Attentäters*, herausgegeben von Lothar Gruchmann (Stuttgart 1970), veröffentlicht. Eine Neuauflage erschien 1989. Alle Zitate aus den Vernehmungsprotokollen von

Elsers Familienmitgliedern sind auszugsweise dem umfangreichen Archivmaterial des Instituts für Zeitgeschichte (Signatur ZS/A-17) entnommen.

Der Historiker Dr. Anton Hoch, bis 1978 wissenschaftlicher Mitarbeiter und Leiter des IfZ-Archivs, hat über Jahre zum Thema Georg Elser umfangreiche Recherchen durchgeführt sowie alle erreichbaren Unterlagen und Zeugenprotokolle gesammelt. Es ist das Verdienst Anton Hochs, daß die Person Georg Elsers nicht in Vergessenheit geriet.

Kapitel 8

Das Gutachten des Landsberger Gefängnisdirektors vom 15. 9. 1924 ist auszugsweise dem umfangreichen Hitler-Buch von Joachim C. Fest entnommen. Die Schilderung der Gefängnis-Verhältnisse basiert auf dem Aufsatz »Bewährungsfrist für den Terroristen Adolf H.« von Otto Gritschneder in der »Süddeutschen Zeitung« vom 15. 4. 1989 sowie dem Beitrag *»Von guter Selbstzucht und Beherrschung«* im »Spiegel« Nr. 16/1989, der die Haftsituation Hitlers in Landsberg schildert.

Kapitel 9

Die Schilderungen der Machtübernahme am 30. 1. 1933 basieren auf dem Report *30. Januar – Der Tag, der die Welt veränderte* von Karl-Heinz Janßen. Die Aussagen des Schreinermeisters Friedrich G., bei dem Georg Elser vom 2. 7. 1934 bis zum 17. 11. 1934 und später nochmals vom 2. 6. 1935 bis 21. 9. 1935 beschäftigt war, sind ebenfalls dem IfZ-Archiv auszugsweise entnommen (Signatur ZS/A 17-12). Die Schwurformel ist zitiert nach dem Buch *Hitler* von Joachim C. Fest.

Kapitel 10

Die »Verschwörungstheorie« des Steinbruchbesitzers V. wurde auch in der Artikelserie *Der Attentäter* (»Stern« vom

3. und 17. 5. 1964) verbreitet. Die Verfasser machten damals den aus Königsbronn stammenden und in den 20er Jahren in die Schweiz ausgewanderten Karl Kuch zum Initiator des Attentats. Kuch, der nach 1933 angeblich durch Devisenschmuggel Geschäfte machte und Pfingsten 1939 bei einem mysteriösen Autounfall mit seiner Frau ums Leben kam, soll Hitlergegner und mit Elser befreundet gewesen sein. Diese recht freizügige Spekulation widerlegte später der Historiker Anton Hoch nachdrücklich.

Kapitel 11

Hitlers Reichstagsrede zum Angriff auf Polen vom 1. 9. 1939 ist zitiert nach dem Sammelband *Chronik 1939*, Dortmund 1988.

Kapitel 12

Die Schilderungen in Berlin basieren auf Aussageprotokollen des Zollbeamten Xaver R. (IfZ, Signatur ZS/A 17-30).

Kapitel 13

Zahlen und Hintergründe über die Zustände und Abläufe im Konzentrationslager Dachau sind dem Buch *KZ – Von Dachau bis Auschwitz* von Ernst Antoni entnommen. Die Karriere des SS-Bewachers L. basiert auf Recherchenmaterial der Illustrierten STERN, das im Rahmen der genannten STERN-Serie erstellt und im IfZ in Zusammenhang mit den Elser-Unterlagen archiviert ist.

Epilog

Die Umfrage über Hitler, die NS-Zeit und die Folgen erschien im »Spiegel« Nr. 15, 1989. Zur Auseinandersetzung um Elsers Person als Widerstandskämpfer vgl. den Beitrag von Claus Leggewie, »Der Mann, der es tat«, in: »Frankfurter Rundschau« vom 20. 2. 1982, aus dem teilweise zitiert wird.

Für Gespräche, Beratung und Quelleneinsicht danke ich:
- dem Studienkreis zur Erforschung und Vermittlung der Geschichte des deutschen Widerstandes 1933–1945 e. V. in Frankfurt am Main
- dem Institut für Zeitgeschichte, München
- Gerhard Majer und Gertrud Schädler vom Georg Elser-Arbeitskreis in Heidenheim
- dem ZEIT-Archiv in Hamburg
- Herrn Leonhard Elser in Königsbronn
- Herrn Eugen Rau in Königsbronn
- Frau Gabriele Göttmann in Darmstadt für ihre sorgfältige Textverarbeitung.

Helmut Ortner

»Wenn das der Führer wüßte!«
(Münchner AZ)

Hitlers Enkel erkennen den Führer in sich. Ein neuer literarischer Zugang zur alten deutschen Erblast. Zeitgeschichte als Krankheitsgeschichte.

»Dieses Buch macht Furore!« **Franz Barthel, BR 1** »Was aber verdrängt wird, nimmt teil an der Alterslosigkeit des Unbewußten; nur im Gedächtnis gibt es für das Leben die erlösende Sterblichkeit. Hitler lebt fort, unser ewiger Wiedergänger: der Moralist Roos beschreibt noch einmal diesen seinen fortlebenden Triumph über auch alle Moral.« **Hans Wollschläger, Frankfurter Allgemeine Zeitung** »Ein unglaubliches, quälendes, rückhaltloses, furioses, phantastisches Buch: absolut ein Muß für jeden, der sich mit diesem Thema auseinandersetzen möchte.« **Gabriele von Arnim, Literaturclub Schweizer Fernsehen** »Peter Roos hat mit diesem Buch ein hohes Maß an Mut und Zivilcourage bewiesen.« **Karl Corino, Hessischer Rundfunk** »Eine schonungslose und eine so ehrliche Auseinandersetzung mit dem Nationalsozialismus wie kaum eine andere – ein verstörendes, aber ein wichtiges Buch!« **Paul Assall, Frankfurter Jüdische Nachrichten** »›Hitler Lieben‹« von Peter Roos: eine höchst persönliche, besessene, schmerzvolle Auseinandersetzung mit dem deutschen Jedermann. (…) ein aufregendes Buch, ein berührendes Buch.« **Peter Huemer, Presse Wien** »Leidenschaftliche Selbsterforschung und berserkerhafter Furor: ein höchst provozierendes, ein zugleich faszinierendes, außergewöhnliches, ein radikal ehrliches Buch.« **Friedrich J. Bröder, Rheinischer Merkur** »Peter Roos ist ein faszinierendes, beklemmendes Buch gelungen.« **Stuttgarter Zeitung** »Ein sehr wichtiges Buch, das mich tief berührt und sehr erschüttert hat.« **Mathieu Carrière, Frankfurter Rundschau**

Peter Roos. Hitler Lieben. Roman einer Krankheit.
Mit einem Nachwort von Egon Schwarz.
384 Seiten, geb. mit Schutzumschlag. 44 Mark.
ISBN 3-931402-34-7

in Tübingen verlegt von Klöpfer & Meyer

»Politische Provinz ist überall!«
(Stuttgarter Zeitung)

Ein starkes Lehrstück darüber, was Politik aus und mit Menschen machen kann. Doppeldeutig, raffiniert, mit Hintergrund. Solche Bücher braucht das Land.

»›Die Bewerbung‹: eine so lesenswerte wie logische Fortsetzung von ›Monrepos oder die Kälte der Macht‹.« **Stuttgarter Zeitung** »Ein gelungener Politroman über Intrigen und Kabalen, Angst und Duckmäusertum, Filz und Klüngel in der Provinz.« **Badische Zeitung** »Politische Intrigen auf kommunaler Ebene: ›Die Bewerbung‹ beschreibt trefflich das Flair von Duckmäusertum und ignoranter Großkotzigkeit!« **Südkurier** »Was wie ein Entwicklungsroman beginnt, wandelt sich zur Kriminalgeschichte: kommunales Treiben, beklemmend bis zum Horror. Spannung über 420 Seiten.« **Darmstädter Echo** »Ein vielschichtiger politischer Roman.« **Südwestpresse** »Manfred Zach ist ein Stilist der Genauigkeit. Seine Sprache spiegelt Innenwelten wider: ein hochpolitisches, zeitaktuelles Buch, das Geschichtsroman und Thriller in einem ist.« **Stuttgarter Nachrichten** »Eine beklemmend realistische Schilderung des eng verfilzten und verschwägerten Milieus einer bigotten schwäbischen Kleinstadt.« **Schwarzwälder Bote** »Ein Kriminalroman, ein politischer Heimatroman … ein wichtiges Buch.« **SWR** »Politik im Gestrüpp kommunaler Intrigen und Kabalen.« **Schwäbische Zeitung** »Ein politischer Kriminalroman: eine spannende Geschichte.« **Mannheimer Morgen** »Ein veritables Sittengemälde der Kommunalpolitik.« **Badisches Tagblatt** »Von Korruption, Vetternwirtschaft und Intrigen: ein spannendes, literarisch anspruchsvolles Buch.« **Pforzheimer Zeitung** »Ein Thriller: politisch aktuell, spannend, tiefgreifend.« **dpa**

Manfred Zach. Die Bewerbung. Ein Roman. 2. Auflage. 420 Seiten, gebunden mit Schutzumschlag. 48 Mark.
ISBN 3-931402-32-0

in Tübingen verlegt von Klöpfer & Meyer